zfm

1/2021
GESELLSCHAFT FÜR MEDIENWISSENSCHAFT (HG.)

[transcript]

# zfm

ZEITSCHRIFT FÜR MEDIENWISSENSCHAFT

1/2021

24

## MEDIEN DER SORGE

# EDITORIAL

Medienwissenschaft zu betreiben bedeutet immer auch, sich zu fragen, was die Voraussetzungen und Bedingungen der eigenen Forschung sind. Die Medialität von Dingen und Ereignissen wird häufig erst in der Beschäftigung mit ihrer Theorie und Geschichte, ihrer Technik und Ästhetik freigelegt. In diesem Sinne betreibt die *ZfM* eine kulturwissenschaftlich orientierte Medienwissenschaft, die Untersuchungen zu Einzelmedien aufgreift und durchquert, um nach politischen Kräften und epistemischen Konstellationen zu fragen.

Unter dieser Prämisse sind Verbindungen zu internationaler Forschung ebenso wichtig wie die Präsenz von Wissenschaftler_innen verschiedener disziplinärer Herkunft. Die *ZfM* bringt zudem verschiedene Schreibweisen und Textformate, Bilder und Gespräche zusammen, um der Vielfalt, mit der geschrieben, nachgedacht und experimentiert werden kann, Raum zu geben.

Jedes Heft eröffnet mit einem SCHWERPUNKTTHEMA, das von einer Gastredaktion konzipiert wird. Unter EXTRA erscheinen aktuelle Aufsätze, die nicht auf das Schwerpunktthema bezogen sind. DEBATTE bietet Platz für theoretische und/oder (wissenschafts-)politische Stellungnahmen. Die Kolumne WERKZEUGE reflektiert die Soft- und Hardware, die Tools und Apps, die an unserem Forschen und Lehren mitarbeiten. In den BESPRECHUNGEN werden aktuelle Veröffentlichungen thematisch in Sammelrezensionen diskutiert. Die LABORGESPRÄCHE setzen sich mit wissenschaftlichen oder künstlerischen Forschungslaboratorien und Praxisfeldern auseinander. Von Gebrauch, Ort und Struktur visueller Archive handelt die BILDSTRECKE. Aus gegebenen Anlässen konzipiert die Redaktion ein INSERT.

Getragen wird die *ZfM* von den Mitgliedern der Gesellschaft für Medienwissenschaft, aus der sich auch die Redaktion (immer wieder neu) zusammensetzt. Es gibt verschiedene Möglichkeiten, sich an der *ZfM* zu beteiligen: (1) die Entwicklung und redaktionelle Betreuung eines Schwerpunktthemas, (2) die Einreichung von Aufsätzen und Reviewessays für das Heft und (3) von Buchrezensionen und Tagungsberichten für die Website. Die Veröffentlichung der Aufsätze erfolgt nach einem Peer-Review-Verfahren. Alle Beiträge sind im Open Access verfügbar. Auf *www.zfmedienwissenschaft.de* befinden sich das Heftarchiv, aktuelle Besprechungen und Beiträge in den Web-Extras, der Gender- und der Open-Media-Studies-Blog sowie genauere Hinweise zu Einreichungen.

MAJA FIGGE, MAREN HAFFKE, TILL A. HEILMANN, ELISA LINSEISEN, JANA MANGOLD, FLORIAN SPRENGER, STEPHAN TRINKAUS, THOMAS WAITZ, BRIGITTE WEINGART, SERJOSCHA WIEMER

# INHALT

# MEDIEN DER SORGE

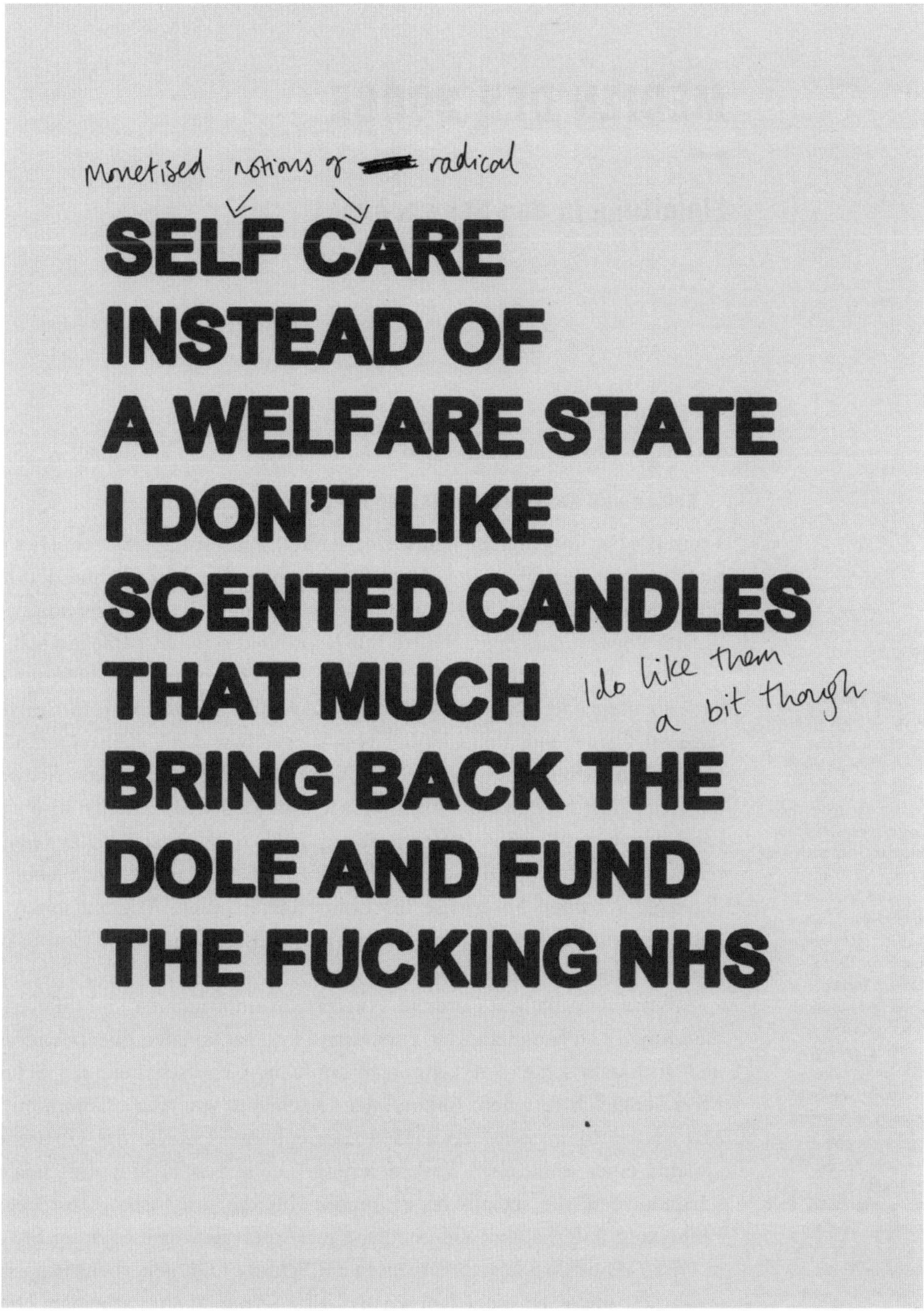


**Emily Pope:** ***Yellow Annotated Positive Poster*****, 2020 (Orig. in Farbe)**

# MEDIEN DER SORGE

## Einleitung in den Schwerpunkt

### Krisen und Konzepte ‹radikaler Sorge›

Konzepte der Sorge haben jüngst eine starke Politisierung erfahren. Dies erfolgte nicht nur vor dem Hintergrund der sogenannten Coronakrise und der durch sie offenbarten Fürsorge-, Vorsorge- und Versorgungskrise mit ihrer sozialpolitisch bislang konsequenzlosen Debatte um Reproduktions- und Pflegearbeit.[1] Schon knapp vor der global pandemischen Lage im März 2020 dokumentierten die Debattenbeiträge der US-amerikanischen Zeitschrift *Social Text* zum Schwerpunkt ‹Radical Care›[2] eine Politisierung von Sorge- bzw. Care-Konzepten als Kritik fortgesetzter Prekarisierungen. Auch der Ende 2020 erschienene Schwerpunkt der Zeitschrift *Behemoth* zu ‹Ambivalenzen sorgender Sicherheit›[3] adressierte anhand des Sorge-Begriffs Widersprüche post-/wohlfahrtsstaatlicher Gesellschaften zwischen Fürsorge und Kontrolle.[4] So werden die unterschiedlichen Effekte der gegenwärtigen Sorgekrise für Lohnarbeiter*innen, Migrant*innen, queere Personen, be_hinderte Personen und Marginalisierte durch die Coronakrise zugleich offengelegt und radikalisiert.

Ansätze wie ‹Radical Care› adressieren die ambivalenten und differenten Dimensionen von Sorge aus der Perspektive intersektionaler, queer/feministischer und antirassistischer Anerkennungskämpfe in Gesellschaften, die Schutz und Pflege ungleich verteilen. Anhand der Geschichte von ‹Care Communities› der AIDS-Krise thematisiert etwa Mike Laufenberg Versuche des Überlebens angesichts einer ungleichen Prekarisierung von Leben in biopolitischen Gesellschaftsformen, die spezifische ‹Immunopolitiken› um Risiko, Ansteckung und Einhegung unterhalten.[5] Zeitgenössische «Ambivalenzen sorgender Sicherheit» in Post-/Wohlfahrtsstaaten verweisen auf Schutz- und Sicherheitsdispositive, die gefährdete und gefährliche Körper und Risikogruppen unterscheiden. Diese Dispositive werden ebenso als Anlass für notwendige Revisionen und Repolitisierungen von Sicherheitsbegriffen identifiziert wie als Ausgangspunkt für Spekulation auf alternative soziale und politische Formen von Sorge, Solidarität und Schutz.

1 Breit rezipiert wurde etwa die Forderung nach einer «Care Revolution», vgl. Gabriele Winker: *Care Revolution. Schritte in eine solidarische Gesellschaft*, Bielefeld 2015; vgl. Cassie Thornton: *The Hologram. Feminist, Peer-to-Peer Health for a Post-Pandemic Future*, London 2020; vgl. Andreas Chatzidakis u. a.: *The Care Manifesto: The Politics of Interdependence*, London, New York 2020; Eva von Redecker, Es lebe die Reproduktion!, in: *Philosophie Magazin*, Nr. 6, 2020, 60–62.

2 Hi'ilei Hobart, Tamara Kneese: Radical Care, in: *Social Text*, Bd. 38, Nr. 142, 2020, doi.org/10.1215/01642472-7971067.

3 Andreas Folkers, Andreas Langenohl, Editorial: Was ist sorgende Sicherheit?, in: *Behemoth, A Journal on Civilisation*, Bd. 13 Nr. 2, 2020, doi.org/10.6094/behemoth.2020.13.2.1043.

4 Mike Laufenberg: Radical Care und die Zukunft des Wohlfahrtsstaats. Konturen einer paradoxen Politik der Sorge, in: *Behemoth. A Journal on Civilization*, Bd. 13 Nr. 2, 2020, doi.org/10.6094/behemoth.2020.13.2.1048.

5 Mike Laufenberg: *Sexualität und Biomacht. Vom Sicherheitsdispositiv zur Politik der Sorge*, Bielefeld 2014.

Damit nimmt die neue Debatte um Sorge bzw. Care Ambivalenzen auf, die den Worten etymologisch eingeschrieben sind, und bettet sie in eine Diagnose kontemporärer bio-/politischer Verhältnisse: Meint ‹Sorge› zunächst Kümmern und Fürsorge, hängt sie zugleich mit (historischen) Formen der Regierung und der Verbesserung des Wohlergehens zusammen. Ebenso adressiert sie ‹Besorgnis›, also unangenehme Affekte der Unruhe und Gefahr. Ähnlich hierzu rufen die englische Formulierung ‹to (not) care for› und die französischen Semantiken um ‹souci› die Frage des Kümmerns und Sorgetragens auf. Auch ‹care› verweist in einer alten Bedeutungsdimension auf negative Gefühle wie Leiden, Kummer und Trauer. Damit kennzeichnet die verschiedenen Etymologien und Semantiken der ‹Sorge› ein Schillern zwischen Aspekten der Pflege, des Kümmerns, auch der Fortsetzung bzw. Reproduktion und solchen des Affekts.

Für die Medienwissenschaft werfen diese aktuellen Diskussionen nicht zuletzt die Frage nach den Medien der Sorge – ihrer Ästhetiken wie ihrer Politiken – auf. Denn im Unterschied zur neoliberalen Geschichte der Selbstsorge, deren intrinsische Verwicklung in moderne Biopolitiken von Autor_innen wie Beate Ochsner, Andrea Seier, Gerrit Fröhlich und Thomas Waitz auch im Hinblick auf ihre Techniken thematisiert wurde,[6] weisen Konzepte ‹radikaler› Sorge moderne westliche Individualisierungen zurück. Sie fordern damit Perspektiven ein, die (1) Sorge umweltlicher, situierter und in spezifische Techno-, Wissens- und Materialpolitiken verwickelt entwerfen; und versuchen (2) anhand von Sorge-Konzepten eine fundamentale Relationalität dieser Politiken erst beschreibbar zu machen – als Netze von Abhängigkeit und Verantwortung. Aus der Perspektive feministischer Materialismen entwirft etwa María Puig de la Bellacasa eine spekulative Ethik der Sorge, die Politiken der Verantwortung mit einer posthumanistischen Sensibilität für ‹more than human worlds› engführt.[7]

Anschlussfähigkeit und Produktivität dieser Ansätze für die Medienwissenschaft erproben verschiedene Beiträge des vorliegenden Schwerpunktes. Sie setzen damit unter anderem die Fragestellungen der in den Science and Technology Studies (STS) situierten feministischen Materialismen in Relation zu medienwissenschaftlichen Diskursen über Daten, Infrastrukturen, Ökologien, Zeitlichkeiten und Materialitäten. Damit werden Desiderate hinsichtlich der je veranschlagten spezifischen Verhältnisse von Wissenspolitiken und Technologien adressiert und zugleich neue Felder für Medientheorien der Sorge erschlossen. So plädiert KATRIN M. KÄMPF in ihrem zwischen Medienwissenschaft, feministischer STS und Surveillance Studies situierten Beitrag dafür, Daten selbst Sorge zukommen zu lassen: Nicht erst die Digitalisierung von Daten und Datenderivaten im Spannungsfeld verkörperter Subjekte und ihrer Datenspuren mache eine körper- und subjektivierungspolitische Intervention dringend. Schon der Anschlag der niederländischen Widerstandsorganisation PBC auf das Zentrale Einwohner_innenmeldeamt Amsterdams 1943 bilde die Vorgeschichte zu aktuellen migrationspolitischen Forderungen nach einer Löschung

6 Beate Ochsner: Oikos und Oikonomia oder: Selbstsorge-Apps als Technologien der Haushaltung, in: Michael Mayer, Dieter Mersch (Hg.): *Jahrbuch für Medienphilosophie*, Bd. 4, 2018, 123–145; Gerrit Fröhlich: *Medienbasierte Selbsttechnologien 1800, 1900, 2000. Vom narrativen Tagebuch zur digitalen Selbstvermessung*, Bielefeld 2018; Thomas Waitz: Lifehacking. Medien und Selbsttechnologien, in: Andreas R. Becker u. a. (Hg.): *Medien – Diskurse – Deutungen*, Marburg 2007, 221–228; Andrea Seier, Hannah Surma: Schnitt-Stellen – Mediale Subjektivierungsprozesse in «The Swan», in: Paula-Irene Villa (Hg.): *schön normal. Manipulationen am Körper als Technologien des Selbst*, Bielefeld 2008, 173–198, doi.org/10.14361/9783839408896-008.

7 María Puig de la Bellacasa: *Matters of Care. Speculative Ethics in More Than Human Worlds*, Minneapolis, London 2017.

biometrischer Daten aus EU-Datenbanken und mache deutlich, dass die Unterscheidbarkeit zwischen Subjekten und Daten zu einer Frage des Überlebens werden kann. Das Verhältnis von Medien und Sorge müsse daher, so Kämpfs Vorschlag, ‹technökologisch› gedacht werden.

Anhand der gegen-forensischen Arbeit der Agentur Forensic Architecture untersucht LISA STUCKEY medienökologische Komplexe um technische Zeug_innenschaft und materiell-sensorisches Empfinden als Verfahren der Rechtspflege, der reparativen Gerechtigkeit und der Fürsprache. Damit antworten die Interventionen von Forensic Architecture laut Stuckey auf das wohlfahrtsstaatliche Versprechen, Verbrechen aufzuklären. Stuckey identifiziert die Architektursimulationen zugleich als Mittel eines Affektentzugs und als Verlagerung der Verletzlichkeit und des Empfindens von Körpern auf Räumlichkeiten in einer Ästhetik, die eigene Pathosformeln ausbilde.

Direkt auf Puig de la Bellacasa beziehen sich die Beiträge von NAOMIE GRAMLICH und KATRIN KÖPPERT in ihren unterschiedlichen Vorschlägen, Medienwissenschaft zu dekolonialisieren: Gramlich verknüpft den Entwurf eines Materialismus der Sorge mit der Mediengeologie und der medienwissenschaftlichen Infrastrukturforschung anhand der Kupfermine Tsumeb in Namibia und tritt für eine epistemische Verschiebung hin zu post_kolonialen und de_kolonialen Mediengenealogien ein. Diese Arbeit an den eigenen Narrativen identifiziert Gramlich selbst als Form der Sorge. Während die Gewalt von Rassismus und ‹Ökolonialität› bestehende Netzwerke in Namibia ‹irreparabel› aufgetrennt habe, müsse die Medienwissenschaft sich der Herausforderung stellen, die post_kolonialen Bedingungen medialer Infrastrukturen mitzubedenken.

Auch Köpperts Text befragt vor dem Hintergrund der post_kolonialen und de_kolonialen Medien- und Materialgeschichte des Black Atlantic die eigene Wissenspolitik als Frage von Verantwortung. Anhand der Arbeit *Chorus of Soil* der Künstlerin Binta Diaw stellt sie afro-futuristische Spekulationen auf offene Zukünfte und mögliche Intaktheit vor. Sämlinge aktualisieren laut Köppert in Diaws Arbeit die Erde selbst als relationale Infrastruktur der Sorge und des Lebens. Dabei weist Köppert darauf hin, dass der posthumanistische Gestus eines nicht mehr nur anthropozentrisch gedachten Konzeptes von Sorge durchaus spannungsreich auf afro-futuristische Konzepte trifft, die den historischen Ausschluss Schwarzer Subjektpositionen aus der Kategorie Mensch thematisieren.

## Genealogien der Sorge – Subjektivierung und Gouvernementalität

Nicht nur hinsichtlich der Frage nach dem Status der Subjektkritik sind aus medienwissenschaftlicher Perspektive seit der von Michel Foucault unternommenen Arbeit an einer Genealogie der Sorge einige Potenziale und Anschlussmöglichkeiten offen. Denn Foucault versteht die Sorge dezidiert als Technik. Damit taucht die Frage nach der Sorge gerade nicht, wie schon Friedrich Balke bemerkt hat,[8] als ‹ethische Wende› oder ‹Wende zum Subjekt› auf, sondern Foucault fasst seine Theorie der Machtbeziehungen in ihrer späten Fassung im Rahmen einer ‹Genealogie des Subjekts›,[9] indem er die Modalitäten der *Beziehungen* von Subjekt und Macht unter dem Begriff der Sorge und der Selbsttechnologien analytisch in den Fokus stellt. Das gouvernementalitätskritische Projekt selbst wird so als Geschichte der Modi von Selbst-/Führung, Selbst-/Regierung und Selbst-/Übung perspektiviert. Sorge ist bei Foucault dezidiert praktisch: Am Beispiel etwa antiker Selbstdokumentationstechniken wie der «hypomnemata»[10] arbeitet Foucault die operative Dimension von Sorge heraus und bestimmt diese so als Technik.[11]

‹Epimeleia heautou›, die antike ‹Sorge um sich›, bezeichnet Übungen (‹melete›), auch Meditationstechniken, die historisch etwa die christliche Askese und die Pastoralmacht schulen.[12] Aus Foucaults gouvernementalitätskritischer Perspektive werden diese Sorgepraktiken als praktische, performative und medialisierte Übungen beschreibbar: Die «Übung seiner selbst durch sich selbst»,[13] wie Foucault Sorgepraktiken situiert, ist eine an Medien wie Tagebücher, an Beichten und ästhetische Übungen, an mediale Meditationen und Therapeutiken gebundene performative Technik der Subjektivierung. Sorge ist in dieser – einer machtkritischen Genealogie des Subjekts verpflichteten – Perspektive immer schon eine Praxis der Übung und also auch des Rhythmus und der Zeitlichkeit. Digitalmediale Selbstdokumentationspraktiken sowie gegenwärtige Medien der Selbstbearbeitung, der Modulation von Stimmung und Aufmerksamkeit, der Beruhigung, Sammlung und Erregung können aus dieser Perspektive in den Blick genommen werden.[14]

Auch Isabell Loreys affirmativer Einsatz für eine Politik des Prekären schließt an Michel Foucaults Kritik der Gouvernementalität an. In der Verknüpfung Foucault'scher Machtkritik mit feministischer Theorie entwirft Lorey eine Politik der Sorge, die sich an einer an Judith Butler geschulten Kritik des Prekärseins ausrichtet, das nicht allein in neoliberaler Prekarisierung aufgeht. Biopolitische Gouvernementalität bezeichne das liberale Paradigma der «Gleichzeitigkeit von Unterwerfung und Freiheit, von Regulierung und Ermächtigung», das die Regierbarkeit sowie Selbstregierbarkeit souveräner, bürgerlicher, ergo *weißer*, männlicher Subjekte bestimme.[15] Damit werde eine moderne Subjektivierungspolitik der Individualisierung eingesetzt, in der das Prekärsein der Körper und des Lebens nicht nur als regierbar, kontrollierbar, normalisierbar bestimmt wird, sondern die Vergesellschaftung gouvernementaler Prekarisierung zur *Voraussetzung jeder Form der Selbst-/Regierung* werden lässt. Gouvernementalität setze so eine Dynamik zwischen sozialer Sicherung und Risiko in Gang, die mittels ständiger Gefährdungen und Bedrohungen Normalisierungen und Regulierungen produziere, welche entlang der Achsen hegemonial *weißer*, männlicher Autonomievorstellungen verlaufe.[16]

Sorge und ihre Krise post-/wohlfahrtsstaatlicher, neoliberaler Vergesellschaftung rücken bei Lorey in Anschluss an die feministische und situationistische

8 Friedrich Balke: Selbstsorge/Selbsttechnologie, in: Clemens Kammler, Rolf Parr, Ulrich Johannes Schneider (Hg.): *Foucault-Handbuch. Leben – Werk – Wirkung*, Stuttgart 2008, 286–291.

9 Michel Foucault: Subjekt und Macht, in: ders.: *Ästhetik der Existenz. Schriften zur Lebenskunst*, Frankfurt/M. 2007, 81–104.

10 Michel Foucault: Technologien des Selbst, in: ders.: *Schriften in vier Bänden. Dits et Ecrits. Band IV, 1980–1988*, Frankfurt/M. 2005, 966–998.

11 Christoph Menke: Zweierlei Übung. Zum Verhältnis von sozialer Disziplinierung und ästhetischer Existenz, in: Axel Honneth (Hg.): *Michel Foucault: Zwischenbilanz einer Rezeption. Frankfurter Foucault-Konferenz 2001*, Frankfurt/M. 2003, 283–299.

12 Vgl. Michel Foucault: *Hermeneutik des Subjekts. Vorlesung am Collège de France (1981/82)*, Frankfurt/M. 2004.

13 Michel Foucault: Über sich selbst schreiben, in: ders.: *Schriften in vier Bänden*, 503–521, hier 505.

14 Paul Roquet: *Ambient Media. Japanese Atmospheres of Self*, Minneapolis, London 2016.

15 Isabell Lorey: *Die Regierung der Prekären*, Wien, Berlin 2012, 50.

16 Ebd., 56.

Praxis der vom aktivistischen Kollektiv Precarias a la deriva[17] entworfenen ‹Sorgegemeinschaften› (‹cuidadanía›[18]) in den Blick. So fordern die Precarias nach Lorey

> einen Sorgestreik, der die festgefahrene Ordnung aus Bedrohung, Vorsorge, Für- und Selbstsorge aufbrechen soll, um sie neu zu ordnen. Wenn das neoliberale Dispositiv der Sorge – als Verschränkung von affektiver und kognitiver Arbeit, Privatisierung von Prävention, aktualisierter Angst vor dem Prekärsein sowie serviler Selbstsorge […] kapitalisierbar und gouvernemental wird, was kann dann ein Sorgestreik sein? Lässt sich die Relationalität des Lebens, die Verbundenheit mit anderen bestreiken?[19]

Prekärsein würde so – im Anschluss an Gilles Deleuze – zur «Fluchtlinie» aus dem neoliberalen Sorgedispositiv,[20] die Krise der Sorge zum affirmativen Ausgangspunkt für eine Politik radikaler Differenz.[21]

Dass die Geschichte politischer Anerkennungskämpfe wesentliche Bezugspunkte für Politiken und Medien der Sorge bildet, rückt auch in CECILIA VALENTIS Beitrag zur Geschichte politischer Militanz und der Arbeitskämpfe, die sie anhand des italienischen militanten Dokumentarfilms der 1970er Jahre beleuchtet, in den Fokus: Sorge wird hier als Praxis der Trauer, der Erfahrung von Interdependenz und Verwundbarkeit und im Rekurs auf historische feministische Sorge-Konzepte noch einmal mit der Psychoanalyse und Dekonstruktion als Praxis der Alterität gefasst. Valenti adressiert die Medialität der Trauer im Film *I giorni di Brescia* anhand einer Überschreitung filmischer Verfahren in die Alterität der Medien Fotografie und Fernsehen, die das Kino als Medium der Sorge aktualisiere.

## Diversitäten sorgevollen Lebens

Ebenfalls an die von Foucault vorgestellten Sorge-Konzepte schließen Bernard Stieglers Arbeiten zur *Logik der Sorge* an.[22] Sie bestimmen eine psychotechnische Formierung kritischer Aufmerksamkeit durch schriftbasierte Bildung sowohl als mediales Apriori der historischen Aufklärung wie auch als Bedingung (und Ideal) kritischer Öffentlichkeit und politischer Mündigkeit in der Gegenwart. Stieglers Bezug auf Foucault ist kulturpessimistisch: Die ‹Programmindustrien› der Massenmedien und insbesondere das Fernsehen identifiziert er als Mittel einer ‹Zerstörung› der Aufmerksamkeit und des Begehrens im Dienste des neoliberalen Kapitalismus, dessen Konsumimperative und Einübungen passiver Rezeptionsweisen an die Stelle der traditionellen Lebenskunst treten. Die so erreichte psychotechnologische Entstellung des Bewusstseins und der Körper verunmöglicht aus Stieglers Sicht den demokratischen Prozess und führt in letzter Konsequenz zu Populismus.

Während Stieglers Anknüpfungen an die Foucault'schen Konzepte und Begriffe zur Beschreibung immer schon vermittelter Subjektivierungsprozesse sich für gegenwärtige medienwissenschaftliche Debatten um Sorge als

17 Precarias a la deriva: *Was ist dein Streik? Militante Streifzüge durch die Kreisläufe der Prekarität*, übers. v. Birgit Mennel, Stefan Nowotny, Wien 2014; vgl. auch Tobias Bärtsch u. a.: *Ökologien der Sorge*, Wien 2017.

18 Vgl. Lorey: *Die Regierung der Prekären*, 121.

19 Ebd., 123.

20 Vgl. ebd., 127.

21 Vgl. ebd., 117, 128.

22 Bernard Stiegler: *Von der Biopolitik zur Psychomacht. Logik der Sorge I.2*, Frankfurt/M. 2009.

anschlussfähig erweisen – so vermeidet Stieglers Entwurf Gegenüberstellungen von Mediendeterminismus und Subjektautonomie –, sind die kulturpessimistischen und normativen Aspekte seiner Arbeit weniger produktiv: Kritisch hinzuweisen ist auf Stieglers starke Fokussierung auf ein direkt an die Schriftkultur gekoppeltes Konzept von ‹Intelligenz›, bestimmt als Bedingung kritischer Urteilskraft und politischer Mündigkeit, das er als Ideal gegen vermeintlich medieninduzierte Abweichungen setzt. So identifiziert Stiegler etwa die Aufmerksamkeitsdefizitstörung als «ruinös[en]»[23] Effekt des Fernsehens, den es durch medienpolitische Interventionen zu beheben gelte. Im Unterschied dazu politisieren aktuelle Ansätze aus der Nähe der *Neurodiversity* und *Dis/Ability Movements* Differenzen der Wahrnehmung, der Aufmerksamkeit und der Stimmung als Teil eines Spektrums körperlicher und neuronaler Diversität, das auf unterschiedliche Bedürfnisse nach Unterstützung und Sorge anspielt, sich in spezifische Temporalitäten einträgt sowie Fragen nach Zugängen und Barrieren aufwirft.

In dieser Perspektive steht STEFAN SCHWEIGLERS Beitrag, der anhand von drei medialen Produktionen be_hinderter Künstler_innen Intersektionen von Queer- und Dis/Ability-Anliegen untersucht und dabei auf durchaus konfligierende Konzepte von Sorge und unterschiedliche Diskriminierungserfahrungen verweist. Schweigler bestimmt Sorge als konviviale Verantwortlichkeit und betont anhand des Konzepts der *crip time* insbesondere die Prozesshaftigkeit jeder Sorge sowie die offenen Zukünfte und die verschiedenen zeitlichen Taktungen des Lebens mit Be_hinderung und chronischer Krankheit. Gegen eine spätkapitalistische Stigmatisierung von Krankheit, die vermeintliche Abweichungen von einer normalisierten ‹Gesundheit› zugleich als temporär erfinde, während darauf gewettet werde, dass nicht alle überleben können, sowie gegen paternalistische Sorgeimpulse setzen die von Schweigler vorgestellten Filme, Videos und Fotoarbeiten Sorge als Praxis des Widerstands – nicht als Bitte um Schutz, sondern als Bitte um Gerechtigkeit.

Auch VERA MADERS Analyse von Carolyn Lazards *A Recipe for Disaster* schließt an Konzepte von *crip time* an: Lazards Videoarbeit macht mittels der Technik der Audiodeskription für hör- und seh-be_hindertes Publikum die Anleitung einer Omelettezubereitung der Fernsehköchin Julia Childs als emblematische Szene *weißer* Reproduktionsarbeit darstellbar. Die ungesicherte Annahme einer nicht *weißen*, sondern Schwarzen Stimme auf der Ebene der Kommentarspur wird analytisch zu einer Latenz, die die Kohärenz der Reproduktion *weißer* Sichtbarkeit zunehmend verunsichert. Nachträgliche Barrierefreiheit wird so methodisch als Analytik einander verstellender Rezeptionsebenen und medialer Modulationsverhältnisse des Ausschlusses beschrieben: ‹Modulationen der Sorge› bezeichnen bei Mader Redundanzen und Überlagerungen, Verluste und Überschüsse, (mediale) Differenzverhältnisse also, die die verunsichtbarte Bedingung *weißer*, nationaler Normalisierung eines ‹guten Lebens› bilden.

23 Ebd., 90.

## Medien der Sorge

Ausgehend von einem Begriffsverständnis, das der Medialität des ‹Sorgens› Rechnung trägt, fragt dieser Schwerpunkt nach Praktiken und Techniken der Sorge, nach Politiken von Affekten sowie nach Formen der Regierung in ihren spezifischen Verschränkungen. Die sieben Beiträge verschreiben sich Queer- und Crip-Politiken und Ästhetiken von Sorge (Mader, Schweigler), gegendokumentarischen Praktiken und (medialen) Widerstandsgeschichten der Sorge (Stuckey, Valenti, Kämpf) sowie einer radikal de_kolonialen Medienwissenschaft, die Sorge trägt für die Möglichkeiten anderer politischer wie fachlicher Zukünfte (Gramlich, Köppert).

Im Rahmen ihres Vorgehens beanspruchen die Beiträge ein situiertes, relationales Denken der Sorge, das je verstrickt ist in Netze der Abhängigkeit von Verantwortung sowie in spezifische Medien-, Wissens- und Materialpolitiken. Sie dokumentieren so den methodologischen Anspruch von ‹Medien der Sorge› als Herausforderung eines radikalen Denkens von Ästhetik und Medialität, das sich in Modulationen, Zeitlichkeiten, Relationalitäten, Distributionen und Materialitäten aktualisiert.

In historischer Perspektive zeigen sich Medien der Sorge eingeschrieben in die Geschichte neo-/liberaler und post-/wohlfahrtsstaatlicher Vergesellschaftung und ihren fortgesetzten Krisenmodus.[24] Dessen Verstrickung in die Geschichte von Kapitalismus und Kolonialismus erweist sich als dringende Frage medien-/kulturwissenschaftlicher Analyse und Kritik. Denn eine radikale Infragestellung der Voraussetzungen jener liberalen Konzepte von Selbst-/Sorge, Für- und Vorsorge und Versorgung samt der Debatte um moderne Arbeitsteilung, bürgerliches Eigentumsrecht, Subjektautonomie und Reproduktions- bzw. Fürsorgearbeit, wie sie post-/wohlfahrtsstaatlichen Gesellschaftsformen und ihrer fortgesetzten Produktion von Prekarität immanent sind, ist auf queer/feministische, de_koloniale, rassismuskritische und be_hinderungssensible Perspektiven und Analysen angewiesen.

In diesem Sinn zielt der Anspruch der Analyse von ‹Medien der Sorge› nicht so sehr bzw. nicht normativ auf eine Ethik der Sorge, umso mehr aber auf eine differenzkritische Medienwissenschaft, die ihrem Anspruch nach selbst Sorge trägt für ihre Gegenstände und Wissenspolitiken. Perspektiven durchaus kritisch zu begegnen, die Konzepte der Sorge romantisieren und an Idealisierungen knüpfen, die selbst Befreiungen oder Verwerfungen versprechen, die ein Pathos der Verletzbarkeit oder eine verdeckte Ontologisierung von Sorge vorantreiben, wird nicht zuletzt mit Blick auf jene aktuellen Entwicklungen und Phänomene dringend, die wir vorläufig mit ‹Dark Care› zu bezeichnen vorschlagen: Gerade unter digitalmedialen Bedingungen wird deutlich, dass rechte, faschistische, rassistische, misogyne Medienpraktiken ebenfalls Symptome sind, deren Kritik eine Analyse unter der Perspektive von Medien und Sorge ermöglicht.

**24** Eine Möglichkeit, Sorge im Rahmen einer anderen, nicht modernen Zeitlichkeit und Relationalität zu analysieren und die Gegenwart vor dem Hintergrund antiker Konstellationen zu befragen, entwirft Sebastian Kirsch im Anschluss an Foucaults Sorge- und Deleuze' und Guattaris Immanenzkonzepte und unternimmt hierfür ebenfalls eine umfassende Kritik des Sorge-Begriffs Heideggers, Sebastian Kirsch: *Chor-Denken. Sorge, Wahrheit, Technik*, Paderborn 2020.

**25** Siehe dessen Webseite: feeltankchicago.net (20.1.2020).

**26** Vgl. z. B. Ann Cvetkovich: *Depression. A Public Feeling*, Durham 2012; dies.: *An Archive of Feelings. Trauma, Sexuality, and Lesbian Public Cultures*, Durham 2003; Lauren Gail Berlant: *Cruel optimism*, Durham 2011; Käthe von Bose u. a.: *I is for Impasse. Affektive Queerverbindungen in Theorie, Aktivismus, Kunst*, Berlin 2015.

**27** Jordan B. Peterson: *12 Rules for Life. An Antidote to Chaos*, Toronto 2018.

**28** Erste Arbeiten liegen vor, vgl. z. B.: Simon Strick: Alt-Right-Affekte. Provokationen und Online-Taktiken, in: *Zeitschrift für Medienwissenschaft*, Bd. 10, Nr. 19: Klasse, 2018, 113–125, doi.org/10.25969/mediarep/1369; ders.: Reflexiver Neofaschismus: gouvernementale Affekt- und Körperpolitiken in der ‹Alternativen Rechten›, in: *Body Politics*, Bd. 7, Nr. 11, 2019, 199–229; ders.: The Alternative Right, Masculinities, and Ordinary Affect, in: Gabriele Dietze, Julia Roth (Hg.): *Right-Wing Populism and Gender. European Perspectives and Beyond*, Bielefeld 2020, 207–230, doi.org/10.14361/9783839449806-012; Jessica Johnson: Affective radicalization and white masculinity, in: *Feminist Media Studies*, Bd. 19, Nr. 2, 2019, 297–299, doi.org/10.1080/14680777.2019.1573533.

So lässt sich derzeit im Kontext rechter Heilsregimes eine Politisierung negativer Gefühle und Strategien von Affektpolitiken beobachten, für welche das Umfeld des Chicago Feel Tank[25] und die Affect Studies[26] eine Diskussion angestrengt haben, die ihrer eigenen Geschichte nach insbesondere auf queere und feministische Kontexte zielte. Programme der Selbsthilfe, Community-Building um Theorien der Heilung tauchen aber auch im Kontext neokonservativer Diskurse (z. B. Jordan Petersons *12 Rules for Life*[27]) und in den Entwürfen der ‹Neuen Rechten› auf, ebenso wie in den Online-Communitys der sogenannten ‹Incels› oder in den Graswurzel-Communities ‹besorgter Bürger_innen› des Corona-Protest-Milieus auf Plattformen wie Telegram. Sie weisen eigene Kontinuitäten zur Geschichte faschistischer Heilsregimes auf. Die Analyse solcher und ähnlicher Phänomene bleibt vorläufig ein Desiderat.[28]

—

JASMIN DEGELING, MAREN HAFFKE

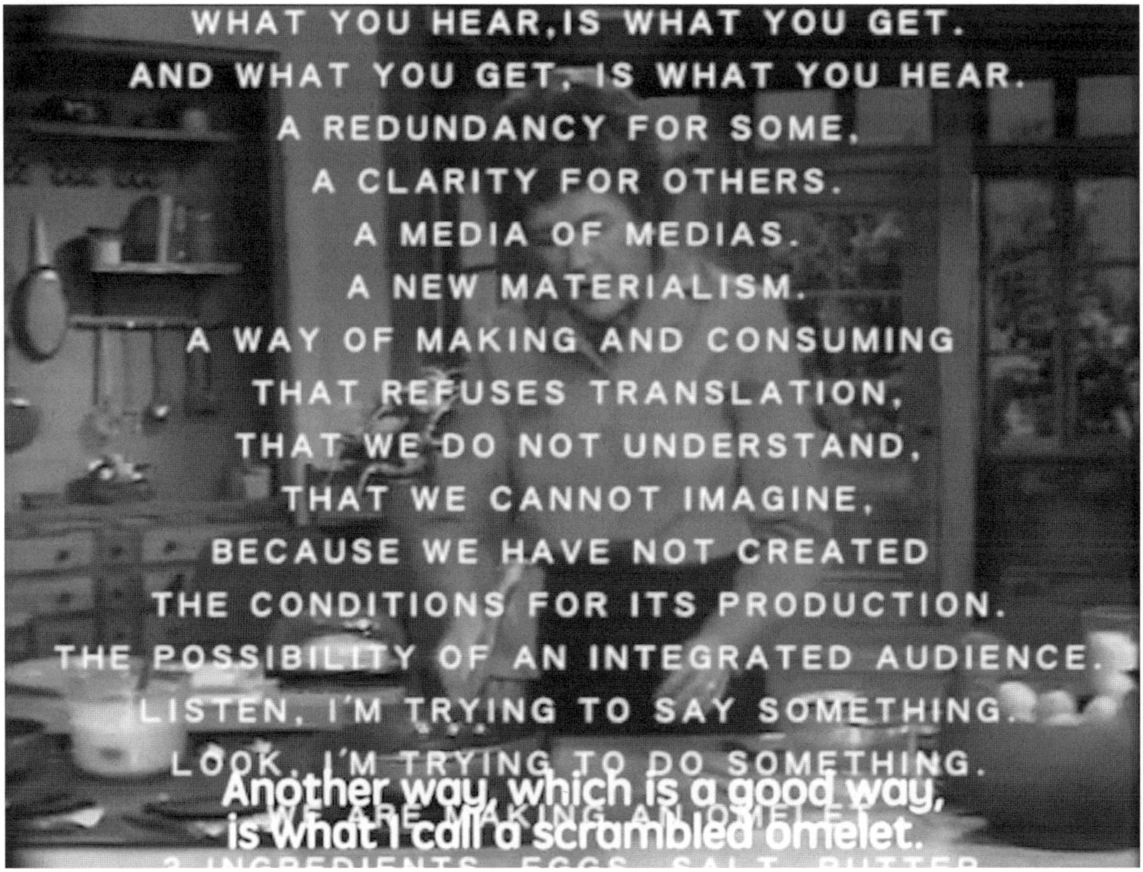


*A Recipe for Disaster* von Carolyn Lazard, HD-Video, USA 2018, 27 min (Orig. in Farbe)

VERA MADER

# A REDISTRIBUTION OF VIOLENCE

## Modulationen der Sorge in Carolyn Lazards «A Recipe for Disaster»

Eine *weiße* Frau bereitet ein Omelett zu und erklärt dabei, wie sie das Omelett zubereitet. In dem Video *A Recipe for Disaster* (2018)[1] legt die US-amerikanische Künstler_in Carolyn Lazard Audiodeskriptionen und Untertitel über die geübten Handgriffe und genuschelten Anweisungen Julia Childs, Star der US-Kochshow *The French Chef* (1963–1973). Lazards Übersetzungsarbeit ermöglicht einem seh- oder hörbehinderten Publikum nachträgliche Teilhabe an der 1972 ausgestrahlten *The Omelette Show*; Untertitel stellte der US-amerikanische Public Broadcasting Service (PBS) erst ab 1988 über Teletext zur Verfügung. Zugleich zieht Lazards Bearbeitung neue Barrieren in Form von sich einander überlagernden und gegenseitig verstellenden Rezeptionsebenen ein. Indem nicht-seh- oder -hörbehinderte Rezipierende dazu angehalten sind, Ton und Bild des Videos fortwährend ineinander rückzuübersetzen, verlagert *A Recipe for Disaster* Erfahrungsräume sozialen Ausschlusses. Mit Julia Child ist eine ikonische Figur nationaler Fernsehkultur aufgerufen, die ein spezifisches Bild *weißer* Weiblichkeit und Unternehmer_innenschaft verkörpert. Ausgehend von der Inszenierung *weißer* Reproduktionsarbeit in *The French Chef* verhandelt das Video und mit dem Video dieser Text die Frage, wen die Nation in der Sorge um sich ein- oder ausschließt, als ein Modulationsverhältnis medialer Ebenen.

### «Image and sound that cannot be disentangled»[2]

Lazards Bearbeitung geht einen Schritt weiter: Von Zeit zu Zeit rollt eine dottergelbe, per Voice-over eingesprochene Textsequenz von unten nach oben über den Bildschirm, die Untertitel und die Audiodeskription zu Momenten des Nicht-Verstehens verschaltet. Das Voice-over ist das Sprechen einer bestimmten, ruhig modulierenden Stimme, die sich über das hektische Treiben unablässiger Omelettzubereitung legt und in meditativer Kontemplation auf einer leicht entrückten Kommentarebene Skepsis gegenüber dem Geschehen zum Ausdruck bringt. Mit jeder Wiederkehr verstetigt sich mein vager auditiver Eindruck, den

1 *A Recipe for Disaster*, Regie: Carolyn Lazard, Video, USA 2018, 29 min., vimeo.com/267429320 (2.1.2021).

2 *A Recipe for Disaster*, 05:05–05:08 (gesprochener Off-Kommentar).

ich kaum als Varietät des Englischen benennen kann und hier auch gar nicht will: Ob es eine Schwarze Stimme ist, frage ich mich, zuhörend – eine *weiße* Rezipierende, die US-amerikanische Populärkultur aus geografischer Entfernung konsumiert –, die Stimme einer Schwarzen Frau oder vielleicht Lazards Stimme selbst, die mit der extrem *weißen* Anordnung dieses Sichtbaren bricht? Was im Folgenden mein analytischer Drehpunkt sein soll, bleibt daher eine ungesicherte – und zugleich problematische – Annahme.[3] Ohne mich auf belastbare Evidenz (etwa die einer sichtbaren Schwarzen Sprecherin) zu berufen, vermute ich, Lazards Video führt eine Schwarze Präsenz mit Ansichten eines *weißen* Haushalts eng.

*A Recipe for Disaster* verweist auf die Latenz einer imaginierten und unterrepräsentierten Fernsehöffentlichkeit,[4] die weniger auf dem Bildschirm, jedoch nicht minder konstitutiv für das ‹gute Leben›[5] der US-amerikanischen Mittelklassehäuslichkeit der zweiten Hälfte des 20. Jahrhunderts ist. Wie Toni Morrison anhand kanonischer Texte der US-amerikanischen Literatur gezeigt hat, findet Schwarzsein darin kaum Beachtung, obwohl Schwarzes Leben maßgeblich die Entstehung des politischen Systems und die gesamte Kulturgeschichte der Vereinigten Staaten geprägt hat.[6] Dazu gehören die historische Kontinuität des Traumas ökonomisch kalkulierten Schwarzen Lebenlassens und Sterbens ebenso wie Kulturen des Widerstands und der Heilung. Morrison insistiert darauf, dass sich eine Schwarze Präsenz bzw. Schwarzsein als disqualifizierendes soziales Ordnungsprinzip implizit oder explizit sehr wohl in der geteilten (literarischen) Imagination und Sprache sowie in textimmanenten narrativen Logiken abzeichne und dass sie von den unscharfen Rändern ins Zentrum der Analyse gerückt werden müsse.[7]

Der Entzug einer Schwarzen Präsenz erweist sich hier ebenso als programmatisch – nicht nur hinsichtlich der Selbstpräsentation der Künstler_in,[8] sondern auch insofern er das Fernsehen als Medium nationaler Normalisierung ausstellt. Vor dem historischen Hintergrund nationaler ‹Uneinigkeit› angesichts des *Civil Rights Movement*, der feministischen Bewegung der späten 1960er Jahre und des *Disability Rights Movement* ab den 1970er Jahren verdeutlicht Julia Childs televisuelle Proklamation des «making french food accessible to the masses»[9] unter Rückgriff auf die französische Hochkultur einen normalisierenden Impetus nationaler Identität gegenüber den Mitspracheforderungen sich zunehmend ausdifferenzierender gesellschaftlicher Gruppen. Während Lazards Arbeit diesen Moment US-amerikanischer Fernsehkultur in die digitale Umgebung ihrer Website versetzt, legen zusätzliche auditive und textliche Einschreibungsebenen Ränder und Lücken dieses Archivs frei: Zentral scheint also weniger, wen dieses Versprechen hochkultivierter Bedürfnislinderung einschließt, als vielmehr, wie das Video die Aushandlung sozialer Normen mittels der Einschreibung und Auslassung, Sichtbarkeit und Unsichtbarkeit marginalisierter Positionen als Inkommensurables moduliert.

Die Verschränkung medialer Ebenen unterläuft das Vorhaben der Inklusion in die Nation, welche sowohl Zu- und Hinwendung als auch Bevormundung,

**3** Feuilletonistische Debatten um ‹Blackvoice› als *blackfacing* der Stimme oder vermeintlich distinkten ‹Blaccents› verhandeln die medialen Hör- und Sichtbarkeitsverhältnisse Schwarzer Stimmen und Körper zwischen Stereotypisierung, Repräsentation und Appropriation, vgl. Lauren Michele Jackson: The Messy Politics of Black Voices – and «Black Voice» – in American Animation, in: *The New Yorker*, 30.6.2020, *newyorker.com/culture/cultural-comment/the-messy-politics-of-black-voices-and-black-voice-in-american-animation* (13.12.2020). Die hier ‹subjektive› Wahrnehmung einer rassifizierten Klangfärbung bezeugt eben auch einen ‹Willen› nach rassistischer Essentialisierung, deren Stereotype die *minstrelsy* im 19. und 20. Jahrhundert prägte (ebd.). Die Frage nach der Medialität der Stimme ist historisch, politisch und kulturell innerhalb dieser Diskurse zu verorten und nicht in medienwissenschaftlichen Theoriediskursen, in denen die indexikalische Unmittelbarkeit einer Materialität der Stimme gerade die Differenzen von (Klang-)Körpern naturalisieren mag.

**4** Vgl. Pamela Douglas: Black Television: Avenues of Power, in: *The Black Scholar*, Bd. 5, Nr. 1: Black Media, 1973, 23–31.

**5** Mit Lauren Berlant verstetigt sich die Fantasie des ‹guten Lebens›, d. h. die emotionale Bindung an Konventionen moralischer Integrität, stabiler familialer Beziehungen ökonomischer Sicherheit, unter ständigem Entzug. Lauren Berlant: *Cruel Optimism*, Durham 2011, 2.

**6** Toni Morrison: *Playing in the Dark. Whiteness and the Literary Imagination*, New York 2019 [1992].

**7** Ebd., 5.

**8** Die biografischen Angaben der Künstler_in verweigern eindeutige Kategorisierungen: «Carolyn Lazard is a whatever artist who works in blah blah media on such n such ideas/thingamajigs […]», *carolynlazard.com/bio* (30.11.2020).

**9** *A Recipe for Disaster*, 04:33–04:36 (Textinsert und gesprochener Off-Kommentar).

normative Passung, gewaltvolle Unterdrückung bedeutet. Der sozialen Norm der Inklusion entgegnet Lazards Video mit einer Technik der Modulation: Sofern *A Recipe for Disaster* die fortdauernde Einübung in diese Gewaltgefüge temporär umwidmet, unterwandert es auch das Projekt des *nation-building*.

### «If you can't share. Then no one gets any»

Im Browserfenster ist Julia Child zu sehen, die an der Schnittstelle des Fernsehbildschirms für das leibliche Wohlergehen der gesamten Nation sorgte. Ihre Küche ist seit 2001 im Smithsonian National Museum of American History in Washington, D.C., ausgestellt; denn diese *weiße*, verschrobene Frau hat Amerika beigebracht, ein Omelett zu wenden.

Inmitten dieser friedlichen *weißen* US-amerikanischen Mittelstandsdomestik richtet Julia Child Zerstörung und Unordnung an. Sie wirft Utensilien durch den Raum und zerschlägt ein Ei nach dem anderen. Morrison benennt die vermeintliche Leerstelle einer Schwarzen Präsenz, indem sie auf deren Rolle als «mediating force» oder hervorbringende Kraft und somit als ermöglichende Bedingung eines US-amerikanischen Selbstverständnisses hinweist, wodurch Schwarzes Leben als implizite Bezugnahme eingefasst und zugleich verunmöglicht wird. Schwarzsein wirkt sinnstiftend für eine nationale Kultur, gerade weil es sich ‹im Dunkeln› abspielt.

Die sich darbietende Zerstörung ernst zu nehmen kann bedeuten, *The Omelette Show* als Wertschöpfung *weißer* Repräsentationskultur auszulesen, der ebenso die Geschichte kolonialer Gewalt wie ein entlang der Differenzachsen von *race*, *class*, *dis_ability* ausgetragener Diskurs «neoeugenischer» Auslese eingeschrieben ist.[10] Das Sprichwort ‹You can't make an omelette without breaking eggs›[11] lässt sich hier als allegorische Paraphrasierung bemühen: Die Unterscheidung, wer im Schutz der Nation heranwächst und wer zum Wohl der Allgemeinheit als entbehrlich gilt, geht in einem Verhältnis von Produktivität und Zerstörung auf. Ideelle und materielle Ausbeutung fallen zusammen, wenn die Sklaverei und ihre Nachwirkungen einerseits systemisch die Lebensgrundlage derer verknappen, auf deren (Reproduktions-)Arbeit sie angewiesen ist,[12] und eine unterschwellige Schwarze Präsenz andererseits die Imagination eines rassifizierten Anderen US-amerikanischer Identität bereitstellt, welche die kreativen Möglichkeiten einer nationalen Kultur bereichert.[13]

Mit Morrison möchte ich nachgehen, wie meine Unsicherheit ins Feld des Wahrnehmbaren befördert wird, wenn sich das vermeintlich unmarkierte Weißsein dieser televisuellen Anordnung erst mit der vermuteten Schwarzen Präsenz absetzt. In der unregelmäßigen Wiederholung der Sprechsequenz tritt auch das Weißsein als ein Verhältnis von Unsichtbarkeit und Sichtbarkeit in Erscheinung, bleibt solange im Sichtbaren verborgen, bis mich die Audiodeskription darauf stößt. Statt einer unterschwelligen Schwarzen Präsenz, die ein Weißsein als Norm bestätigt, spielt *A Recipe for Disaster* vielmehr die Dynamiken dieser Relation aus.

**10** Vgl. Alexis Pauline Gumbs: m/other ourselves: a Black queer feminist genealogy for radical mothering, in: dies., China Martens, Mai'a Williams (Hg.): *Revolutionary Mothering. Love on the Front Lines*, Oakland 2016, 19–31, hier 21.

**11** Das Sprichwort ‹One can't make an omelette without breaking eggs› wird seit dem 18. Jahrhundert im englischen Sprachgebrauch zur Legitimierung ‹notwendiger› Opfer von Kriegen und Kolonisierung verwendet, vgl. omelette, n., in: Oxford English Dictionary Online, Oxford 2020 (23.9.2020).

**12** Saidiya Hartman benennt spezifisch den *weißen* Haushalt als Ort, an dem Schwarze Frauen während und nach der Sklaverei emotionaler und körperlicher Gewalt und dem (ökonomischen) Zwang ausgesetzt waren, Haus- und Sorgearbeit zu leisten. Vgl. Saidiya Hartman: The Belly of the World: A Note on Black Women's Labors, in: *Souls*, Bd. 18, Nr. 1, 2016, 166–173, hier 170.

**13** Morrison: *Playing in the Dark*, 38.

## «A redundancy for some. A clarity for others»[14]

Julia Child führt mit Nachdruck vor, was ein gutes Omelett ist – «it's flat and it's French and it's very lovely and tender and soft».[15] Die Fernsehkamera registriert leicht bebend die *softness* ihrer Eierspeise, die zwischen den (immer gleichen) Pfannen und Tellern hin und her wandernd die (immer gleiche) Formvollendung findet. Französische Omeletts sind von fragiler Beschaffenheit und ihre Herstellung bedarf großer Sorgfalt.

Julia Child spricht direkt zu ihrem Publikum, sorgt sich um das intakte Fortdauern einer imaginierten sozialen Umwelt und das Wohlbefinden aller darin Schutzbefohlenen, eine gestärkte Schwiegermutter,[16] wunschlos glückliche Gäste. Sie übt ein Ideal mittelständischer Häuslichkeit ein, das sowohl in der Anleitung des Publikums zu einer proteinreichen Ernährungsweise als auch in der spielerischen Abrichtung der Hausfrau und Mutter besteht. Das Tun und Erklären, Wiedertun und Wiedererklären ist dabei nicht nur im Sinne einer praktischen Übung notwendig,[17] sondern stellt in der ständigen Iteration auch die Norm ihrer Ausführung her. Julia Childs Omeletts sind weniger Selbstverständlichkeit als das Produkt aufeinander abgestimmter, am Anspruch *weißer* europäischer Universalismen geschulter Arbeitsschritte.

Für meinen *weißen* Blick setzt *The French Chef* an der Oberfläche die ‹Normalität› einer *racelessness* durch, welche mit Morrison selbst einen Akt des rassifizierenden Ausschlusses darstellt.[18] Julia Child verschwindet beinahe in der homogenen, erbsengelbstichigen Farbgebung ihrer Küche. Das im Sichtbaren verborgene Weißsein ist machtvoll, gerade weil es verborgen bleibt. Untertitel und Audiodeskription markieren das Weißsein der repräsentativen Anordnung und arbeiten die Fragilität dieser Norm in die anheimelnde Mikroansicht der Nation ein.

Indem diese Übersetzungsarbeit nachträglich den Zugang zum Moment nationaler Sinnstiftung justiert, erweitert sie auch das Einzugsgebiet dieser geordneten Verhältnisse. Zur Dynamik *weißer* Vorherrschaft gehört auch die Anmaßung einer fürsorglichen, belehrenden Haltung gegenüber nicht-*weißen*, armen oder ‹unproduktiven› Bevölkerungsteilen. *A Recipe for Disaster* stellt sich auf partielle, situierte Lesarten ein und versucht, den Konstituent_innen eines ausdifferenzierten, allerdings nicht eindeutig identifizierbaren Publikums gerecht zu werden. Der fragwürdige Mehrwert minutiöser Wissensaneignung über die Zubereitung von Omeletts ist in die fragile Konstruktion *weißer* Normativität eingebunden, die sich nur von ihren Rändern her bestimmen und mit der Bestimmung ihrer Ränder sichern lässt.[19] Schließlich ist kaum zu unterscheiden, ob die auf Dauer gestellte Verschränkung medialer Vermittlungsebenen eine notwendige oder vielmehr redundante Wiederholung dessen ist, was ohnehin offensichtlich ist – eine *weiße* Frau macht ein Omelett. Im Versuch, mithilfe der Übersetzung medialer Modalitäten in- und durcheinander nachträglich einen barrierefreien Zugang zu den televisuellen Bildern zu schaffen, setzt *A Recipe for Disaster* die Ansprüche eines Weißseins um und verweist zugleich auf den prekären Status dieser

14 *A Recipe for Disaster*, 12:08–12:11 (Textinsert und gesprochener Off-Kommentar).

15 *A Recipe for Disaster*, 01:03–01:09 (Originalton Julia Child, Untertitel).

16 *A Recipe for Disaster*, 26:26 (Originalton Julia Child; Untertitel: «Oh here comes my mother-in-law. I guess I'll give her a liver omelet»).

17 Auch die Rezeption der Arbeiten Michel Foucaults bespricht die Übung als Medienpraxis zweier Subjektivierungsweisen: der Disziplinierung und der Meditation als Technologie der Selbstsorge (*epimeleia melete*). Vgl. Christoph Menke: Zweierlei Übung. Zum Verhältnis von sozialer Disziplinierung und ästhetischer Existenz, in: Axel Honneth, Martin Saar (Hg.): *Michel Foucault. Zwischenbilanz einer Rezeption. Frankfurter Foucault-Konferenz 2001*, Frankfurt / M. 2003, 199–210.

18 Morrison: *Playing in the Dark*, 46.

19 Vgl. Robert McRuers Konzept der «compulsory able-bodiedness», das Adrienne Richs Kritik der «compulsory heterosexuality» in Bezug auf Fragen der Nicht_Behinderung erweitert. McRuer und Rich denken den Zwang von Heteronormativität und Nicht_Behinderung als Befragungssysteme, die ebenso auf der Sichtbarkeit und Anerkennung von nicht-heterosexuellem Begehren bzw. Behinderung wie darauf beruhen, wie diese unsichtbar gemacht und verunmöglicht werden. Vgl. Robert McRuer: *Crip Theory. Cultural Signs of Queerness and Disability*, New York 2006, 24.

Norm: Die Inklusion von Differenz steht unter der Bedingung eines Einvernehmens über einen nicht gegebenen, sondern ständig eingeübten Ist-Zustand. Indem die erweiterten Schrift- und Tonebenen in *A Recipe for Disaster* Julia Childs Weißsein benennen, brechen sie mit dieser Selbstverständlichkeit und werfen die Frage auf, welchen Platz verkörperte Differenz im Gefüge der Nation einnimmt. *A Recipe for Disaster* stellt so die Fallstricke einer sorgenden Zuwendung aus, die vormals marginalisierte Gruppen in die Teilhabe- und Anerkennungsstrukturen der strukturell ihre Verletzlichkeit erzeugenden Nation einbindet.

## «No legibility for some. Illegibility for all»[20]

Hortense Spillers konzeptualisiert Domestik als gewaltgetragene Eingliederung in patriarchale und koloniale Strukturen, die ihrerseits in einem Verhältnis von Verdunkelung und Sichtbarmachung bzw. Anerkennung gründet.[21] Spillers begreift Domestik in ihrem Artikel «Mama's Baby, Papa's Maybe: An American Grammar» zunächst als Metapher eines Gendering, das als Abweichung von der Norm von Beginn an ein Verhältnis der Unterordnung bestimmt.[22] Der Einschluss in den häuslichen Raum weise Frauen in die vergeschlechtlichte Sphäre der Reproduktion ein, wobei Schwarzes Frausein innerhalb einer *weißen* heteropatriarchalen Ordnung undenkbar ist: Als Gegennarrativ zur *weißen* Domestik zieht Spillers die Schiffe im transatlantischen Sklav_innenhandel heran. Aus einer vergleichbaren Logik räumlicher Begrenzung heraus erzwinge die Atlantikpassage den Übergang in eine ‹amerikanische› Ordnung, in der die (legale) Anerkennung Schwarzer Verwandtschaft in einer Semantik ökonomischen Tauschwerts aufgehoben ist. Angesichts dieser Dehumanisierung Schwarzer als ‹Eigentum› spricht Spillers jedoch von einem «Ungendering».[23] Statt der Tradierung *weißer* patriarchaler Strukturen einen geschützten Raum bereitzustellen, unterbindet diese Verdunkelung in Spillers Gegenerzählung der Domestik Schwarze Genealogie und Verwandtschaft.

*A Recipe for Disaster* lässt über den geschlossenen Bildraum von *The French Chef* in eine *weiße* kulturelle Fiktion des Häuslichen der 1970er Jahre blicken, die sich deutlich von der hochaufgelösten Bildlichkeit zeitgenössischer Screen-Umgebungen absetzt. Lazards Remediatisierung der Fernsehshow im digitalen Raum entkoppelt diese vom Fernsehgerät als sozialem Nukleus, um den sich die *weiße* Familie gruppiert.[24] *A Recipe for Disaster* verbindet eine Stimme, die die Reproduktion *weißer* Kultur verunsichert, mit der Unmöglichkeit Schwarzer Geschichte innerhalb dieser *weißen* Anordnung. Die Stimme entgeht selbst der expliziten Verortung. Die im Moment der Domestik/Verdunkelung eintretende Unsichtbarkeit ist ambivalent, denn sie bietet ebenso Deckung vor der Ein- und Unterordnung in das soziale Gefüge der USA. Wenn das Voice-over spricht: «No legibility for some. Illegibility for all»[25], scheint das nicht nur die Erweiterung der Modalitäten einer Lesbarkeit zu betreffen, sondern ebenso eine soziale und legale Anerkennung und materielle Lebensgrundlage anzuzweifeln, die von der wohlmeinenden Sorge einer *weißen* Mutter/Nation ausgeht.

**20** *A Recipe for Disaster*, 14:25–14:29 (Textinsert und gesprochener Off-Kommentar).

**21** Hortense Spillers: Mama's Baby, Papa's Maybe: An American Grammar Book, in: *Diacritics*, Bd. 17, Nr. 2, 1987, 64–81.

**22** Ebd., 72.

**23** Ebd.

**24** Vgl. Lynn Spigel: *Make Room for TV. Television and Family Ideal in Postwar America*, Chicago 1992, 36.

**25** *A Recipe for Disaster*, 14:25–14:29 (Textinsert und gesprochener Off-Kommentar).

## «A sensory failure»[26]

Was mit den multimodalen Übersetzungen in Lazards Videoarbeit an die sichtbare Oberfläche dringt, sind unverständliche Text-, Bild- und Ton-Verstrickungen, die das erklärte Ziel umfassender Publikumsreichweite als unmögliches Vorhaben ausweisen. Der *Omelette Show* sind verkörperte Erfahrungen beigegeben, die nicht in die vorliegenden Strukturen der (An-)Erkennung übersetzbar sind.

Dieser unterschwellig widerständigen Dimension möchte ich anhand der audiovisuellen Zeitlichkeit von *A Recipe for Disaster* nachspüren. Die Übersetzungspraktiken für seh- oder hörbehinderte Rezipient_innen durchwirken den auf Dauer gestellten Lauf der Omelettzubereitung mit der Zeitlichkeit einer «crip time».[27] *Crip time* meint mit der Dis_ability/Queer-Theoretikerin Alison Kafer einen Modus der Zeitlichkeit, in dem sich Menschen mit Behinderung oder chronischer Krankheit einer akuten Bedürfnislage entsprechend einrichten.[28] Während *A Recipe for Disaster* also den knapp 29-minütigen *one take* der *Omelette Show* von Titelsequenz bis Abspann in voller Länge wiedergibt, führen die Übersetzungsarbeit von Audiodeskription und Untertitel und der Kommentar der Voice-over-Stimme weitere Verfahren der Wiederholung, Überlappung und Sequenzialisierung ein.

So gehorcht die Audiodeskription einer eigenen Geschwindigkeit, die zeitliche Verschiebungen verantwortet, sobald das zu sehen gegebene Geschehen – «she tosses the pan»[29] – von kürzerer oder längerer Dauer ist als seine eingesprochene Beschreibung. Sie trägt dem Video eine eigene Dauer ein, die verlangsamende Effekte zeitigt, aber auch Vorwegnahmen begründet.

Das mehrfach überlagerte Zeigen und Erklären der immer gleichen Tätigkeiten taktet sowohl die Abrichtung der Zuschauenden als auch eine eigentümliche Nicht-Zeitlichkeit. Sofern die Einübung sozialer Normen sowie die von Julia Child verrichtete Sorge- und Instandhaltungsarbeit auf Wiederholung basiert, ist im Video eine der sozialen Reproduktion eigene zeitliche Struktur angelegt. Anhand der Verschiebungen, die Audiodeskription, Voice-over und Untertitel im Ablauf der Einübung vornehmen, tragen diese Praktiken der Inklusion eine von Differenz geprägte Zeitlichkeit in die verstetigte reproduktive Tätigkeit ein. Diese *crip time* dehnt und verkürzt, verläuft nah bei, aber schwenkt nicht auf den Zeitstrahl von Julia Childs Tätigkeit ein. Sie hält, statt das Fortschreiten der Zeit zu *durch*leben, viel eher dazu an, in der Zeit zu sein, in der nichts passiert, immer das Gleiche passiert, ein Omelett nach dem anderen um des reinen Selbstzwecks der Omeletherstellung willen entsteht.

Ellen Samuels beobachtet, dass die flexible Erfahrung von *crip time* neben und außerhalb der progressiven Zeitlichkeit der Nationalökonomie liegt.[30] Julia Child bietet trotz des häuslichen Umfelds ein Bild von Produktivität, deren mechanische Abläufe *A Recipe for Disaster* weniger suspendiert, als dass ein zeitliches Vor- und Zurückgleiten den selbstverständlichen Fortlauf des Geschehens arretiert. Zwischen Texteinblendungen und gesprochener Wiedergabe

**26** *A Recipe for Disaster*, 05:16–05:18 (Textinsert und gesprochener Off-Kommentar).

**27** Wie die Anrufung ‹Queer› reklamiert die Selbstbezeichnung ‹Crip› einen vormals pejorativen Ausdruck. Auch Kafers Konzeptualisierungen einer *crip time* knüpfen an Theorien queerer Zeitlichkeit an, um eine *queer/crip* Zukunft abseits der liminalen Zeitlichkeit prognostizierter Genesung zu imaginieren. Vgl. Alison Kafer: *Feminist, Queer, Crip*, Indianapolis 2013, 25.

**28** Ebd., 26.

**29** *A Recipe for Disaster*, 02:16–02:18 (Audiodeskription).

**30** Ellen Samuels: Six Ways of Looking at Crip Time, in: *Disability Studies Quarterly*, Bd. 37, Nr. 3, 2017, dsq-sds.org/article/view/5824/4684 (21.9.2020).

wird diese Asynchronität deutlich: Während der Abspann von *The French Chef* längst zu Ende ist, spricht die Audiodeskription die Details der Produktion und die Namen der Beteiligten in den schwarzen Bildschirm. Während die visuelle Ebene das Ende der *Omelette Show* vorwegnimmt, hält die Audiodeskription dieses zurück. Das Projekt barrierefreier Vermittlung, das die auditiven und visuellen Ebenen kontinuierlich ineinander übersetzt, nimmt Verluste in Kauf und produziert Überschüsse. Was hier die Bedingung der Teilhabe von Sehbehinderten ist, stellt im schwarzen Bildschirm ein Defizit an Sichtbarem her und wird als zeitliches Surplus erfahrbar. Doch steht dieser Überschuss quer zur Frage der Wertschöpfung einer *weißen* Hegemonie: Lazards *A Recipe for Disaster* überdehnt die Dauer der Vorlage in eine Dunkelheit hinein, in die zum einen die Gültigkeitsansprüche *weißer* Repräsentationskultur reichen und in der zum anderen die selbstverständliche ‹Farbenblindheit› dieser Anordnung ausgestellt wird. Indem Lazards Übersetzungspraktiken die Wahrnehmungsstrukturen nationaler Sinnstiftung ausleuchten, öffnen sich Lücken, in denen die monolithische Dauer der Nation zugleich manipuliert wird.

Die Dis_ability Studies und die Critical Race Theory verweisen darauf, wie in Diskursen sozialer Abweichung und Auslese Rassifizierung durch ‹Debilisierung› und ‹Debilisierung› durch Rassifizierung artikuliert wird.[31] *A Recipe for Disaster* greift diese wechselseitigen Einschreibungen rassistischen und ableistischen Sprechens in der Kopplung audiovisueller Barrierefreiheit mit der offenen Frage einer Schwarzen Stimme auf, ohne die Spezifizität unterschiedlicher Differenzerfahrungen zu kassieren. Vielmehr verhandelt Lazards Video die komplexen Intersektionen von *race*, *gender* und *dis_ability* medial, politisch und ästhetisch mittels einer Technik der Modulation, welche die soziale Norm der Inklusion hinterfragt, indem sie die Medialitäten konkurrierender Bild-, Text- und Tonebenen gegeneinander ausspielt.

Ausgehend von einer Schwarzen Stimme, die in ihrer Unbestimmtheit die behagliche Fernsehdomestik Julia Childs heimsucht und auf diese Weise ihr Weißsein sichtbar macht, moduliert *A Recipe for Disaster* die mediale Tradierung *weißer* Nationalkultur als Kippfigur zwischen archivarischer Bewahrung und Transformation: Obwohl sich der Versuch, *The Omelette Show* barrierefrei zu gestalten, als Geste normativierender Angleichung lesen lässt, behauptet *A Recipe for Disaster* Erfahrungsräume verkörperter Differenz, die einen *weißen* Blick durchkreuzen und *Crip*-Zeitlichkeiten in die Ansicht dieses ‹guten Lebens› eintragen. Die unsichtbare und nicht-benannte Relation des Schwarzseins weist auf einen Bereich außerhalb der sichtbaren Anordnung nationaler Disziplinierung hin, die sie gleichzeitig verhandelt und verdeckt. Lazards Bearbeitung deutet allenfalls an, was sich im Schatten dieser gleißenden Sichtbarkeit abspielt.

**31** Simon Strick: (Re)Considering American Eugenics, in: *Amerikastudien/American Studies*, Jg. 64, Nr. 2, 2019, 165–188, hier 176.

STEFAN SCHWEIGLER

# «A POLITICS OF CARE»

## Dispositive crip-queerer Zeitlichkeit und Verantwortlichkeit

Das Video *Crip Queer Pride with Daisy Wislar*[1] ist eines von vielen Videoprojekten, die von Mitgliedern der Organisation Rooted in Rights produziert und auf rootedinrights.org veröffentlicht werden. Die filmischen Projekte werden ausschließlich von be_hinderten Personen hergestellt und problematisieren damit die von *able-bodied* Menschen dominierte Produktion audiovisueller Medien.[2] Dokumentarisch setzt sich das Video von Daisy Wislar mit der Intersektion von queer- und *dis/ability*-Aspekten auseinander und zeigt sowohl kongruente Positionen der beiden Communities – etwa die Politisierung von körperlicher Diversität – als auch ableistische Diskriminierungserfahrungen auf, die Wislar von Seiten queerer Personen erlebt. Das Video ist formalästhetisch als Kampagne zu identifizieren und wechselt dabei kurzweilig und didaktisch motiviert zwischen reportageartigem Material, nachgestellten Szenen und einer Montagesequenz persönlicher Fotos.

In einer Szene wird eine Konversation re-inszeniert, die sich auf einer lesbischen Dating-App ereignete: Wislar stellt sich dabei selbst beim Tippen am Smartphone dar, auf einer Wohnzimmercouch liegend, während Wislars erzählende Stimme aus dem Off spricht und der fortlaufende Chat intermedial ins Bild eingeblendet wird. Als die Chatpartnerin erfährt, dass Wislar eine körperliche Be_hinderung hat, folgen die Zeilen: «Awwwww!!!» / «It's okay Babe!» / «I still think you're beautiful!!» / «I'll take care of you!!!!». Wislar reagiert empfindlich auf die Konfrontation mit dieser Art der Sorge: «I KNOW IT'S OK!» / «I DON'T NEED YOU TO TAKE CARE OF ME!» / «I DON'T NEED YOUR APOLOGY JUST FOR EXISTING AS MYSELF!» Wislar kritisiert damit die Artikulation einer empathischen Akzeptanz, die als Sorgeimpuls formuliert wird. Ohne dieses Erlebnis weiter zu kommentieren oder zu theoretisieren, gelingt es Wislar punktuell, eine *Seite* von Sorge vorzustellen, die an der Aufrechterhaltung diskriminierender sozialer Differenz mitwirkt. Diese Art der Sorge zu prozessieren, stellt für die Chatpartnerin keine kritische Herausforderung ihrer eigenen Sprecherinnenposition dar, sondern tritt als eine Form ermächtigender

1 *Crip Queer Pride with Daisy Wislar*, Regie: Daisy Wislar, USA 2019, youtu.be/cnUOBYSD1mg (29.9.2020).

2 Vgl. rootedinrights.org/about/about (29.9.2020).

Selbstvergewisserung auf. Im weiteren Verlauf des Videos wird jedoch klar, dass Wislar der Sorge keineswegs eine pauschale Absage erteilt. Sorge, als konviviale, solidarische Verantwortlichkeit gefasst, wird implizit besonders im abschließenden Statement angerufen: «We're all on our own journey to understanding what it means to be queer, disabled, trans, whatever it may be. Know that wherever you are in that process. Your journey is valid and you are not alone in it.» Anstatt Identität als finite Aussagegröße zu adressieren, wird in zeitlichen Metaphern von Reise und Prozessualität gesprochen. Diese andere Seite von Sorge, die im Ausspruch «you are not alone in it» mitklingt, aber auch in Wislars aktivistischer Tätigkeit und Mitarbeit in Non-Profit-Organisationen praktiziert wird, zielt auf alternative Gegenwarten und Zukünftigkeiten ab.

Ausgehend von dieser Beobachtung einer Politisierung von Sorge setze ich mich in diesem Beitrag mit zeitgenössischen medialen Verhandlungen von Sorge auseinander, die an der Schnittstelle von *queerness* und *dis/ability* artikuliert werden. Dieses Untersuchungsfeld erscheint deshalb besonders produktiv, weil die Beispiele auf die Notwendigkeit verweisen, Konzepte von Sorge in ihrer Komplexität aufzuzeigen. Einem strukturell paternalistischen Begriff von Sorge als gönnerhafte, bedauernde Mikrogewalt wird ein programmatischer Begriff von Sorge entgegengehalten, der eine ethische Verantwortlichkeit beschreibt und Zeitlichkeit sozial und medial politisiert. Dabei soll es nicht darum gehen, eine vermeintliche Oppositionalität zu behaupten, sondern darum, ein komplexes Spannungsverhältnis konfligierender Sorgepolitiken sichtbar zu machen, das in Dispositiven crip-queerer Zeitlichkeiten empfindlich thematisiert wird.

## «Queer times» und «temporalities of dis/ability»

Der brasilianische Spielfilm *Heute gehe ich allein nach Hause*[3] von Daniel Ribeiro erzählt vom Coming-out des blinden Teenagers Leonardo (‹Leo›) und dem Liebesverhältnis, das sich zwischen ihm und Gabriel – einem neuen Mitschüler – entwickelt. Dabei entsteht eine Dreiecksbeziehung mit Leos bester Freundin Giovana, die ihn täglich als Sehende Begleitung auf dem Heimweg von der Schule unterstützt und in dieser Tätigkeit zunehmend von Gabriel ersetzt wird. Auf narrativer Ebene thematisiert der intersektionale Coming-of-Age-Film sowohl Situationen, in denen Leo Gewalt erfährt, die sich auf seine Be_hinderung bezieht, als auch queere negative Gefühle, die durch das heteronormative Gebot zum Verheimlichen gleichgeschlechtlicher sexueller Orientierung und schließlich durch Homofeindlichkeit erzeugt werden. Der Film ist interessanterweise mit einer gewissen Leichtigkeit und in einem heiteren Grundton inszeniert, insbesondere kraft träumerischer Indie-Folkmusik und warm-matter Farbgebung. So wird verhindert, dass die Inszenierung von Leos Lebensrealität ausschließlich tragisch ausfällt oder sich einzig auf dessen negative Gefühle fokussiert, obwohl die Herausforderungen, die Leo täglich erlebt, unmissverständlich das

3 *Heute gehe ich allein nach Hause [Hoje Eu Quero Voltar Sozinho]*, Regie: Daniel Ribeiro, BR 2014.

**Abb. 1–2** Produktionsstills von: *Heute gehe ich allein nach Hause [Hoje Eu Quero Voltar Sozinho]*, Regie: Daniel Ribeiro, BR 2014 (Orig. in Farbe)

Thema des Films sind. Das Eintauchen in Leos Wahrnehmungswelt wird dabei insbesondere durch Einsatzweisen der Kamera (und des Sounds) gefördert, indem durch Nahaufnahmen (Abb. 1–2) das taktile Erleben, das Riechen und das Hören filmisch akzentuiert und dadurch die Rezeption des Films mit einer Sensibilität für Nähe- und Distanz-Erfahrungen grundiert wird.

Auf dramaturgischer Ebene wiederum wählt der Film wiederkehrend und titelgebend Szenen am *Heimweg*, in denen einige der Scham- und Gewalterfahrungen wirksam werden. Der Heimweg auf der Straße stellt damit ein Setting dar, das zugleich als Infrastruktur der (Im-)Mobilität und als Ort körperlicher Verletzbarkeit und Exposition determiniert ist.[4] Für Leo ist ein Heimweg dabei regelrecht überdeterminiert: Gesteigerte Gefahren des Straßenverkehrs, heteronormative Blickregime des öffentlichen Raums, potenzielles Mobbing aufgrund seiner Be_hinderung oder/und seiner *queerness* sowie die Abhängigkeit von einer Sehenden Begleitung, zu der ein enges persönliches Verhältnis besteht, das von Sorgeimpulsen durchdrungen ist. Die von seiner Familie und Giovana stets offerierte Sorgeleistung (‹I'll take care of you›) führt – verschränkt mit Mobbing-Erfahrungen – zu Leos Bedürfnis, sich abzunabeln und zum Versuch den Nachhauseweg alleine anzutreten, wo er jedoch neuerlich der Gewalt in die Arme läuft. Der Film folgt so anteilig den etablierten narrativen Strukturen eines Coming-of-Age-Films in der Suche nach Selbstbestimmung, setzt jedoch durch die strukturelle Verankerung der Erzählung in wiederkehrenden Heimweg-Szenen einen Kontrapunkt zu spannungsdramaturgischen Zeitlichkeiten: Im Unterschied zu klassischen Coming-of-Age-Erzählungen wird die Dominanz *chronischer* Zeitlichkeiten,

4 Zur Straße als Infrastruktur und Ort politischer Exposition siehe Judith Butler: Körperliche Verletzbarkeit, Bündnisse und Street Politics, in: *WestEnd. Neue Zeitschrift für Sozialforschung*, Bd. 11, Nr. 1: Exodus. Leben jenseits von Staat und Konsum, 2014, 3–24.

die Leos Alltag eine bestimmende Rahmung geben, durch bildinszenatorische Repetitionen besonderes akzentuiert.

Die romantische Beziehung mit Gabriel und die Freund_innenschaft mit Giovana, die sich noch mehr verfestigt, als er sich ihr gegenüber outet, erzeugen schließlich Perspektivverschiebungen für Leo: Sein Begehren nach Selbstbestimmung konzentriert sich allmählich nicht mehr auf die totale Ablehnung von Unterstützungsstrukturen, sondern auf die Entwicklung einer widerständigen Haltung gegenüber ableistischer und heterosexistischer Repression, die von der koextensiven Sorge füreinander angetrieben wird. Der Film endet so nicht mit einem Ausbruch aus den alltäglichen Zeitabläufen, sondern verändert die Art und Weise, wie Leo sich zu diesen in Beziehung setzt. Damit formuliert das Ende des Films eine ähnliche Philosophie wie Wislars Worte «Your journey is valid and you are not alone in it». Welche weiteren Gewalterfahrungen Leo auf seiner Reise noch erwarten werden, nachdem er am Ende des Films beginnt, öffentlich mit Gabriel auf seinem Heimweg Händchen zu halten, wird im Film nicht mehr erzählt. Entscheidend ist nicht mehr die Chronologie der viktimisierenden Ereignisse, sondern eine offene Gegenwart und Zukunft.

Wie Jack Halberstam einschlägig ausgeführt hat,[5] ist der queeren Erfahrung von Zeit ein Wissen um die normativen Rahmungen hegemonialer Zeitlichkeiten inhärent. Halberstam identifiziert Heteronormativität, bürgerliche Reproduktion und Familie als eine institutionalisierte Normativität, die sich unter anderem dadurch auszeichnet, dass sie zeitliche Einsäumungen vorgibt: etwa den Übergang von der Pubertät (einem sexuellen *Noch-nicht*) in die ‹Reife› des

**5** Jack (Judith) Halberstam: *In a Queer Time and Place. Transgender Bodies, Subcultural Lives*, New York, London 2005.

Erwachsenenlebens, das Heirat, Reproduktion, biologische Uhr, Sicherheit, Beständigkeit, Erben/Beerben und ein ‹langes Leben› in zeitlichen Strukturen akkordiert. Queere Menschen erleben und erfahren die dominanten spätkapitalistischen Zeitlichkeiten anders, scheitern an ihnen und/oder widersetzen sich ihnen und produzieren und erleben dadurch ihrerseits nicht-normative, gegenöffentliche, *andere* Zeitlichkeiten, die Halberstam *queer times* nennt.[6] *Heute gehe ich allein nach Hause* vergegenwärtigt dieses queere Verhältnis zu Zeitlichkeit durch wiederkehrende Ansichten von Leo in stillen Momenten schamvoller Passivität und vorsichtigen Wartens, die im filmischen Zeitkontinuum Verlangsamungen und zugleich druckgeladene Anspannungen erzeugen und mit der Zeiterfahrung von Risikobewusstsein und Heimlichkeit latenter Homosexualität korrelieren. Wislars Video wiederum macht an einer Stelle renitente queere Zeitlichkeit medial sichtbar, indem von Wislars Coming-out als *non-binary* durch eine Montagesequenz erzählt wird: Während die Off-Stimme Wislars allmähliche Befragung der gelebten und sozial zugewiesenen Gender-Identität erinnert, wechseln in der Montagesequenz ältere Fotos von Wislar einander ab, wodurch transmedial auf die Praxis des Blätterns in einem Fotoalbum verwiesen wird. Wislars Gender-Identität wird so *historisiert* und die Sequenz fungiert zugleich als Artikulation von Wislars Vorstellung von *queerness* als etwas Experimentell-Prozesshaftem.

Wie beschrieben thematisieren Daisy Wislar und der fiktive Charakter Leo aber auch *dis/ability*-bezogene Erfahrungsdimensionen. In Anlehnung an die Forschungen zu queeren Zeitlichkeiten haben Shoshana Magnet und Amanda Watson mit dem Begriff «temporalities of disability» eine differenzierte Perspektive auf ein «undertheorized piece of the structure of ableism» entwickelt.[7] Dieser Aspekt der Struktur von Ableismus bestehe in «the way that people with disabilities are both shamed and haunted by time and its passing under late-capitalist narratives obsessed with normative forms of productivity and efficiency».[8] So wie *queerness* ein negatives Verhältnis zur Terminierung von sexueller Reproduktion unterhält, wird Be_hinderung vom Stigma vermeintlich mangelnder temporaler Effizienz (der Heimweg dauert länger) beschämt und heimgesucht. Be_hinderung sei «made to suffer […] both from a too-muchness of time and from an inability to fill time in ways that are constructed as normatively productive».[9] Eine kritische Haltung gegenüber hegemonialen Zeitlichkeiten einzunehmen, kann bei Wislar etwa bedeuten, die Pathologisierung und Behandlung von *dis/abilities* als ein aufgebürdetes Zeitregime zu erinnern: «Growing up I had a lot of surgeries and physical therapies in order to reach certain physical benchmarks that doctors told me I was ‹supposed› to have reached at my age.»[10] Mit dieser Beobachtung überführt Wislar die erlebten *temporalities of dis/ability* hinsichtlich der zeitlichen Vorgaben, die sie stets auferlegen, und hält ihnen nun einen anderen Anspruch auf Zeitlichkeit entgegen, der auf Wislars T-Shirt zu lesen ist: «The Future Is Accessible».

**6** Vgl. ebd., 6.
**7** Shoshana Magnet, Amanda Watson: How to Get through the Day with Pain and Sadness. Temporality and Disability in Graphic Novels, in: Elizabeth Ellcessor, Bill Kirkpatrick (Hg.): *Disability Media Studies*, New York 2017, 247–271, hier 247 f.
**8** Ebd.
**9** Ebd., 248.
**10** *Crip Queer Pride with Daisy Wislar*, hier 00:13–00:21.

## Crip-queere Zeitlichkeit und Sorge als ‹temporäre Leistung›?

Auch die als «Sick Woman Theory»[11] betitelte kulturtheoretische, literarische und künstlerische Arbeit von Johanna Hedva verschränkt Perspektiven, die aus der Betroffenheit von chronischer Erkrankung heraus formuliert werden, mit queeren Sichtweisen. Hedvas Leben ist von mehreren körperlichen und psychischen Dispositionen geprägt, von denen einige (z. B. eine starke Form von Endometriose und eine seltene immobilisierende Autoimmunerkrankung) von Hedva selbst als schmerzvolles Leiden beschrieben werden und zudem komplizierte Wechselwirkungen mit Hedvas neurodiverser Depersonalisation (DPDR) und auch mit Depressionen eingehen. Unter anderem ist Hedva aufgrund sich wiederholender Schübe immer wieder für längere Zeit ans Bett gebunden. Das Motiv dieser häuslichen Isolation wird auf einer ersten Ebene zum Ausgangspunkt für Hedvas theoretische Überlegungen im Essay sowie zum Schauplatz für die gemeinsam mit Pamila Payne und Myrrhia Rodriguez angefertigten künstlerischen Fotos, die damit die zweite mediale Ebene der *sick woman theory* bilden. Der Status der Bilder ist also nicht einfach illustrativ; vielmehr gehen Aufsatz und Fotografie eine spezifische intermediale Beziehung ein. Denn, so Hedva, die *sick woman theory* stelle eine Antwort auf die künstlerische Arbeit Audrey Wollens dar, die sich mit der Selbstdarstellung trauriger adoleszenter Mädchen (unter anderem) in digitalen Fotopraktiken wie Selfies beschäftigt und solchen negativ-affektiven Bildsprachen ein antipatriarchales subversives Potenzial zuspricht. Hedva habe sich nun die Frage gestellt, was mit dem *sad girl* passiere, wenn es erwachsen werde, wenn sein Alltag von den normativen Zeitlichkeiten von Reproduktion und Arbeit heimgesucht werde.[12] In Anlehnung an Wollens Selfie-Ästhetik wählt auch Hedva die fotografisch selbstporträtierende Inszenierung, führt diese jedoch weitaus düsterer aus. Die Bilder (Abb. 3–4) zeigen Hedva zuhause, in teils leidenden, teils ernst in sich ruhenden Posen, liegend auf dem eigenen Bett bzw. sitzend als Rollstuhlnutzer_in. Das von Rodriguez ausgeführte Frisieren und Schminken, das Frida Kahlo zu zitieren scheint, und die teils heroischen Körperhaltungen geben der Bildsprache einen ikonischen Charakter. Mit tiefschwarzem Lippenstift und fahlgrünem Lidschatten blickt Hedva jeweils direkt in die Kamera. Auf dem Schoß bzw. seitlich am Körper befinden sich zahlreiche Verpackungen von Medikamenten, daneben auch verschiedene Bücher – etwa Alison Kafers *Feminist, Queer, Crip*.[13] Die Bilder drängen so nicht nur zahlreiche Assoziationen zu Krankheit, Be_hinderung, Depression, Stagnation und häuslicher Isolation auf, sondern fungieren durch die Ästhetisierung von Hedva auch als Sinnbild: Das *sad girl* hat die Formensprache des Selfies hinter sich gelassen und findet sich als *sick woman* in der Formensprache der Allegorie wieder. Anders als die Figur in Dürers *Melancholia I* blickt Hedvas *sick woman* jedoch die Betrachtenden direkt an und formuliert so zumindest stillen Protest, wenn auch mit passiver,

11 Johanna Hedva: Sick Woman Theory, in: *Mask Magazine*, Nr. 24: The Not Again Issue, 2016, *maskmagazine.com/not-again/struggle/sick-woman-theory* (29.9.2020).

12 Vgl. ebd.

13 Alison Kafer: *Feminist, Queer, Crip*, Bloomington 2013.

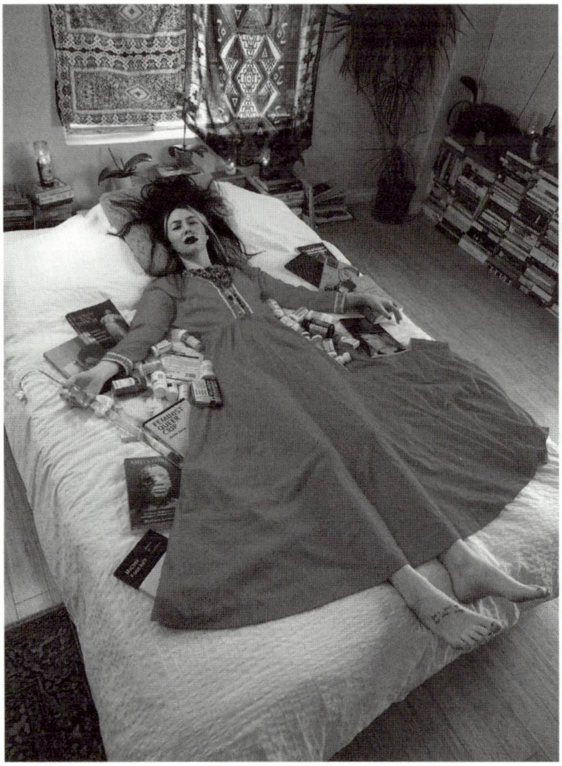

**Abb. 3–4** Zwei Fotos aus *Johanna Hedva for Mask Magazine* von Pamila Payne (Styling, Haar und Make-up: Myrrhia Rodriguez; Art Direction: Johanna Hedva), USA 2016 (Orig. in Farbe)

schwermütiger Körperlichkeit in einer ausgedehnten, chronischen Zeitlichkeit des Herumliegens und des Allein-Seins.

Diese chronische, erdrückende Zeitlichkeit korreliert mit Positionen in Hedvas Essay: Eine chronische Krankheit, räumt Hedva ein, sei «an illness that lasts a lifetime. […] And think about the weight of time: yes, that means you feel it every day.»[14] Die von Magnet und Watson beschriebenen beschämenden und heimsuchenden Zeitlichkeiten, die als Effekte spätkapitalistischer Machtstrukturen von be_hinderten Menschen in besonderer Weise erlebt werden, sind auch bei Hedva explizit angesprochen:

> Because to stay alive, capitalism cannot be responsible for our care – its logic of exploitation requires that some of us die. ‹Sickness› as we speak of it today is a capitalist construct, as is its perceived binary opposite, ‹wellness.› The ‹well› person is the person well enough to go to work. The ‹sick› person is the one who can't. What is so destructive about conceiving of wellness as the default, as the standard mode of existence, is that it invents illness as temporary. When being sick is an abhorrence to the norm, it allows us to conceive of care and support in the same way. Care, in this configuration, is only required sometimes. When sickness is temporary, care is not normal. Here's an exercise: go to the mirror, look yourself in the face, and say out loud: ‹To take care of you is not normal. I can only do it temporarily.›[15]

**14** Hedva: Sick Woman Theory.
**15** Ebd.

Hedva zeigt so mit dem Essay und den Fotos die Brutalität von Imperativen der Erwerbstätigkeit, Flexibilität und Effizienz auf. Mit ihnen gehe stets die Privatisierung von Barrieren einher, die das Erfüllen einer idealen Leistungsfähigkeit temporär (oder *ein Leben lang*) erschweren (oder verunmöglichen). Hedva, sich selbst zwar als *nicht-binär* identifizierend, benennt all jene Menschen (und damit auch sich selbst), die unter dieser Brutalität leiden, als *kranke Frauen*. Diese queere Setzung soll eine Herausforderung an die patriarchale Herrschaft weißer, *able-bodied*, heterosexueller, wohlhabender Männlichkeit formulieren: «The Sick Woman is an identity and body that can belong to anyone denied the privileged existence – or the cruelly optimistic promise of such an existence [...]. [...] The Sick Woman is anyone who does not have this guarantee of care.»[16] Diese Dekonstruktion der normativen Auffassung von ‹Sorge als temporärer Leistung› stellt den Kern der crip-queeren Schlagkraft von Hedvas Theorie dar, die fordert, auf den verengten Begriff von Sorge mit dessen Radikalisierung zu antworten:

> The most anti-capitalist protest is to care for another and to care for yourself. To take on the historically feminized and therefore invisible practice of nursing, nurturing, caring. To take seriously each other's vulnerability and fragility and precarity, and to support it, honor it, empower it. To protect each other, to enact and practice community. A radical kinship, an interdependent sociality, a politics of care.[17]

Die Fotostrecke von «Sick Woman Theory» könnte als eine angewandte Form der im Zitat nominierten *interdependent sociality* gelesen werden: Indem Hedva die Ideen zur reflexiven Selbstdarstellung nicht allein umsetzt, sondern z. B. die Kamera an die Fotografin Pamila Payne abtritt, entsteht eine ästhetische Ko-Autor_innenschaft. Während Wollens *sad girls* überwiegend Selfies der Künstlerin sind, tritt Hedvas *sick woman* erst durch eine mediale und soziale Interdependenz ins Bild. Aber auch Wislars Video, das durch die geteilten Unterstützungsstrukturen von Rooted in Rights entstehen konnte, ist ein Ergebnis des obigen Anspruchs «to protect each other, to enact and practice community». Auch der Film *Heute gehe ich allein nach Hause* – ein crip-queerer Film aus einem Land des Globalen Südens – hängt in seiner Entstehungsgeschichte mit queeren Formen der Unterstützung zusammen, denn er basiert auf einer zuvor auf internationalen queeren Filmfestivals gezeigten und sodann auf YouTube gestellten kurzfilmischen Pilot-Version, deren positive Rezeption und digitale Popularität den Weg für die Finanzierung und Realisierung des Spielfilms ebneten.[18] Hedvas ‹Politiken der Sorge› ausschließlich als etwas zu begreifen, das inhaltlich durch dargestellte Themen und Motive in den Beispielen verhandelt wird, würde den umfassenden Anspruch dieser Programmatik verfehlen. Vielmehr legt Hedvas auf Praktiken und auf angewandte Theorie abzielende Konzeption von Politiken der Sorge nahe, dass Wislars Video, Ribeiros Film und die Fotografien von Hedva/Payne/Rodriguez selbst als *Dispositive* operieren.

16 Ebd.

17 Ebd.

18 Vgl. Daniel Ribiero im Interview mit Kat Kourbeti, in: Flickering Myth, 14.10.2014, flickeringmyth.com/2014/10/london-film-festival-interview-daniel-ribeiro-way-looks (29.9.2020).

## Mediale Dispositive und perverse Solidarität

In der medienkulturwissenschaftlichen Fassung von Michel Foucaults Dispositivbegriff[19] erscheinen mediale Untersuchungsgegenstände als Formationen, die aus diskursiven, ästhetischen, aber auch materiellen, institutionellen und praktischen Dimensionen bestehen. Als infrastrukturierendes «Netzwerk von sozialen Konventionen, technischen Voraussetzungen und Dispositionen der Einbildungskraft»[20] erscheint das Dispositiv aber nicht als die additive Gesamtheit, sondern als die relationale und prozessuale Vernetzung dieser heterogenen Elemente, die im Zeichen strategischer Funktionalität auf unterschiedliche Formen von Macht zugreift und dabei Machteffekte moderiert und selbst produziert. Die drei besprochenen medialen Beispiele als Dispositive zu begreifen, schließt eine Auseinandersetzung mit der Repräsentation von crip-queeren Themen, Motiven und Diskursen ein, beschränkt sich aber nicht darauf. Die Analyse fragt ferner nach den Formen der Subjektivierung, die sich im Rahmen des medialen Dispositivs für Produzent_innen, dargestellte Figuren oder Rezipient_innen durch das Dispositiv ereignen. Die medialen Produktionen – ein Video, ein Film, eine Fotostrecke – lassen sich schließlich nicht mehr als Angehörige einer jeweils uniformen medialen Gattung mit vermeintlich für alle Beispiele der jeweiligen Gruppe feststehenden medialen Spezifika typologisieren, sondern sind als spezifische mediale Figurationen zu fassen, die sich teils in dominanten filmischen und fotografischen Traditionen bewegen, teils von diesen abgrenzend positionieren. Die Foucault-Rezeption von Andrea D. Bührmann und Werner Schneider betont diese Eigenschaft von Dispositiven mit dem Hinweis, dass «die Formierung von Dispositiven die De-Formierung anderer Dispositive bzw. des Zusammenspiels anderer diskursiver und nicht-diskursiver Praktiken impliziert».[21] Hierin liegt auch ein entscheidendes Charakteristikum der besprochenen drei subkulturellen crip-queeren Medienpraktiken, das in deren Ausloten und Um-Definieren von video-, film- und fotografiepraktischen Konventionen liegt: «Denn Dispositive lassen sich nicht restlos und widerspruchsfrei totalisieren; so existieren in der sozialen Praxis immer ‹Risse› und damit unterschiedliche Aneignungs- wie Umdeutungsmöglichkeiten.»[22]

Wislars, Ribeiros und Hedvas mediale Produktionen haben etwa institutionelle Dimensionen, die auf entscheidende Weise mit der strategischen Positionierung dieser Dispositive einhergehen: Sei es die Organisation Rooted in Rights, seien es Vernetzungsstrukturen von Filmfestivals, sei es die Erstpräsentation und Diskussion der *sick woman theory* im Rahmen einer Veranstaltung des Women's Center for Creative Work. Als Dispositive betrachtet, zeichnen sich die drei Beispiele zudem nicht nur durch die explizit thematisch verhandelten Fragen rund um Normativität, Diskriminierung und subversive Politiken der Sorge aus, sondern setzen auch *Dinge* ins Bild, die auf Praxiszusammenhänge verweisen, mit denen die Subjektivierung der dargestellten

19 Siehe Michel Foucault: *Dispositive der Macht. Über Sexualität, Wissen und Wahrheit*, Berlin 1978.

20 Michael Lommel: Dispositiv, in: Helmut Schanze (Hg.): *Metzler Lexikon Medientheorie, Medienwissenschaft. Ansätze – Personen – Grundbegriffe*, Stuttgart 2002, 63–64, hier 64.

21 Andrea D. Bührmann, Werner Schneider: *Vom Diskurs zum Dispositiv. Eine Einführung in die Dispositivanalyse*, Bielefeld 2008, 53.

22 Ebd.

Figuren korrespondiert: die ständige Kopräsenz von Gehstock, Rollstuhl und Pharmazeutika bei Hedva; die Nutzung einer lesbischen Dating-App oder eines Gehstocks bei Wislar; Leos Punktschriftmaschine, die einen markanten Sound hat, für welchen ihn einige Mitschüler_innen notorisch hänseln. Nicht zuletzt de-arrangieren die Beispiele ästhetisch spezifische Blickregime, um sich entschlossen von einem bedauernden, sentimentalen ‹Ansehen› crip-queerer Personen zu unterscheiden. Das Politische an der Darstellung von Leo oder an der Selbstdarstellung von Wislar bzw. Hedva wird nicht einfach nur in einem kritischen Umgang mit stereotyper Repräsentation von Minderheiten gewähnt. Vielmehr begreifen Hedva, Wislar wie auch Ribeiro die Subjekte der Rezeption – mit ihren Vorgängen im Akt des Ansehens und Anstarrens von Menschen mit vermeintlich nicht-normativer Körperlichkeit – als in das mediale Dispositiv mit eingeschlossene Akteur_innen. Die filmischen und fotografischen Bilder bemühen sich durch inszenatorische Setzungen um ein Verlernen insbesondere des heteronormativen und ableistischen Sehens. Bereits kleine formale Setzungen können diesem Impuls folgen: etwa Wislars und Hedvas Suspension der vierten Wand durch den direkten Blick in die Kamera, der von negativen Gefühlen wie Scham erzählt und zugleich eine empfindliche Aufmerksamkeit suggeriert. Dieser gesteigerten Aufmerksamkeit und Sensibilität kommt in Ribeiros Film in Form der Nahaufnahmen, die Leos taktile Nähe- und Distanzwahrnehmung nachempfindbar machen, eine äquivalente Bedeutung zu. Robert McRuer benennt solche Suspensionen konventioneller Blickregime als die *perverse visuelle Rhetorik der Solidarität*: «If the sentimental mode places the disabled figure below the viewer, in need of protection or succor, the mode of solidarity places the disabled figure *alongside* the (non-disabled or disabled) viewer, in need of justice.»[23] In dem Maße, in dem die drei hier besprochenen medialen Beispiele Setzungen treffen, die sich von normativen Bildpolitiken unterscheiden, sind sie sozusagen Dispositive, die ihrerseits selbst *Dispositivanalyse* betreiben: weil sie – entsprechend Gilles Deleuze' Definition von Dispositivanalyse – «die Linien der jüngsten Vergangenheit und die der nahen Zukunft entmischen»,[24] indem sie die formästhetisch medienhistorischen Einschreibungen, die in medialen Dispositiven wirken, dekonstruieren. Dieser dekonstruierende Anspruch erfolgt, um «gegen die Zeit und dadurch auf die Zeit zu wirken, zugunsten einer, wie ich hoffe, kommenden Zeit. […] Nicht zum Zweck der Voraussage, sondern der Aufmerksamkeit für das Unbekannte wegen, das an die Tür klopft.»[25]

In dieser Beschreibung der dispositiven «Fähigkeit […], sich selbst zu transformieren oder sich bereits zugunsten eines Dispositivs der Zukunft aufzuspalten»,[26] verschränkt Deleuze Annahmen über (a) die potenzielle *formale* Veränderbarkeit von Dispositiven mit Annahmen über (b) die potenziell *reflexive* Beziehung, die Dispositive zur Vorstellung von Zeit unterhalten können. Dies umfasst ihr Querlesen von Vergangenheit und Gegenwart ebenso wie ihre Offenheit für unbekannte und abweichende Entwicklungen, womit ihnen die

**23** Robert McRuer: Any Day Now. Queerness, Disability, and the Trouble with Homonormativity, in: Ellcessor, Kirkpatrick: *Disability Media Studies*, 272–291, hier 281.

**24** Gilles Deleuze: Was ist ein Dispositiv?, in: François Ewald (Hg.): *Spiele der Wahrheit. Michel Foucaults Denken*, Frankfurt/M. 1991, 153–162, hier 160.

**25** Ebd., 160 f.

**26** Ebd., 159.

Fähigkeit zur Politisierung von Zeitlichkeit zugesprochen wird. Trotz ihrer medialen Verschiedenheit resonieren die drei Beispiele im Aufweisen solcher Verschränkungen von formästhetischer Abweichung und reflexiver Bezugnahme auf Zeitlichkeit: Wislars experimenteller Einsatz der Montage-Sequenz mit Fotos, die einen Raum für die Geschichtlichkeit und Prozessualität crip-queeren Lebens eröffnen; Hedvas fotografische Verschiebung vom digitalen Selbstbildnis hin zur Allegorie auf die chronische Zeitlichkeit spätkapitalistischer Stigmatisierung von Krankheit; Ribeiros Entschleunigung der Coming-of-Age-Narration durch den dramaturgischen Einsatz von Repetition und durch die Integration von heimlicher, vorsichtiger und wartender Zeitempfindung und -darstellung.

## Zeitlichkeit und Verantwortlichkeit

Wie aufgezeigt veranschaulichen die drei besprochenen Arbeiten mittels unterschiedlicher Stilmittel, Narrationen und Unterstützungsstrukturen crip-queere, widerständige Perspektiven auf normative Zeitlichkeiten. Ein derartiger Umgang mit der Gegenwart crip-queerer Lebensrealitäten, der kraft dispositiver Transformationen andere Perspektiven auf Zeit erzeugt, begreift die Gegenwart (oder das «Aktuelle») – mit Deleuze gesprochen – als «das, was wir werden, das, was wir im Begriff sind zu werden», ein «Werden, das sich mit der Geschichte gabelt».[27] Auch wenn es sich um heterodoxe Genres medialen Ausdrucks handelt (die aktivistisch-dokumentarische Video-Kampagne, der fiktionale Spielfilm und die Essay-Foto-Arbeit), zeichnen sich die Produktionen in ähnlicher Weise dadurch aus, dass sie crip-queere Zeitlichkeiten politisieren und damit differenzierte Nuancen problematischer ebenso wie erstrebenswerter Verständnisse von Sorge verhandeln. McRuers Konzept perverser Solidarität betont diese Verschränkung von Zeitlichkeit und Verantwortlichkeit auf der Ebene der von ihm beobachteten alternativen Blickregime in medialen Queer-crip-Dispositiven, wenn er schreibt, perverse Solidarität offenbare sich dort als etwas, «das wir hofften zu werden, demnächst, in der Vergangenheit»,[28] eine «perverse solidarity beyond the constraining boundaries of the here and now».[29] Sara Ahmed schreibt, wer in queere Zeitlichkeiten eintauche, konvertiere von «indifference […] to caring, which means caring for someone, having someone to care for, and thus caring for what happens, caring about whether there is a future or not».[30] Diese Anrufung eines Begriffs von Sorge im Kontext von Zeitlichkeit und Verantwortlichkeit, die auch in den medialen Arbeiten von Wislar, Ribeiro und Hedva aufgewiesen werden konnte, begnügt sich jedoch niemals mit einer esoterischen Idealisierung von Sorge, sondern zeigt die politische Kraft von Politiken der Sorge genau dort auf, wo Vereinnahmungen des Sorgebegriffs im Konflikt mit einer programmatischen Ethik der Verantwortlichkeit stehen, und versucht gleichsam aus dieser Reibung schlau zu werden:

27 Ebd., 160.
28 McRuer: Any Day Now, 290, Übers. d. Verf.
29 Ebd., 291.
30 Sara Ahmed: Happy Futures, Perhaps, in: E. L. McCallum, Mikko Tuhkanen (Hg.): *Queer Times, Queer Becomings*, Albany (NY) 2011, 159–182, hier 176.

> Caring is anxious – to be full of care, to be careful, is to take care of things by becoming anxious about their future, where the future is embodied in the fragility of an object whose persistence matters. Becoming caring is not about becoming good or nice: people that have ‹being caring› as their ideal ego often act in quite uncaring ways in order to protect their good image of themselves. To care is not about letting an object go, but holding onto an object by letting oneself go, giving oneself over to something that is not one's own.[31]

Wislars und Leos allergische Reaktion auf patnernalistische Sorge und Hedvas Kritik an der spätkapitalistischen Fassung von maximal ‹temporärer› Sorgeleistung finden im Rahmen von Ahmeds Lob der Sorge ein Äquivalent in Form des differenzierenden Einschubs, der auf Vereinnahmungen des Sorgebegriffs verweist. Utopische Queer-crip-Zeitlichkeiten von Sorge fragen so immer auch nach deren Verhältnis zu Vereinnahmungen des Sorgebegriffs. Sie werden schließlich in komplexen Relationen gedacht und gewinnen dadurch eine theoriebildende Valenz.

31 Ebd.

LISA STUCKEY

# PATIENT PATIENTS

## Architektur als Medium der Fürsorge und Fürsprache in Investigationen von Forensic Architecture

In kriminalistischer Manier beginnen die Investigationen von Forensic Architecture in medias res: ohne einleitendes Philosophieren über die Darstellbarkeit der zu untersuchenden sozio-politischen oder -ökologischen Verbrechen. Meistens sind es Menschenrechtsplattformen, Nichtregierungsorganisationen oder Gemeinschaften, die Forensic Architecture mit der Untersuchung eines politischen Konflikts oder einer ökologischen Notlage beauftragen. Die Tätigkeit des zwischen Forschungseinrichtung und detektivischer Dienstleistungsagentur zu situierenden Kollektivs (angesiedelt an Goldsmiths, University of London) wird so nicht zuletzt vom wirklichkeitsgenerierenden Effekt des Krisenpostulats legitimiert. Dieser Effekt ist mitverantwortlich für die Präsenz, die das Kollektiv seit rund zehn Jahren auf internationalen Wanderausstellungen, bei Preisnominierungen sowie in Förderprogrammen künstlerischer und angewandter Forschung genießt. Dabei thematisieren die Untersuchungen die behandelte Krise nicht als unaussprechliche Katastrophe, etwa indem sie ihr Trauma, Riss oder Fragmentierung voranstellen würden. Stattdessen dienen spezifische Methodenverschränkungen von etwa kartografischem Kreuzverhör und Architektursimulation der legalen Anklage als «a disruption of inane consensus».[1] Distribuiert in künstlerischen, akademischen, aktivistischen und rechtlichen Kontexten, können die produzierten ‹Beweise› jedoch nur so weit (medien-)reflexiv sein, wie es möglich ist, auf ihrer Basis eine Urteilsempfehlung abzugeben.

Üblicherweise gehört die auf eine *Krise* der Demokratie zurückzuführende *Sorge* um sie zu den Aufgaben staatlicher Behörden, also zur Rechts*pflege*. Wo der Mensch oder die Gesellschaft basierend auf Indizien und Symptomen als ‹krank› diagnostiziert worden seien, verweist der Historiker Carlo Ginzburg darauf, dass ‹Krise› als «medizinischer, hippokratischer Ausdruck» in Wahrheit juristischen Ursprungs sei.[2]

Der vorliegende Aufsatz behandelt die Frage, auf welchen therapeutischen und rechtlichen Enthüllungsversprechen die Arbeiten von Forensic Architecture beruhen. Derlei theoriepolitische Probleme implizieren auch die Frage nach dem

1 Avital Ronell: *Complaint. Grievance among Friends*, Urbana u. a. 2018, 61.
2 Vgl. Carlo Ginzburg: *Spurensicherung. Die Wissenschaft auf der Suche nach sich selbst*, Berlin 2002, 48.

Ausgeschlossenen: Hypothesenorientiert soll beleuchtet werden, welche Register in den ästhetisch-forensischen Ermittlungen und ihren medialen Inszenierungen, Formatierungen und Konfigurationen marginalisiert werden. Denn die Investigationen von Forensic Architecture legen nahe, die unbeantworteten (An-)Rufe poststrukturalistischer Kritik aufzunehmen: «[U]nder the pressure of ‹accepting a call›»[3] akzeptiert die Agentur – «the complaint behaves as a call».[4] Noch unbekannt dabei sind der Gesprächsverlauf und das darin Stummgeschaltete.

Zudem steht zur Debatte, inwiefern Forensic Architecture darauf abzielt, von der gerichtlichen Instanz akzeptiert zu werden und sich in diesem Unterfangen zum einen deren Verfahrens- und Artikulationsweisen aneignet, zum anderen Anteil daran hat, unerwartete Handlungsmöglichkeiten entstehen zu lassen. Hergeleitet aus Justitias Abbildungsverbot betrifft die zentrale Hypothese den Bruch mit Darstellungskonventionen, der eine Affektübertragung auf die Architektur als Medium der Fürsorge und Fürsprache bewirkt.[5]

## Affektentzug und Justitias Abbildungsverbot

Zum Affektentzug und seiner Verbindung zum Visuellen sei einleitend ein emphatischer Satz von Georges Didi-Huberman angeführt: «Um zu wissen, muß man sich ein Bild machen.»[6] Welche Strategien aber ermöglichen es, sich in Prozessen der Rechtsprechung ein Bild zu machen – zunächst von einem verbrecherischen Geschehen, und darüber hinaus von Recht und Gerechtigkeit? Da Forensic Architecture den Einsatz für *social justice* professionalisiert, erscheint es sinnvoll, die allegorische Figur der Justitia zu betrachten. Seit der Neuzeit symbolisiert die römische Göttin das Ideal strafender Gerechtigkeit. Sie ist ein abstraktes Prinzip, versinnbildlicht durch die Waage, das Schwert und die Augenbinde. Letztere kann in bestimmten Kontexten Inbegriff eines gewaltvoll Blind-Gemacht-/Entmündigt-Werdens sein. Bei Justitia fungiert sie als Emblem einer liberalen Idee: Parteilosigkeit und ein Urteilen frei vom visuellen Erscheinungsbild der Angeklagten bzw. der im Gerichtsprozess beteiligten Akteur_innen.

Insofern hat die dominante Fixierung auf Visuelles, wie sie sich in der internationalen Rechtsprechung seit den Nürnberger Prozessen in den 1940er Jahren findet, eine vergleichsweise junge Geschichte – Medienbrüche kommen im Gericht stets verspätet an. So fordert Richard K. Sherwin in *Visualizing Law in the Age of the Digital Baroque* (2011) eine neue «visual literacy» in Rechtsprechung und -wissenschaft.[7] Auch Cornelia Vismann behandelt im Aufsatz «Image and Law – a Troubled Relationship» (2008) eine implizite Bildkritik des Rechts, die sich in Form von «iconoscepticism» gegenüber dem Bild äußere; diesem werde eine intrinsische Verknüpfung mit Affekt und Ambiguität attribuiert.[8] So beargwöhne das Gericht visuelle Prozess-Dokumentation ebenso wie Metaphern als Sprachbilder aufgrund ihrer Mehrdeutigkeit: «[W]ords too are polysemic. And this is precisely why the law also regards metaphors with great

3 Avital Ronell: *The Telephone Book. Technology, Schizophrenia, Electric Speech*, Lincoln, London 1989, 13.

4 Ronell: *Complaint*, 49.

5 Eine in diesem Zusammenhang anzuführende Publikation ist: Angelika Fitz, Elke Krasny, Architekturzentrum Wien (Hg.): *Critical Care. Architecture and Urbanism for a Broken Planet*, Cambridge, London 2019. Von ökologischen und planetarischen Krisen ausgehend, wird Architektur als Medium der Sorge in *Critical Care* sowohl aus Theorien zum Urbanismus als auch feministischen zur Sorgearbeit hergeleitet und dabei über Reparatur und alternative Ökonomien gedacht, während sie im vorliegenden Aufsatz über rechtliche Fürsprache und Fürsorge konzipiert wird.

6 Georges Didi-Huberman: *Bilder trotz allem*, München 2007, 15.

7 Richard K. Sherwin: *Visualizing Law in the Age of the Digital Baroque. Arabesques and Entanglements*, London, New York 2011, 3.

8 Vgl. Cornelia Vismann: Image and Law – a Troubled Relationship, in: *Parallax*, Bd. 14, Nr. 4: Law and Visual Culture, 2008, 1–9, hier 1.

scepticism.»[9] Trotz partiell anhaltender Skepsis findet das Visuelle heute Eingang ins Gericht. Dabei werden in verschiedenen medienästhetischen Verfahren durchaus unterschiedliche Verhältnisse von Bildern zu Polysemie und Affektgehalt aktualisiert. Die durch das Anwaltsbüro Doug Passon Law angebotenen *sentencing mitigation videos* z.B. ergänzen die reine Anhörung durch bildförmige Geschichten als Dokufiktionen, die Richter_innen anstelle des den Angeklagten überlassenen letzten Wortes gezeigt werden; diese setzen gezielt auf die visuelle Affizierung der Richter_innen, um deren Urteil zu mildern.[10] In Abgrenzung zu solchen gegenwärtigen Phänomenen kann in den visuellen Strategien von Forensic Architecture ein Entzug von Affekten beobachtet werden. So gehen den *deep maps* und simulierten Architekturmodellen der *narrative environments*, die Forensic Architecture als Evidenzen (Beweismaterialien) vorlegt, zwar ebenso ästhetische Gestaltungsentscheidungen voraus, jedoch sprechen sie nicht auf die beschriebene Weise emotive Register an. Nachdem in den Investigationen von Forensic Architecture anthropologisch ausgerichtete Affekte zugunsten eines systematischen Informationsabzugs getilgt wurden, muss folglich das Bild nicht mehr verboten werden: «It is […] the ban, the law's most immediate form of articulation, which links law to the realm of images […].»[11]

### Affektübertragung auf die Architektur: Von der Erfahrung zum Widerfahrenen

Wer maßgeblich zum Affektentzug beiträgt, sind geduldige Patient_innen – *patient patients* (lat.: *pati* = erdulden, erleiden) – in Form von Architekturen, die zugleich für Affektübertragungen verantwortlich gemacht werden. Ihre Pathologiegeschichte wird diagnostiziert, indem Gewalt, Zerstörung und sonstige Transformation ästhetisch-forensisch ausgelesen werden. Sie warten sozusagen *patiently* auf Diagnose und Behandlung. Ohne Illusion einfacher Auflösung, jedoch nicht ohne Impetus der Aufklärung, stehen statt einzelnen Psychen und Subjekten medienökologisch[12] vermittelte Gewaltverknotungen im Blick: Posthumane Ethik und Medienwissenschaften treffen darin aufeinander. Medienarchitektur subsumiert Rechtsarchitektur und alle an ihr beteiligten Akteur_innen in ein Informationskontinuum, sodass in der Betonung des Materiell-Sensorischen und der «technischen Zeugen»[13] begrifflich wenig Raum für das (menschliche) Empfinden zu bleiben scheint. Ist dies das Resultat einer konsequent posthumanistischen Praxis? Forensische Architekt_innen sind in der Position der Spurendekodierenden, welche die architektonischen Medialitäten und Infrastrukturen im Kontext von Krise und Krieg als Kollektivkörper zu verstehen suchen. An die Stelle öffentlich zur Schau gestellter Empörung oder des Einfühlens in ein Individuum tritt nicht Mitgefühl mit der ‹Natur› oder einer anderen betroffenen Partei, sondern eine kreuzverhörende Kartografie, die methodisch die teilnehmende Beobachtung ersetzt. So soll zugleich objektivierend Ungerechtigkeit aufgezeigt und reparativ Gerechtigkeit offeriert werden.

9 Ebd., 4.

10 Siehe die vom Büro Doug Passon Law angebotenen Services auf der Webseite, dougpassonlaw.com/services/ (26.3.2020).

11 Vismann: Image and Law, 1.

12 Während die auf Theorien von Marshall McLuhan zurückzuführende frühe Medienökologie, die 1968 von Neil Postman ausformuliert wurde, das Verhältnis von Medien und Menschen prothetisch dachte, basiert sie heute auf dem Verständnis einer Kollision der Natur-Kultur-Trennung. Der Einbezug der Ökologie in die Medienwissenschaften bedeute eine «begriffs- und theoriepolitische[] Transformation» (Erich Hörl: Die Ökologisierung des Denkens, in: *Zeitschrift für Medienwissenschaft*, Bd. 8, Nr. 14: Medienökologien, 2016, 33–45, hier 35) sowie «eine grundlegende Perspektivenverschiebung: Statt ‹Medienrevolutionen› und ihrem Kreislauf von Innovation, Akkumulation und Obsoleszenz interessieren vermehrt Praktiken des Reparierens, des Recycelns» (Petra Löffler, Florian Sprenger: Medienökologien: Einleitung in den Schwerpunkt, in: *Zeitschrift für Medienwissenschaft*, Bd. 8, Nr. 14: Medienökologien, 2016, 10–18, hier 17).

13 Cornelia Vismann: *Medien der Rechtsprechung*, Frankfurt/M., 2011, 193.

Mit Verfahren der Datengewinnung durch elektronische Aufzeichnungsapparate sowie Auslesungstechniken aus Architekturen vollzieht sich eine Verschiebung vom Sinnlichen zum Sensorischen. Verletzlichkeit wird so in das Referenzmedium der Daten überführt und als *matter of facts* – Fakten als Materialitäten – operabel gemacht. Obwohl die Investigationen konstant mit angeschossenen, getöteten, entführten, verletzten oder vermissten Körpern sowie mit abwesenden und zerstörten Beweismaterialien zu tun haben, löst das Sprechen über Räumlichkeiten eines über Körperlichkeiten ab. Hier ist nicht von *bodily experience* die Rede, vielmehr findet eine Dezentralisierung des Erfahrungsbegriffs statt (der im 20. Jahrhundert sowohl Diskurse um Zeug_innenschaft als auch um die offene ästhetische Kunsterfahrung prägte). Wie kam es zu dieser dramaturgischen Entscheidung, welche medienhistorischen Entwicklungen bedingen sie?

Vismann beschreibt, dass während der Filmvorführung von *Nazi Concentration Camps* bei den Nürnberger Prozessen eine ästhetische Verschiebung stattfand: Rezeptionsästhetisch wurde die filmische Wirkung in den Gesichtern der Angeklagten abgelesen, die anstelle der Opfer im Aufmerksamkeitszentrum standen.[14] Bei Forensic Architecture tritt an die Stelle jener *Erfahrung* die sensorische Untersuchung des dem Material *Widerfahrenen* – als entpersonalisierte Projektion. Der Fokus auf Architektur mag zuallererst kontraintuitiv, ja als Umkehrung erscheinen. Es wirkt, als klammere die Agentur die klassische Opferperspektive der Figur (im Gegensatz zum Grund) aus: Architekturen als Spuren- und Symptomträger werden mitsamt ihrer baulichen, geologischen und sozialen Strukturen zu empfindsamen Zeuginnen und intelligenten Patientinnen emporgehoben. So wird mit der forensischen Ästhetik eine architektonische Sensibilität theoretisch aktiviert. Die Architektur soll in ihrem erfahrenen Leid für sich sprechen und damit zugleich *für* die Figur *fürsprechen* und *fürsorgen*. Zeug_innenschaft wird demgemäß nicht über Empathie verlangenden Verlust angerufen, sondern über die materielle Spur. Insofern findet ein Affektentzug statt, wenn dieser anthropologisch, nicht aber wenn er medial gedacht wird und festzuhalten ist: «Affekte *als* Medien, Boten, Akteure».[15]

## Neue Darstellungskonventionen statt «silent heads», «talking heads», «talking cure»

Ein juristisches Diskursereignis, das in diesem Zusammenhang in Augenschein genommen werden muss, ist der Eichmann-Prozess (1961). Eyal Weizman, Gründungsdirektor von Forensic Architecture, spricht von einer damit eingeleiteten «era of the witness», gefolgt von Opfernarrativen in dokumentarischen Menschenrechtsinitiativen, Kunst und Medien; diese Ära sei geprägt vom Verlangen nach Empathie und habe vielfach zu Individuation und apolitischer Haltung geführt.[16] Als Nachwirken kritischer Holocaust-Rezeption wurden in diesem Zusammenhang häufig die Gesichter der ‹Opfer› oder ihre

14 Vgl. ebd., 252 f.

15 Christiane Voss: Affekt. Affektverkehr des Filmischen aus medienphilosophischer Sicht, in: Lorenz Engell u. a. (Hg.): *Essays zur Film-Philosophie*, München 2015, 63–116, hier 88, Herv. i. Orig.

16 Vgl. Eyal Weizman: *Forensic Architecture. Violence at the Threshold of Detectability*, New York 2017, 80 f. Weizman bezieht sich hier auf die Publikation von Annette Wieviorka: *The Era of the Witness*, Ithaca, London 2006 [frz. Orig. 1998].

körperlichen Überreste gezeigt und damit zugleich aufmerksamkeitsökonomisch ausgebeutet. Die hegemoniekritische Gegen-Forensik von Forensic Architecture grenzt sich von diesen Praktiken ab: Auf Schockbilder, die etwa Blut und Kriegsverletzungen zeigen, wird weitgehend verzichtet. Ist jedoch aufgrund ihrer Abwesenheit eine Investigation automatisch weniger pathosanfällig oder pathosfähig? Wenn ein Gesicht nicht erneut ausgestellt wird, wenn nicht aus ihm abgelesen und nicht auf es projiziert werden soll und es folglich in den meisten Fällen nicht als foto- oder videografische Oberfläche einer betroffenen/affizierten Person funktionalisiert wird, welche die Ermittlung leitet und rechtfertigt – was tritt an seine Stelle? Laut Michael Bachmann habe Annette Wieviorka in *The Era of the Witness* (2006) – die Publikation, auf die Weizman sich bezieht – den «Funktionswandel der Zeugenschaft ‹nach Auschwitz›» beschrieben: «von einem im engeren Sinn juristischen Zeugnis, das primär ‹informieren› soll, zu einem Zeugnis, bei dem die affektive Übertragung von Erfahrung im Vordergrund steht».[17]

Neue Darstellungskonventionen prägen die Investigationen von Forensic Architecture: Kommentierte Aufklärung eines Sachverhalts löst sowohl *talking heads* (als klassische filmische Reportagestrategie) als auch *silent heads* (bekannt von ausdrucksneutraler Kriminalfotografie) ab – Körper und Stimme sind in der Mischung aus Found-Footage-Montage, Simulation und Voice-over desynchronisiert. Die verwendeten Computerprogramme erlauben den Einsatz stilisierter und abstrahierter Figuren,[18] sodass adressierte Personen nur partiell als ein von einer optischen Linse erfasstes Bild vorkommen. Wirkt hier Justitias Abbildungsverbot nach?

Weder sollen bestimmte bedrohte politische Subjekte stellvertretend Leid inszenieren, noch wird davon ausgegangen, dass diese unmittelbar (auch im Sinne einer *talking cure*) für sich sprechen können. Das Geständnis, in Form einer Zeug_innen- oder Opferaussage, bildet in der forensischen Analyse ein Objekt unter anderen.

Naheliegend scheint, dass die Untersuchungen auf faktische, nicht emotionale Wirkung aus sind. Wird Empathie/Einfühlung/Tuchfühlung also erneut von faktischer Vernunft getrennt? Oder machen Formen struktureller Subtraktion eine affektive Aufladung wieder möglich, insbesondere wenn das Datenförmige animiert wird? Einfühlung ist auch eine Frage des kulturellen Vorwissens und der Denkstile. So lässt sich der Verzicht auf bestimmte Formen von Empathie bei einer Wendung zur objektiven Nachvollziehbarkeit bzw. Nachprüfbarkeit als ‹politisch korrekter› Stil verstehen.

## «Response-ability» in Form kasuistischer Fürsorge

Resultierend aus *missachteter* Verletzlichkeit wird Verletzung in Investigationen von Forensic Architecture über die Architektur kommuniziert und als diskriminierende soziale Ordnung oder Gesetzes- und Rechtsverletzung

**17** Vgl. Michael Bachmann: Spiele mit Zeugen. Zur Gerichtsbarkeit der Bühne im Gegenwartstheater, in: Sybille Krämer, Sibylle Schmidt (Hg.): *Zeugen in der Kunst*. München 2016, 211–225, hier 220.

**18** Das trifft auf eine Reihe von Investigationen durch Forensic Architecture zu, etwa auf *Torture in Saydnaya Prison* (2016), *The Enforced Disappearance of the Ayotzinapa Students* (2017), *The Ali Enterprises Factory Fire* (2018) oder *The Killing of Rouzan al-Najjar* (2019). Umfangreiche Dokumentationsmaterialien finden sich auf der auch als Archiv fungierenden Webseite der Agentur, forensic-architecture.org (30.12.2020).

rationalisiert. Die Idee der Rechtsverletzung, welche die *Missachtung* von Rechtsnormen meint, entstand mit dem Gerichtswesen nach Einführung einer Vorform der Staatsanwaltschaft: über die Einschaltung eines_einer Dritten, über den_die vermittelnde_n Richter_in. Von da an wird nicht nur eine betroffene Person, sondern auch das abstrakte Rechtsprinzip, verkörpert im Staat, verletzt.[19] In *Krieg und Affekt* (2009), spricht Judith Butler über die Schutzbedürftigkeit prekären Lebens und erwähnt die Notwendigkeit «bilaterale[r] Abkommen, die auf der Anerkennung jener fundamentalen Verletzbarkeit basieren».[20] Der von Donna Haraway in *When Species Meet* (2008) geprägte Begriff der «response-ability»[21] ließe sich mit Butler als Zusammenwirken von «Ansprechbarkeit» und «Verantwortung» beschreiben.[22] Ob Verantwortung und Schuld moralische, ethische oder legale Fragen tangieren, behandelt Giorgio Agamben, wenn er schreibt: «To assume guilt and responsibility […] is to leave the territory of ethics and enter that of law.»[23] Er macht damit auf eine Problematik aufmerksam, die auch Tribunale betrifft, denn diese können unterschiedliche Ziele verfolgen, wie beispielsweise das Anklagen eines vergangenen Regimes zur Versöhnung, das Absetzen eines Regimes, das Verkünden von Befunden oder das Anregen eines Wahrheitsdiskurses. Die Untersuchungen von Forensic Architecture sollen also mit professionalisierter Parteilichkeit und semi-öffentlicher Fürsorge sowohl in Tribunalen als auch Gerichten Interessen vertreten – geregelt über Verträge zwischen der Agentur und den Beauftragenden. Idealerweise existiert dabei eine Kooperation: Betroffene Akteur_innen, inklusive der an der medialen Spurenaufzeichnung Beteiligten, sollen zur (Open-Source-)Investigation beisteuern oder sogar selbst zu Ermittler_innen werden. Diesem Ideal nach sind sowohl Betroffenheit als auch Sorgearbeit nicht auf das subjektive Erleben beschränkt, sondern im Sinne erweiterter und systemisch wie infrastrukturell vermittelter Subjektivierung zu verstehen. Darauf aufbauend sei festgestellt: Die Institutionskritik der zweiten Generation (die in den Künsten auf die 1980er/1990er Jahre datiert wird) aktualisiert sich heute in einer auf Produktions- und Lebensbedingungen gerichteten aktivistisch-institutionalisierten und kasuistischen Partikular-Fürsorge. Weil «affektive[] Reaktionen stets vermittelt sind»,[24] wird mit der rechtspolitischen Etho-Ästhetik nicht ein bekannter «Interpretationsrahmen aufgerufen»,[25] sondern ein neuer geschaffen, um indifferente Haltung gegenüber einem Gewaltakt zu durchstoßen – denn die Menschheit sei «aufgeteilt […] in einerseits diejenigen, für die wir spontan und unbegründet Sorge empfinden, und anderseits diejenigen, deren Leben und Sterben uns schlichtweg nicht berührt oder gar nicht erst als solches in den Blick kommt».[26] Daher müsse die «Kritik der Gewalt» bei «der Frage nach der ‹Repräsentierbarkeit des Lebens selbst›» einsetzen, wobei die medialen Deutungsmuster zentral seien, so Butler.[27] Dieser Aspekt erscheint wesentlich, um nachzuvollziehen, weshalb bestimmte Register ausgespart werden – trotz der durch die Gegen-Forensik ermöglichten

**19** Für die europäische Rechtsgeschichte gilt, so Michel Foucault: «Im Hochmittelalter gab es keine judikative Gewalt.» Diese entwickelte sich durch die Monopolisierung von Reichtum in der entstehenden mittelalterlichen Monarchie im 12. Jahrhundert mit dem «procureur du roi, [der] Vorform des Staatsanwalts», der von nun an in Streitigkeiten zwischen Individuen einbezogen wurde: «Der procureur präsentiert sich als Vertreter des in seinem Recht verletzten Herrschers.» Vgl. Michel Foucault: *Die Wahrheit und die juristischen Formen*, Frankfurt/M. 2003, 64f., Herv. i. Orig.

**20** Vgl. Judith Butler: *Krieg und Affekt*, Zürich 2009, 25.

**21** Donna Haraway, *When Species Meet*, Minneapolis, London 2008, 88.

**22** Vgl. Butler: *Krieg und Affekt*, 13.

**23** Giorgio Agamben: *Remnants of Auschwitz. The Witness and the Archive*, New York 1999, 24.

**24** Butler: *Krieg und Affekt*, 13.

**25** Ebd.

**26** Ebd., 35.

**27** Vgl. ebd., 36f.

Maßstabsveränderungen und der Ausweitung des Wahrnehmbaren (*sensorial matter*) als auch des Gedächtnisses (*architecture of memory*) auf die Architektur. Denn die Art und Weise, auf die Forensic Architecture durch Investigationen Sachverhalte kommuniziert, entspricht der Aufforderung nach normativem gerichtlichem Affektentzug. Mit Karl-Heinz Ladeur sei an das historisch verankerte Ausschlussverhältnis von zu Spruchkörpern abstrahierten Gerichten und Affekten erinnert: «Eine Logik der Institution sollte das praktische Wissen und die Koordinationsmuster der urbanen Ordnung von der ‹Wut› der Kränkung und der Rache unabhängig machen.»[28] Forensic Architecture gestaltet den institutionellen Rahmen, der detektivisch Wut, Kränkung und Rache weitgehend aus den Ermittlungen ausblendet – mit unterschiedlichen Resultaten. Manche Rezipierende mögen vor Kopf gestoßen sein, anderen mag die nüchterne Sachlichkeit entgegenkommen oder den Investigationen überhaupt erst Eintritt in bestimmte (etwa gerichtliche anstelle tribunaler) Verhandlungszusammenhänge gewähren. Gleichzeitig ist jedoch – bezugnehmend auf die obige Hypothese, dass das Sensorische wenig Raum für menschliches Empfinden lasse – zu fragen, wie Imaginationsfähigkeit mit der Animation von Fakten und datenförmigen Spuren zusammenhängt, wenn versinnlichende Deutung Sorge empfinden lässt und neues Denken und somit auch Formen der Verantwortung anregt.

## Symptomproduktion versus Symptomlinderung

Forensic Architecture setzt mit dem impliziten Konjunkturwechsel von der psychoanalytischen zur forensischen Figur eine starke These in den Raum und untermauert sie mit einem Verweis auf die Unterhaltungsindustrie, in der TV-Serien wie *Crime Scene Investigation* (*CSI*, 2000–2015) die Popularität der *forensischen* im Vergleich zur *psychoanalytischen* Detektivfigur seit den 1980er/1990er Jahren veranschaulicht:

> If popular entertainment is any indicator of the cultural shift towards forensic fetishism then it is significant that—from *CSI* to the novels of Patricia Cornwell and the former forensics expert Kathy Reichs—the scientist-detective has gradually taken the place of the psychologist/psychoanalyst-detective popular in TV drama throughout the 1980s and 1990s.[29]

Insbesondere bezogen auf transformierte Konstellationen von Affekt, Medien und Sorge wäre eine mögliche Reaktion auf Weizmans Aussage, die etablierte Opposition zwischen Psychoanalyse und Forensik zu hinterfragen. Dem angeführten Trend entgegenwirkend fragt die ZfM in ihrer Schwerpunktausgabe *Psychische Apparate* (2017) etwa nach dem Vergessen der Psychoanalyse innerhalb der Medienwissenschaften; nicht eine Ablösung des Psychoanalytischen durch die Empirie wird behauptet, sondern die Transformation ihrer Begrifflichkeiten und Konzeptualisierungen: «[O]hne die Psychoanalyse

**28** Karl-Heinz Ladeur: *Die Textualität des Rechts. Zur poststrukturalistischen Kritik des Rechts*, Weilerswist 2016, 133.

**29** Eyal Weizman: Introduction. Forensis, in: Forensic Architecture (Hg.): *Forensis. The Architecture of Public Truth*, Berlin 2014, 9–32, hier 31, Anm. 7, Herv. i. Orig.

lässt sich eine Genealogie der Medienwissenschaft kaum denken.»[30] Es ließe sich daran anknüpfend fragen, in welchem Verhältnis psychoanalytische und medienforensische Methoden, mit dem Nicht-Sichtbaren oder -Sagbaren zurechtzukommen, zueinander stehen. Die Antipsychiatrie-Bewegung im Rahmen postkolonialer und -strukturalistischer Normativitätsdebatten wandte sich gegen die als Normen/Gesetze existierenden Instanzen des Über-Ichs:[31] «Once the superego takes the reins, we are in legal territory. Witnesses take the stand, judgments are passed, verdicts announced. In sum, an ethics demands a hearing.»[32] Vor dem Hintergrund der aus der Rezeption dieser Normativitätsdebatte ausgeklammerten Wahrheitsfrage, die sich in den Dichotomien der Normen bewegt, ist die Verschiebung hin zur Gegen-Forensik zu verstehen. Diese präsentiert sich als Ablösung des auf Gespräch basierenden therapeutischen Narrativs (*talking cure*); sie bietet partielle Abhilfe von einer «Krise des Selbstbezugs»[33] über das Motiv der materialbasierten Aufdeckung und die fürsorgende Anklage. Somit ist die detektivische Agentur nicht utopisch an einem besseren Gesellschaftsentwurf beteiligt, sondern arbeitet sich pro- oder respektiv am Symptom ab. Wie die forensische Arbeit kann auch die psychoanalytische eine an der vom Verbrechen verschuldeten Lücke sein; Antworten fallen jedoch gänzlich anders aus, wenn es um das «trotz allem» (angelehnt an Didi-Huberman) einer Artikulation oder Versinnlichung geht. Forensische Verbrechensaufklärung in Form analoger Ausgrabung oder digitaler Medienarchäologie arbeitet mit Daten- oder Erinnerungsspuren, verursacht etwa durch die Ballistik (Einfall des geworfenen Körpers), den Filmriss, die Spaltung oder die optische Unschärfe.

Die fünf «Grundfragen der Forensik» bestehen aus (i) «Visualität und Evidenz», (ii) «Serialität», (iii) «Wissen und Handeln», (iv) «Aktivität und Passivität» und (v) «Öffentlichkeit», so Lorenz Engell.[34] Eine Schwäche des forensischen Ansatzes liegt darin, nicht über das (medial-)materielle Symptom hinauszugehen und das apriorische *Motiv* zu vernachlässigen. Insofern kommt es nicht zur Analyse der *Motivation* einer kriminellen Handlung, wie von der Psychoanalyse beansprucht; nicht zu psychologisieren, präsentiert sich in der Gegen-Forensik als Errungenschaft. Stattdessen trifft symptomlindernde Sorgearbeit auf eine kriminalistisch rekonstruierende Investigation, wie es häufig in Versöhnungskommissionen passiert; dieses Format pocht auf die Potenzialität, den ‹zerbrochenen Krug› (in Anspielung auf das Justizdrama von Heinrich von Kleist aus dem Jahr 1808) wieder zu kitten. Während ein psychoanalytischer Diskurs nahelegen mag, dass das Symptom gedeutet, transformiert oder gar gebildet werden solle,[35] ist in forensischem Bezug auf *patient patients* hingegen festzustellen: Einer verursachenden Symptomproduktion steht nun eine gegenforensische Symptomlinderung gegenüber.

Zwischen Engells und den hier getätigten Überlegungen zum Status des Materials in der forensischen Analyse gibt es multiple Überschneidungen:

**30** Kathrin Peters, Stephan Trinkaus: Psychische Apparate. Einleitung in den Schwerpunkt, in: *Zeitschrift für Medienwissenschaft*, Bd. 9, Nr. 17: Psychische Apparate, 2017, 10–15, hier 10.

**31** Prominente Vertreter der Antipsychiatrie waren Gilles Deleuze und Félix Guattari, die gemeinsam die «Schizo-Analyse» entwickelten, um sich gegen die Konventionen herkömmlicher psychiatrischer Verfahren und damit gegen Formen der Entrechtung von Patient_innen im therapeutischen Kontext zu wenden, siehe Gilles Deleuze, Félix Guattari: *Anti-Ödipus. Kapitalismus und Schizophrenie I*, Frankfurt/M. 1974.

**32** Ronell: *The Telephone Book*, 105.

**33** Juliane Rebentisch: *Die Kunst der Freiheit. Zur Dialektik demokratischer Existenz*, Berlin 2012, 64.

**34** Vgl. Lorenz Engell: Forensische Serialität, in: Timo Storck, Svenja Taubner (Hg.): *Von Game of Thrones bis The Walking Dead. Interpretationen von Kultur in Serie*, Berlin, Heidelberg 2017, 299–315, hier 301–304.

**35** Zur unter anderem zwischen Sigmund Freud, Jacques Lacan und Slavoj Žižek anzusiedelnden Debatte um das Symptom siehe auch Lisa Stuckey: Die Kuratorin, die Anästhesistin, die Künstlerin und ihre Abwesenheit // Die Künstlerin als Medizinerin: Zur Performance *The Symptom and the Cure* von Elisabeth von Samsonow, in: ZEIT KUNST Niederösterreich (Hg.): *Elisabeth von Samsonow*, Bielefeld, Berlin 2016, 235–249.

> Auch das Material ist in diesem Sinne ein Opfer, und ein doppeltes, des Verbrechens und der Ermittlung, wobei die Ermittlung dazu führt, das Material zu aktivieren und zum Sprechen, zur Mitwirkung an der Aufklärung zu bringen. Auch hier also geht ein spezieller Effekt von der Überführung des Passiven ins Aktive aus.[36]

An diesem Zitat lässt sich das Spannungsfeld der Architektur als Studienobjekt der ermittelnden Neugierde sowie als Medium der ‹Sorge› verdeutlichen:[37] zwischen *care* (u.a. Pflege, Sorgfalt), *welfare* (öffentliche Fürsorge, Gemeinwohl) und *worry/concern* (Besorgnis). Da die Aufgabe des *welfare*-Staates, Verbrechen aufzuklären, im Einzelfall durch Forensic Architecture kompensatorisch übernommen wird, bedarf es neuer Deutungsmuster, die in der Architektur als Medium der Fürsprache sowie (Für-)Sorge vorgefunden werden.

Dabei ist die gotische Etymologie zu beachten: «[...] *Kara* [...] means ‹care,› ‹lament,› ‹sorrow.›»[38] Insofern *complaint* als legale (An-)Klage, von der aus dieser Aufsatz seinen Anfang genommen hat, sich von *lament* als Wehklage unterscheidet, wird ersichtlich, dass es sprachliche wie poetische Register der Sorge sind, die stummgeschaltet werden: «The lament [...] rises above itself to address an often inaccessible alterity. It carries a strong musical and poetic history.»[39]

Gefördert im Rahmen des Post-DocTrack-Programms der ÖAW.

36 Engell: Forensische Serialität, 304.

37 Zur Koppelung von Sorge an Neugierde im Dasein äußert sich Martin Heidegger in *Sein und Zeit* (1927), vgl. Catherina Audard: Care, in: Barbara Cassin (Hg.): *Dictionary of Untranslatables. A Philosophical Lexicon*, Übersetzungen ed. v. Emily Apter, Jacques Lezra, Michael Wood, Princeton, Oxford 2014, 125–126.

38 Vgl. ebd., 125, Herv. i. Orig.

39 Ronell: *Complaint*, 51.

CECILIA VALENTI

# TRAUER MEDIAL DENKEN

## Die Sorge um den Anderen im militanten Dokumentarfilm der 1970er Jahre

### Sorgearbeit an der Schnittstelle von Ökonomie und Ethik

Im Diskurs der feministischen Ökonomie bezeichnen Sorgetätigkeiten den gesamten Bereich bezahlter und unbezahlter Arbeit, die primär auf das Wohlergehen von Menschen statt auf die Produktion für einen anonymen Markt oder für Unternehmen ausgerichtet ist. Somit sind die Konturen einer Theorie der Sorgeökonomie im Unterschied zur neoklassischen Wirtschaftstheorie bereits skizziert. Unscharf bleibt, was genau dazuzuzählen ist: Ob neben Hausarbeit auch bezahlte Pflege- und Betreuungsarbeit in staatlichen oder privaten Institutionen, persönliche Dienstleistungen, Emotionen und zwischenmenschliche Beziehungen als gleichberechtigte Teile einer Ökonomie der Sorge zu betrachten sind. Und gehören zu den Sorgetätigkeiten ebenfalls Arbeiten an Universitäten oder in Kindergärten? Eine präzise Taxonomie der Sorgearbeit ist eine diffizile Aufgabe. Dennoch bleibt für die feministischen Ökonom_innen die Tatsache stets im Vordergrund, dass der wesentliche Teil der Sorgearbeit immer noch unbezahlt ist und von Frauen geleistet wird.

Auf die geschlechterspezifische Aufteilung von Sorgearbeit machte bereits die zweite Frauenbewegung in den 1970er Jahren aufmerksam: Die Sorge um den Anderen wird in der kapitalistischen Industriegesellschaft als Aufgabe der Frau betrachtet. Trotz ihrer gesellschaftlichen Notwendigkeit bleibt diese in der familiären Sphäre stattfindende Leistung durch die Nichtbezahlung unsichtbar.[1] Die Lohnforderung,[2] zentral für den neuen Feminismus, sollte daher die Tätigkeiten der Frau als Arbeit begreifbar machen und eine mystifizierende Gleichsetzung der Frau mit ihrer ‹natürlichen› Funktion in der Familie aufbrechen.[3] Über den historischen Rahmen des neuen Feminismus hinaus plädieren feministische Ökonom_innen der Gegenwart ebenfalls für eine Erweiterung einer andro- und eurozentrischen marxistischen «Mainstream-Ökonomie».[4] ‹Frauen› stellen jedoch keine homogene Kategorie mehr dar, und Geschlecht wird nicht als einzige Kategorie zur Verstärkung sozialer Ungleichheit

1 Im historischen Rahmen des neuen Feminismus meinte weibliche Sorgearbeit konkret weibliche Reproduktionsarbeit, die im privaten Raum der lohnarbeitenden Familie stattfindet und dem Anderen – dem Kind, dem Ehemann – gewidmet ist.

2 Die Vertreter_innen der an den Ehemann oder den Kapitalisten gerichteten Lohnforderung sind sich der gravierenden Konsequenzen einer Integration und Institutionalisierung der Hausarbeit in den gesellschaftlichen Produktions-/Reproduktionsprozess bewusst: «Die Hausarbeit wäre kapitalistische Lohnarbeit mit allen der Entfremdungsproblematik implizierten Konsequenzen», Helga Manthey: Hausarbeit als theoretische Kategorie eines Emanzipationskonzeptes von Frauen?, in: *Prokla. Zeitschrift für politische Ökonomie und sozialistische Politik*, Bd. 8, Nr. 33, 1978, 89–117, hier 114.

3 Mariarosa Dalla Costa, Selma James: *Die Macht der Frauen und der Umsturz der Gesellschaft*, Berlin (West) 1973.

4 Mascha Madörin: Plädoyer für eine eigenständige Theorie der Care-Ökonomie, in: Torsten Niechoj, Marco Tullney (Hg.): *Geschlechterverhältnisse in der Ökonomie*, Hamburg 2006, 277–297, hier 279.

betrachtet – Klasse, Ethnizität, Alter, Behinderung und sexuelle Orientierung werden nun im Sinne eines intersektionalen Feminismus und im Rahmen einer Kritik an der neoliberalen Marktwirtschaft miteinbezogen.

In den (historischen und aktuellen) feministischen Debatten um eine ‹andere Ökonomie› korrespondiert die Fokussierung auf das weibliche Arbeitsvermögen oder, zeitgemäß ausgedrückt, auf *caring labor* und seine Nicht- oder Minderbezahlung mit einer Thematisierung des Sorgebegriffs in vorrangig ökonomischen Kategorien.[5] Mitte der 1980er Jahre erfolgte eine Wende in der Sorgearbeitsdebatte: Man begann, ethische Kategorien in die Analyse einzubeziehen und fokussierte dementsprechend weniger die Sorge als (reproduktive) Arbeit.[6] Sobald Sorge nicht primär als Anliegen des Ökonomischen, sondern im Rahmen einer Care-Ethik[7] erfasst wird, treten andere Aspekte in den Vordergrund: ‹Verletzlichkeit›, ‹Verantwortung› und ‹Abhängigkeit› zählen zu den Schlüsselbegriffen einer solchen Ethik. Sie werden je nach Ansatz als anthropologisch-ontologische Wesenszüge menschlichen Seins (als *conditio humana*), als charakteristische Eigenschaften von Frauen[8] oder als gesellschaftlich geprägte und veränderbare Zustände gedeutet. Trotz unterschiedlicher Zielrichtungen lässt sich als Gemeinsamkeit identifizieren, dass die Blickverschiebung vom Ökonomischen zum Ethischen in der Sorgedebatte mit einer spezifischen Ethikvorstellung einhergeht: Gemeint ist dabei keine disziplinierende und herrschaftslegitimierende «konventionelle Moral der Güte»,[9] sondern ein feministisch inspiriertes Denken, das in den 1980er Jahren als junge Sparte der Moralphilosophie entstand und das Subjekt ‹interrelational› denkt. Das heißt, dass eine Ethik der Achtsamkeit Einzelne nicht als gegeneinander abgegrenzte Subjekte ansieht, sondern den relationalen Aspekt der Subjektivität hervorhebt und dabei Alltagspraktiken sowie verschiedene Modi des Angewiesenseins und der Bezogenheit in den Blick nimmt.[10]

Für die folgende Untersuchung bedeutet diese Verschiebung ins Ethische zunächst eine Erweiterung des Untersuchungsfeldes: Der Dimension der Sorge um den Anderen können neue Praktiken zugeordnet werden, die jenseits der ökonomischen Verwertungskette existieren. Wie der historische Exkurs gezeigt hat, wohnt dem Feminismus und seinen Kämpfen die Sorge von Anfang an als ein Thema inne, dessen implizite Bezüge es zu rekonstruieren gilt.

## Von der Sorge um den Anderen zur Trauer um die Toten

Anknüpfend an die hier umrissene ethisch-politische Dimension der Sorge möchte ich vorschlagen, den Blick auf eine spezifische Sorgepraxis zu richten, die nur selten als solche gelesen wird: die Trauer um die Toten.[11] Grundsätzlich lässt sich Trauern als Reaktion auf den Verlust einer geliebten Person und als Zustand der «ausschließlichen Hingabe»,[12] der totalisierenden Absorbierung im Andenken und Pflegen eines verlorenen Anderen beschreiben. Ein Bezug zum Sorgebegriff (in seiner ethischen Bedeutung) lässt sich insofern behaupten,

5 Seit den 1980er Jahren wird immer weniger von Reproduktions- und Sorgearbeit und immer mehr von ‹Care› gesprochen. Dieses Konzept, aus dem US-Amerikanischen übernommen, wird zum ‹Losungswort› einer international geführten Debatte. Dahinter vermutet Frigga Haug einen «Geschichtsverlust der deutschen und westeuropäischen Frauenbewegung», vgl. Frigga Haug: Das Care-Syndrom. Ohne Geschichte hat die Frauenbewegung keine Perspektive, in: *Widerspruch. Beiträge zu sozialistischer Politik*, Bd. 32, Nr. 62, 2013, 81–92, hier 81. Wenn auch nicht immer wie bei Haug feministisch-historisch dekliniert, gehört eine gewisse Skepsis fast zum Gemeinplatz in der Care-Literatur. Kritisiert werden die semantische Unschärfe dieses Begriffs sowie die Unübersichtlichkeit der Zugänge in der Care-Debatte – siehe paradigmatisch dazu den Aufsatz der Soziologin Margrit Brückner: Entwicklungen der Care-Debatte. Wurzeln und Begrifflichkeiten, in: Ursula Apitzsch, Marianne Schmidbaur (Hg.): *Care und Migration. Die Ent-Sorgung menschlicher Reproduktionsarbeit entlang von Geschlechter- und Armutsgrenzen*, Leverkusen-Opladen, Farmington Hills 2010, 43–58.

6 Über den Perspektivwechsel in der Sorgedebatte von der Ökonomie zur Ethik vgl. Helen Kohlen: Sorge als Arbeit und Ethik der Sorge. Zwei wissenschaftliche Diskurse, in: Elisabeth Conradi, Frans Vosman (Hg.): *Praxis der Achtsamkeit. Schlüsselbegriffe der Care-Ethik*, Frankfurt/M., New York 2006, 247–275.

7 «Ethik der Achtsamkeit» wäre eine deutsche Entsprechung des englischen Begriffs *care ethics*, so Elisabeth Conradi und Frans Vosman einleitend im Sammelband, der sich als deutschsprachiges Standardwerk über die ethisch-politische Dimension pflegend-sorgender Interaktionen ansehen lässt: vgl. Elisabeth Conradi, Frans Vosman: Einleitung. Schlüsselbegriffe der Care-Ethik, in: dies.: *Praxis der Achtsamkeit*, 42–104.

als dass man Trauer als eine Erfahrung denkt, die mit der Eröffnung einer Perspektive auf menschliche Interdependenz und der allen gemeinsamen Verwundbarkeit einhergeht. Genau in diese Richtung argumentiert z. B. Judith Butler in ihrem Aufsatz «Gewalt Trauer Politik», wenn sie betont, das Subjekt sei beim Trauern «außer sich»,[13] d. h. in einen Prozess überwältigenden Schmerzes verstrickt, dessen Ende es nicht beherrschen kann und der ihm zeige, wie sein Ich durch ein Du verletzlich und verwundbar ist. Die Trauer bringe «die Knechtschaft, in der uns die Beziehungen zu anderen halten», also ein grundlegendes Ausgeliefertsein, zum Vorschein.[14] Ausgehend von dieser Erkenntnis skizziert Butler das politisierende Potenzial der Trauer im Zusammenhang mit dem Feminismus: Die Sprengung des Ich-Bollwerks und die Sichtbarmachung primärer emotionaler «Beziehungsbande»,[15] die für die Trauerarbeit konstitutiv sind, geben uns die Möglichkeit, eine politische Gemeinschaft, ein Wir, zu entwerfen. Die feministische Theorie und der feministische Aktivismus gelten hier als die wichtigste Ressource zur Begründung politischer Trauer: Der Gedanke an das körperliche Leben, es in seiner Verwundbarkeit und seinem Ausgesetztsein zu berücksichtigen und mit einer Theorie der Macht und Anerkennung zu durchdenken, ist der Geschichte der feministischen, der Lesben- und Schwulenbewegung ab den 1960er Jahren bis heute eingeschrieben.[16]

Hier, bei der Hervorhebung der konstitutiven Bedeutung der Mitmenschen in der Trauer, richtet sich das Augenmerk auf ein zentrales Thema der Trauerforschung von Sigmund Freud bis Jacques Derrida: die Beziehung zwischen Eigenem und Fremdem, zwischen dem Ich und dem Anderen in der «Trauerarbeit».[17] In seiner berühmten Abhandlung «Trauer und Melancholie» geht Freud der Frage nach der Endlichkeit der Trauer und dem Fortleben des verlorenen Anderen im trauernden Subjekt nach. Für Freud endet die Trauer, wenn das Ich die Libido nach Durchlaufen verschiedener Stadien vom geliebten Objekt ablöst und sich einem neuen zuwendet. Bei der Vollendung der Trauer wird «jede einzelne der Erinnerungen und Erwartungen» an das verlorene Objekt restlos assimiliert und so das Subjekt wieder «frei» und «ungehemmt».[18] Nicht immer aber gelingt die innere Arbeit der Trauer (und mit ihr die erfolgreiche Wiederherstellung der Identität des trauernden Ichs). Denn Trauer kann, weiter nach Freud, im pathologischen Fall der Melancholie immer kippen, und zwar, wenn die Aneignung des betrauerten Objekts nicht zur Verschiebung von einem Objekt zu einem anderen, sondern zur narzisstischen «Identifizierung» mit dem verlorenen Objekt führt. Diese Form der melancholischen Aneignung beschreibt Freud durch die Metapher des Fressens: Der Andere wird als Resultat der Melancholie bloß «einverleibt»[19] – nicht vollendet assimiliert oder, um im Jargon zu bleiben, verdaut – und dieses unbewusste Festhalten des einverleibten Liebesobjekts verhindert die korrekte «Ent- und Neuverknüpfung»[20] des vorherigen Gegenstands.

Freuds rigide Grenzziehung zwischen normaler Trauer und pathologischer Melancholie und die damit verbundene Rede vom Ende der Trauer werden

**8** Wie bei der US-amerikanischen Psychologin Carol Gilligan, die in *Die andere Stimme*, einem Standardwerk der US-amerikanischen *ethics-of-care*-Debatte, von einer weiblichen Fürsorgemoral spricht und dabei behauptet, Frauen hätten eine höhere Moralentwicklungs stufe als Männer – eine kontrovers diskutierte These, insofern sie wie eine Essentialisierung des biologischen Geschlechts anmutet. Vgl. Carol Gilligan: *Die andere Stimme. Lebenskonflikte und Moral der Frau*, München, Zürich 1988 [1982].

**9** Elisabeth Conradi: Die Ethik der Achtsamkeit zwischen Philosophie und Gesellschaftstheorie, in: dies., Vosman (Hg.): *Praxis der Achtsamkeit*, 178–294, hier 249.

**10** Ebd., 184–186.

**11** Trauer wird als Praxis der Sorge um den Anderen explizit adressiert z. B. in: Gisela Ecker (Hg.): *Trauer tragen – Trauer zeigen. Inszenierungen der Geschlechter*, München 1999, 19 f.

**12** Sigmund Freud: Trauer und Melancholie, in: ders.: *Freud-Studienausgabe*, Frankfurt / M. 1945 [1915], Bd. 3, 193–212, hier 198.

**13** Judith Butler: Gewalt Trauer Politik, in: dies.: *Gefährdetes Leben. Politische Essays*, Frankfurt / M. 2017 [2004], 36–68, hier 63, 41.

**14** Ebd., 40.

**15** Ebd., 39.

**16** Ebd., 41, 59, 63.

**17** Der Begriff «Trauerarbeit» geht auf Freuds einschlägigen Aufsatz «Trauer und Melancholie» und seinen Versuch, «den Schmerz der Trauer ökonomisch zu charakterisieren», zurück, Freud: Trauer und Melancholie, 198, 209.

**18** Ebd., 199.

**19** Ebd., 203.

**20** Ulrike Dünkelsbühler: Good Mourning, Melancholia, in: Karin Dahlke, Ulrich A. Müller, Marianne Schuller (Hg.): *Melancholie und Trauer*, Kassel 1994 (Fragmente. Schriftenreihe für Kultur-, Medien- und Psychoanalyse, Nr. 44/45), 229–243, hier 231.

oft kritisiert. Derrida schreibt in seinem Trauertext über Louis Marin die Freud'sche Theorie um und betont die Unabschließbarkeit der Trauer als Prozess, der nicht erst nach dem Tod, sondern schon zu Lebzeiten (z. B. in der Freundschaft) beginnt.[21] Die Verinnerlichung, für Derrida wie Freud eine *conditio sine qua non* der Trauer, darf «nicht möglich und vollendet sein». Mit Rekurs auf Emmanuel Lévinas' Ethik schreibt Derrida, dass der verinnerlichte Andere einem Bild entspricht, das zurückblickt, das zum ständigen Zeugen wird: «Das Bild schaut uns an, es betrifft uns».[22] Zusammengefasst zielt die Kritik an Freud auf das Schema von normaler und pathologischer Affektion und auf die damit zusammenhängenden getrennten Modi der Aneignung des Anderen: Statt auf die normale Trauer, die «gemäß dem Identitätsgesetz»[23] zur Wiederherstellung des Ichs als frei und ungehemmt führt, und statt auf die perfekte Assimilation des Fremden richtet sich das Augenmerk vielmehr auf das Unverdaute – auf den Rest und die Spur von Alterität im Ich.

Diese prekäre Beziehung, die in der Metaphorik des Verschlingens und Ausscheidens zwischen dem Ich und dem verlorenen Anderen hergestellt wird, versucht mein Text medientheoretisch zu denken. Dabei wird ein konkreter und zugleich paradigmatischer Fall von politischer Trauer im Film untersucht: Produktionen der italienischen Unitelefilm, der Filmabteilung der Propagandasektion der Kommunistischen Partei Italiens (PCI), die Anfang bis Mitte der 1970er Jahre (während der sogenannten Strategie der Spannung)[24] entstanden sind. Die Entscheidung, diese Dokumentarfilme im Zusammenhang mit dem Thema Trauer zu analysieren, geht aus einer einfachen ersten Beobachtung hervor: Nicht mehr primär der Arbeiterkampf und seine Errungenschaften, wie unmittelbar post 1968, standen im Mittelpunkt militanten Dokumentierens, sondern das Trauern um Attentatsopfer und junge Militante, die durch Gewalt auf der Straße gestorben waren. Die Verbindung zum Thema Trauer liegt also zunächst in der Tatsache begründet, dass diese Filme zur Dokumentation von Trauerakten entstanden sind – aber nicht nur. Im Hinblick auf ein zentrales Merkmal dieser Filme – die Verwendung von Fremdmaterial – möchte ich argumentieren, dass eine stetige Überschreitung des Films durch sein jeweiliges mediales Anderes, die Fotografie und das Fernsehen, stattfindet und dass diese Überschreitung die Trauer erstens als eine Figur interner Alterität, der Selbst-Differenz und der Einverleibung von Fremdem, medial reflektiert. Mit anderen Worten: Es gilt zu beschreiben, wie der italienische militante Dokumentarfilm die Erfahrung der Andersheit der Trauer in sich trägt. Zweitens verweisen Suche und Aneignung fremder Bilder und Töne auf die prekären Bedingungen dieser Dokumentarfilme: Eine Verbindung zur Trauer als einer Erfahrung von Prekarität wird somit bereits auf der Ebene der Produktionsverhältnisse sichtbar.

Schließlich ist die Betrachtung dieser spezifischen Dokumentarfilme unter dem Blickwinkel der Trauer auch in historischer Hinsicht produktiv, weil sich damit die Möglichkeit einer feministischen Relektüre[25] der Geschichte linksradikaler und männerdominierter Militanz im Italien der 1970er Jahre anbietet.

**21** Jacques Derrida: Kraft der Trauer. Die Macht des Bildes bei Louis Marin, in: Michael Wetzel, Herta Wolf (Hg.): *Der Entzug der Bilder. Visuelle Realitäten*, München 1994, 13–35.

**22** Ebd., 30.

**23** Dünkelsbühler: Good Mourning, Melancholia, 232.

**24** Die Strategie der Spannung (*strategia della tensione*) bezeichnet eine Serie von Anschlägen gegen die Zivilbevölkerung in Italien bis Anfang der 1980er Jahre. Die meisten davon konnten später eindeutig neofaschistischen Gruppierungen zugeschrieben werden, andere wiederum blieben unbekannten Ursprungs. Dabei wurden immerzu linke, vor allem anarchistische Kreise für die Attentate verantwortlich gemacht.

**25** Kritik an den patriarchalischen Strukturen von Gruppierungen der Neuen Linken äußerten italienische Feministinnen bereits zur damaligen Zeit, wie diese Studie um den Fall von Lotta Continua belegt: Paola Stelliferi: Una originaria, irriducibile asimmetria. Il rapporto della nuova sinistra con i femminismi in Italia (1972–1976), in: *Italia contemporanea. Genere e culture politiche dagli anni Settanta a oggi*, Bd. 287, Nr. 2, 2018, 15–43.

Für eine Sichtbarmachung des körperlichen Lebens, darunter auch der Gewalt, des Todes und des Verlusts,[26] plädierte der neue Feminismus gerade zur Zeit der Entstehung dieser Filme, und zwar nicht nur im Kampf für das Recht auf Abtreibung, sondern auch vor dem Hintergrund einer Reflexion über den gewalttätigen Tod und die kollektive Trauer der Militanz – ein Thema, das die italienische Historikerin Mariella Gramaglia als blinden Fleck unter jungen, urbanen Gruppen radikaler Linker der 1970er Jahre ausmacht: «Der Ausruf ‹Für die toten Genossen reicht Trauer nicht› ist nicht allein ein Ausdruck der Wut, sondern auch ein Indiz für die eigene kulturelle Unfähigkeit zu trauern.»[27] Sich der Geschichte der filmischen Militanz aus der Perspektive politischer Trauer zu nähern, bedeutet also, an eine Forderung des historischen Feminismus anzuknüpfen. Die hier vorgeschlagene Lektüre der Trauer als Praxis der ethischen Sorge (mit Butler) versteht sich als ein Versuch, in den noch zu analysierenden Dokumentarfilmen des PCI den Beitrag des Feminismus im Kampf linksradikaler Militanter anzuerkennen.

## Medien der Trauer im italienischen militanten Dokumentarfilm

Mit Luigi Perellis *I giorni di Brescia*[28] liegt ein militanter Dokumentarfilm der Unitelefilm vor, der unmittelbar nach dem neofaschistischen Bombenanschlag vom 28. Mai 1974 im norditalienischen Brescia entstand und die öffentliche Beerdigung von sechs der Todesopfer dokumentierte.[29] Die religiöse Zeremonie, die in unter den Bogengängen der Piazza della Loggia eingerichteten Totenzimmern stattfand, wird in *I giorni di Brescia* nicht gezeigt. Stattdessen zeigt der Film ein *funerale rosso*, eine rote Beerdigung. Die Kamera schwenkt über ein grenzenloses Tableau von ernsten und weinenden Gesichtern einer aus ganz Italien angereisten Menschenmenge und verweilt auf politischen Symbolen von Resilienz und Resistenz: auf erhobenen Fäusten, resolut und kampfbereit, und auf roten Nelken. Es war nicht lange her, dass diese Blumen während des italienischen Faschismus als gefährlich galten, weil mit ihnen auf Beerdigungen Zeichen der Subversion gesetzt wurden.[30] Niemand in der namenlosen Menge redet. Der Einzige, dem das Recht zu sprechen erteilt wird, ist der Gewerkschaftsführer Luciano Lama. Seine Rede lässt sich als Indiz deuten dafür, *wie* getrauert werden soll: Die Opfer des Terroranschlags von heute werden mit den Toten von damals in Verbindung gebracht, mit den im antifaschistischen Guerillakampf während des Zweiten Weltkriegs gestorbenen Partisan_innen. Der Verweis auf die italienische Resistenza ist hier kein Zufall, vielmehr eine zentrale rhetorische Figur in den Grabreden und in der linken Erinnerungskultur der 1970er Jahre.[31]

Bei der Beerdigung in Brescia war die 16-mm-Kamera von Unitelefilm nicht das einzige Medium vor Ort – auch das öffentlich-rechtliche Fernsehen, die Rai, war da, denn die Trauerfeier sollte landesweit live ausgestrahlt werden. Auf diese Sendung, genauer auf ihre Töne, rekurriert Luigi Perelli gleich zu Anfang

**26** Zur feministischen Auseinandersetzung mit der Gewaltfrage und linksradikaler Militanz im Italien der 1970er Jahre vgl. Marica Tolomelli, Stefania Voli: Hat der bewaffnete Kampf ein Geschlecht? Politische Militanz und Gewaltfrage im Italien der 1970er Jahre. Eine Betrachtung aus der Gender-Perspektive, in: *Zeitgeschichte*, Bd. 37, Nr. 2: Politische Gewalt – Terrorismus – Geschlecht, 2010, 71–94.

**27** Übers. d. Verf., im Original: «Gridare ‹per i compagni morti non basta il lutto›, non è solo un'espressione d'ira, ma anche una dichiarazione della propria impotenza culturale a consumare il lutto», Mariella Gramaglia: Affinità e conflitto con la nuova sinistra, in: *Memoria. Rivista di storia delle donne*, Bd. 19/20, Nr. 1/2, 1987, 19–37, hier 28.

**28** Der Film lässt sich abrufen unter: patrimonio.aamod.it/aamod-web/film/detail/IL8600001453/22/i-giorni-di-brescia.html (30.9.2020).

**29** An dem Tag waren im Stadtzentrum auf der Piazza della Loggia an die 10.000 Menschen zu einer Kundgebung versammelt. Geladen hatten die großen Gewerkschaftsbünde, protestiert wurde gegen das schleichende Erstarken neofaschistischer Kräfte im Land. Bei der Bombenexplosion kamen acht Menschen zu Tode: fünf Lehrer_innen, zwei Arbeiter sowie ein pensionierter Arbeiter, die alle an der friedlichen Demonstration teilgenommen hatten.

**30** Dianella Gagliani: Funerali di sovversivi, in: *Rivista di Storia Contemporanea*, Bd. 1, Nr. 13, 1984, 119–141.

**31** Pierluigi Zavaroni: *Caduti e memoria nella lotta politica. Le morti violente della stagione dei movimenti*, Mailand 2010, 187.

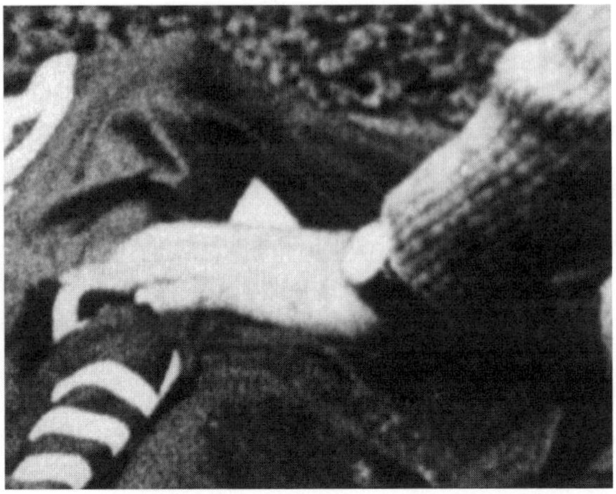

**Abb. 1–7** *I giorni di Brescia*, Regie: Luigi Perelli, I 1974, Rechteinhaber: AAMOD

seines Films, wenn es um die Rekonstruktion des Attentats geht. Hier ist ein akustisches Dokument zu hören, das zunächst im Fernsehen (in der erwähnten Sendung) lief und das sich Perelli für *I giorni di Brescia* aneignet und wiederverwendet. Es sprach gerade der Gewerkschaftsführer Franco Castrezzati, als um 10.12 Uhr ein in einem Abfalleimer versteckter Sprengsatz explodierte – Castrezzatis politische Rede, dann die Explosion, das Heulen und Schreien der in Panik geratenen Menschenmenge speicherte die TV-Tonspur, der somit eine zeitliche Dimension des ‹live›, der Präsenz und der Unmittelbarkeit eingeschrieben ist.

Der Einsatz von Fernsehmaterial ist in *I giorni di Brescia* nur beim Ton am Anfang des Films festzustellen – der von Fotografie ist wesentlich eindringlicher:[32] Denn bevor der Film vergleichsweise früh [TC 00:09:23] in der Trauerdokumentation zu sich kommt, stützt er sich bei der Rekonstruktion der Katastrophe einzig auf Pressefotografien, die Perelli im Archiv der Zeitung *L'Unità*, des offiziellen Parteiorgans des PCI, recherchiert hatte.

Diese Animation statischer Pressefotografien verbindet die Produktion der Unitelefilm mit dem militanten Kino der 1970er Jahre jenseits Italiens, z.B. mit Fernando Solanas' und Octavio Getinos *La Hora de los Hornos*, einem dokumentarischen Epos und mittlerweile Klassiker des revolutionären lateinamerikanischen Kinos, das von italienischen Militanten bewundert wurde.[33] Dessen zweiter Teil, *Chronik des Peronismus*, beginnt mit einer rabiaten, beinahe halluzinierenden Montagesequenz von Kriegsreportage-Fotografien aus Algerien, Vietnam und Bolivien, die vom Kameraauge navigiert werden über Zoom-ins und Zoom-outs ins Raster des gedruckten Bildes. Dieser Text soll aber nicht die ästhetischen Analogien zwischen dem europäischen militanten Kino und den Kinematografien des historischen Dritten Kinos der 1960er und 1970er Jahre behandeln. Stattdessen wird das filmische Verfahren des Einverleibens und Animierens von Pressefotografien im militanten Kino fokussiert, die wie

**32** Allgemein ist der implizite oder explizite Einsatz von Fotografien, als Fundstücke oder Beweismaterial, im Dokumentarfilm eine gängige Praxis. Vgl. dazu Stefanie Diekmann: Editorial. Fotografie im Dokumentarfilm, in: *Fotogeschichte*, Jg. 27, Nr. 106, 2007, 3–5, hier 3.

**33** *La Hora de los Hornos* lief in Italien gleich 1969 auf dem Pesaro-Filmfestival.

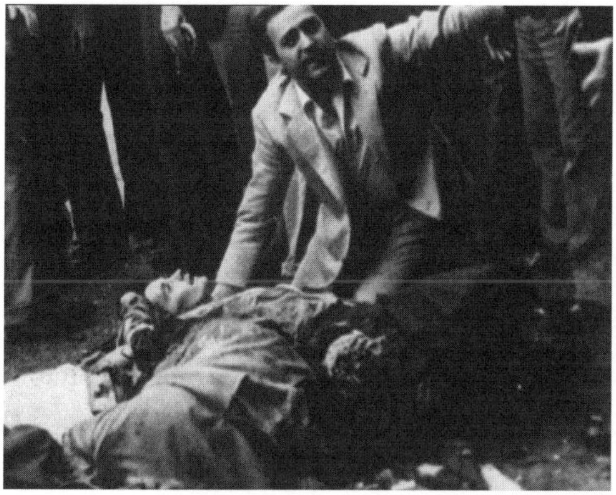

in *I giorni di Brescia* im Zusammenhang mit der Thematisierung von Tod und Verlust hervortreten.

Perelli setzt sich in seinem Film nicht direkt mit diesem Fotomaterial auseinander, sondern benutzt es allein als Found Footage – als die einzig vorhandenen Bildzeugnisse vom Tatort.[34] Dieser von der Praxis her aufgezwungene Rekurs auf Pressefotos sorgt dennoch für unbeabsichtigte ästhetische Effekte: Die Abfolge statischer Fotografien zerbröckelt und fragmentiert die Bilderebene, die wie aus eingefrorenen fotografischen Erinnerungssplittern zusammengesetzt erscheint.

Die einzelnen Fotografien wurden vom Filmemacher am Tricktisch abgefilmt und durch Zooms neu kadriert. Details von verwundeten Körpern im schweren Regen, Blutflecke, trauernde Gesichter treten hervor. Gelegentlich dringt das Kameraobjektiv durch Zooms tiefer ins Raster des gedruckten Bildes ein: Das Foto löst sich auf, und was zurückbleibt, ist aschgraues, lebloses Papier. Solch ein Prozess der Exkarnation durch extreme Zooms in die Bildtextur hinein entlarvt nicht nur das Fotografische als das Rohmaterial des Films, sondern lässt die epistemologische Bilderbefragung, die jene «stufenweise Vergrößerung des Details» filmisch vermittelt, als zwecklos erscheinen: «Ich entdecke nichts: was ich vergrößere, ist nur das Korn des Papiers.»[35]

Unter den verwendeten Fotos lassen sich neben jenen direkten Tatortszenen aus Brescia weitere erkennen, die, wenn man so will, einen Bilderatlas des italienischen Terrors insgesamt bilden. Auch tauchen viele der in *I giorni di Brescia* gezeigten Fotografien in den militanten Dokumentarfilmen der italienischen bleiernen Jahre und in den Produktionen der Unitelefilm später erneut auf: die Einzelbilder der Täter, die zerbombten Räume der Banca Nazionale dell'Agricoltura an der Piazza Fontana in Mailand vom 12. Dezember 1969 (darunter: Blutflecke, Leichentücher, Glasscherben, zurückgelassene Hüte) und das angeschwollene Gesicht der Leiche Giuseppe Pinellis,[36] der als Verdächtiger im

34 Dabei lässt sich fragen, ob das Zurückgreifen auf Bilder der Presse und Töne des nationalen Fernsehens als ‹Notlösung› einen Widerspruch in der militanten Filmpraxis sichtbar macht, denn eine ablehnende Haltung gegenüber Kommunikations- und Massenmedien aufgrund ihrer kruden und die Wahrheit verfälschenden Berichterstattung gehörte zum Topos militanter Texte und Manifeste in Italien und anderswo – für den italienischen Kontext vgl. Pio Baldelli: Il cinema politico, in: ders., Alberto Filippi (Hg.): *Cinema e lotta di liberazione*, Rom 1970, 7–26, hier 10 f.

35 Roland Barthes: *Die helle Kammer. Bemerkungen zur Photographie*, Frankfurt / M. 2019 [1980], 110 f.

36 Das Gesicht der Leiche Pinellis verweist auf eine weitere Totenmaske des militanten Kinos, auf die des toten Che Guevara aus den letzten Minuten von *La Hora de los Hornos*.

Rahmen von Massenverhaftungen unter Mailänder Anarchist_innen festgenommen sowie verhört worden war und in der Nacht vom 15. auf den 16. Dezember unter ungeklärten Umständen aus dem vierten Stock des Polizeipräsidiums stürzte und starb.

Insgesamt stellen die in den militanten Dokumentarfilmen zitierten Pressefotografien ihr Medium in einen Zusammenhang mit dem Tod – und zwar sowohl auf der Ebene filmischer Operationen, durch Zooms, die das Bild in pixelhafte Details sezieren und auslöschen, als auch auf der inhaltlichen Ebene: Denn was hier gezeigt wird, ist stets ein gewaltsamer Tod, der quasi im Bild stattfindet. Dabei tragen diese Fotos zu einem paradoxalen Projekt bei: das Sterben, einen «Grenzbegriff», der «gar nicht gesehen werden kann»,[37] zu dokumentieren.

## Thanatografie – der Tod vor der Trauer

Viele grundsätzliche Auseinandersetzungen mit der Fotografie definieren das Medium über sein Verhältnis zum Tod. Es folgt hier ein kurzer Theorie-Exkurs zur semiotischen Tradition, um daran anschließend zu argumentieren, dass der militante italienische Dokumentarfilm die mortifizierende Tradition des fotografischen Standbildes nicht nur zitiert, sondern sie auch zu politisieren vermag.

Roland Barthes beschreibt in seinem Foto-Essay *Die helle Kammer* das fotografische Bild als eines, das in vielerlei Hinsicht den Tod evozieren kann. Als Index, als automatische Aufzeichnung eines Objekts auf einem lichtempfindlichen Träger, ist das Foto für Barthes (im Einklang mit André Bazin) Spur und Abdruck eines bereits vergangenen Augenblicks, ist Beglaubigung einer vergangenen Präsenz.[38]

Gerade diese Erfahrung eines «zermalmenden» Fließens der Zeit sowie der Rückkehr eines bereits vergangenen Augenblicks schließt bei Barthes die Realität des Todes in der Fotografie ein. Barthes' Theorie der Fotografie läuft nicht

**37** «Der Tod ist dagegen weder sichtbar noch unsichtbar; er ist dem Regime der Visualisierungen, der Erhellungen und Verfinsterungen, schlechthin entzogen», in: Thomas Macho, Kristin Marek: Die neue Sichtbarkeit des Todes, in: dies. (Hg.): *Die neue Sichtbarkeit des Todes*, München 2007, 9–21, hier 9.

**38** Zu Bazins und Barthes' Theorie des Fotografischen und deren Ähnlichkeiten wie dem Festhalten beider an der Auffassung von Fotografie als Index, als Abdruck und Spur, vgl. Laura Mulvey: The Index and the Uncanny. Life and Death in the Photograph, in: dies.: *Death 24x a Second. Stillness and the Moving Image*, London 2006, 54–66.

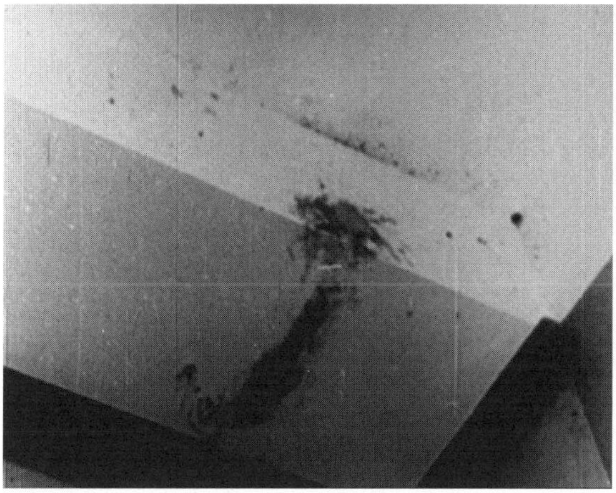

nur auf diese ernüchternde finale Wahrheit ‹Man wird sterben› hinaus, sondern es geht sein Schreiben aus einer privaten Erfahrung des Todes hervor: Es ist ein (nie publiziertes) Kindheitsfoto seiner verstorbenen Mutter, von dem der Anstoß zum Schreiben von *Die helle Kammer* ausgeht.[39]

Barthes' Theorie der Fotografie ist in diesem Sinn ein Werk der Trauer, und die Betrachtung dieses Mediums als eines des Zeitverfalls ergibt sich wie in den meisten der grundlegenden fototheoretischen Abhandlungen aus einer Beschäftigung mit privaten Fotografien und mit klassischen Erinnerungsbildern wie Kindheitsfotos, Familienporträts und Fotoalben.[40] Das lässt sich als eine erste zentrale Differenz zum fotografischen Material des militanten Dokumentarfilms herausstellen, wo die Aufmerksamkeit nicht den Toten vergangener Zeiten, sondern den aktuellen Toten aus dem Umfeld der Filmemacher_innen gilt, den Opfern des militärischen und paramilitärischen Terrors, den Opfern von Polizei und gesellschaftlicher Gewalt. Der Tod als ‹natürlicher›, als freiwilliger Tod oder als philosophischer Tod – als platonisches *melete thanatou* oder als Heideggers «Vorlaufen in den Tod» –, spielt hier keine Rolle.

Der Zusammenhang von Fotografie und Tod ist auch ein zentrales Argument, das herangezogen wird, wenn über das intermediale Verhältnis von Fotografie und Film nachgedacht wird.[41] Christian Metz, wie Roland Barthes und Philippe Dubois einer semiotischen Tradition zuzuschreiben, setzt die Fotografie mit absolutem Stillstand und damit dem Tod gleich und definiert den Film als deren Anderes, als ein Medium, das aufgrund seiner unablässigen Bewegung mit dem Leben und einem Gefühl der Präsenz zusammenhängt. So schreibt Metz:

> Film gives back to the dead a semblance of life, a fragile semblance but one immediately strengthened by the wishful thinking of the viewer. Photography, on the contrary, by virtue of the objective suggestions of its signifier (stillness, again) maintains the memory of the dead as *being dead*.[42]

**39** Mulvey setzt sich mit Barthes' und Bazins Fototheorien auseinander und arbeitet differierende Wahrnehmungen des Todes heraus: Während bei Bazins katholischem Realismus der Gedanke eines Lebens nach dem Tod eine Rolle spiele, stehe bei Barthes die Tatsache des Todes in all seiner Kontingenz im Vordergrund, siehe ebd., 60.

**40** Susan Sontag bezieht sich in ihrer Abhandlung zur Fotografie immer wieder auf Familienfotos, so wie Bazin Familienporträts und Fotoalben erwähnt, wo es um die Herausarbeitung der Fotografie als Index geht. Siehe Susan Sontag: *Über Fotografie*, Frankfurt / M. 2018 [1977], 14; André Bazin: Ontologie des photographischen Bildes, in: ders.: *Was ist Film?*, Berlin 2002, 8–39.

**41** Wichtig ist es, an dieser Stelle anzumerken, dass der Tod nicht nur als Charakteristikum der Fotografie, sondern auch des Films gelten kann, und zwar innerhalb einer bestimmten Denktradition, die von Cocteau über Bazin zu Godard geht. Vgl. Alexander Streitberger: Fotografie, Doppelgänger und Tod in Krzysztof Kieslowskis *La double vie de Véronique*, in: Stefanie Diekmann (Hg.): *Freeze Frames. Zum Verhältnis von Fotografie und Film*, 2010 Bielefeld, 27–39, hier 28.

**42** Christian Metz: Photography and Fetish, in: *October*, Bd. 34, 1985, 81–90, hier 84.

Die hier implizierte Konstellation Stasis/Tod/Fotografie und Bewegung/Leben/Film hält an einem dichotomisch-essentialistischen Verständnis voneinander isolierbarer Medien und an einer zeichentheoretischen Auffassung der Fotografie als Index fest: Die Fotografie dokumentiert das Einmal-gewesen-Sein des Gezeigten, so wie es zum Zeitpunkt der Aufnahme war, und damit «thanatografiert»[43] sie es.

Zumindest aus zwei Gründen greift diese Dichotomie im Hinblick auf den hier analysierten Filmkorpus zu kurz. Zunächst, weil die Grenze von Film und Fotografie in *I giorni di Brescia* und den anderen Unitelefilm-Produktionen von einer konstitutiven Unschärfe gekennzeichnet sind, macht es eher wenig Sinn, Fotografie und Film als feste Größen zu denken: Diese Bilder sind technisch-materialistisch gesehen nämlich keine Fotografien, sondern am Tricktisch aufgenommene Filmbilder. Auch die Betrachtung der Fotografie als Index, als Abdruck eines Außen, erweist sich als problematisch. Denn der fotografische Charakter dieser Zeitungsfotografien ist durch das ständige Migrieren von Film zu Film nur verblasst wiedergegeben: Statt als einmalige Spur einer nicht mehr nachzuholenden Vergangenheit lassen sich diese Bilder treffender als Kopien definieren, die in der Gegenwart der Wiederholung auf eine mögliche Zukunft der Aneignung und Wiederverwendung verweisen.

## Ausblick: Zwei Modi, die Trauer medial zu denken

*I giorni di Brescia* endet nicht mit fotografischen Standbildern der Toten. Im Gegenteil: Der Tod steht im Film nur am Anfang. Darauf folgt die Trauer, in den Aufnahmen von Luigi Perelli ausführlich dokumentiert. Dem Film wohnt also eher ein Blick der Trauer als einer des Todes inne, und zwar nicht allein zeitökonomisch, insofern als die Trauerfeier als konkretes Ereignis die größte Filmdauer einnimmt. Vielmehr, so die zentrale These dieses Textes, eröffnet *I giorni di Brescia* eine medientheoretische Perspektive auf die Trauer, die zweigestaltig ist.

Zum einen stellt der Rückgriff auf Pressefotografien, der sich aus knappen technischen Mitteln sowie der schlechten Verfügbarkeit von Archivmaterial und insbesondere Bewegtbildern erklären lässt, die Prekarität der Produktionsverhältnisse mit der Prekarität in der Trauer in einen Zusammenhang.[44] Zu denken wäre dabei an Judith Butlers Ausführungen über die Trauer als Offenbarung menschlicher Verletzlichkeit, den sich daraus ableitenden Wunsch nach politischer Gemeinschaft sowie das Gefühl grundlegender Abhängigkeit und Verantwortung dem Anderen gegenüber. Demzufolge könnte auch die Zentralität der Debatte über Distributionsinfrastrukturen jenseits der offiziellen Kreisläufe des Mainstreamkinos, die sich z. B. in Italien in der Gründung des CCM (Collettivo Cinema Militante)[45] als selbstfinanzierter Plattform zur Verbreitung autochthoner und internationaler Dokumentarfilme niederschlägt, gedeutet werden im Sinne eines grundlegenden sozialen und kollektiven Charakters dieses Kinos, das auf Netzwerke angewiesen ist.

**43** Philippe Dubois: *Der fotografische Akt. Versuch über ein theoretisches Dispositiv*, Amsterdam, Dresden 1998 [1990].

**44** Dieser Gedanke entstand in einem Gespräch mit Alexandra Schneider.

**45** Das CCM-Manifest ist zu lesen in: *Ombre Rosse*, Jg. 3, Nr. 8, 1969, 72.

Zum anderen werden statt der Produktionsverhältnisse militanter Arbeit deren ästhetische Verfahren adressiert, die filmische Art der Aneignung von Fremdmaterial, der man ein theoretisches Potenzial zuspricht. So findet sich jene problematische Grenzziehung zwischen Selbst und Fremdem, dem Ich und dem Anderen, die die Trauerarbeit mit sich bringt, im fertigen Werk in der Differenz von filmischem und nichtfilmischem Material ästhetisch gespiegelt. Im analysierten Filmbeispiel *I giorni di Brescia* wäre diese Aussage auf das Verhältnis von Film zum angeeigneten fotografischen oder televisuellen Anderen zu beziehen sowie auf die konstitutive Unschärfe, die es kennzeichnet: Sind die in die filmische Struktur eingeflochtenen Bilder der Toten und Verletzten im technisch-materialistischen Sinne noch als Fotografien zu betrachten? Verblasst ihr fotografischer Charakter durch das Abfilmen am Tricktisch und das Migrieren von Film zu Film nicht allmählich? Somit wurden zwei Themenbereiche innerhalb des medientheoretischen Fragenkomplexes zur Trauer skizziert – beide bleiben jedoch Forschungsdesiderate, deren vertiefende Behandlung den Rahmen dieses Textes übersteigt. Was versucht wurde, ist, eine Verbindung zwischen Trauertheorie und praktisch-medialer Trauer zu ergründen: In einem ersten Schritt wurde ein Denken über die Trauer aus der feministischen Sorgedebatte hergeleitet, und im zweiten wurden einzelne Theorieannahmen an einen spezifischen Fall von Trauer aus der Geschichte des italienischen militanten Dokumentarfilms herangetragen. Die Arbeit der Trauer zeigte sich dabei als eine Arbeit der Medien: Das Eindringen des Toten in den trauernden Film durch die Fotografie macht das filmische Medium nur in der Distanz zum Anderen begreifbar.

KATRIN M. KÄMPF

# BITS & PIECES VERSORGEN

## Ein Plädoyer

Die Sorge ist das Zentrum, der Motor der sozialen Entwicklung, ohne sie gibt es kein biologisches Leben, kein Leben im weitesten Sinn, das es wert wäre, gelebt zu werden.[1]

***

Q: How was the plan developed to attack the population register, and why did you want to destroy the population register?

A: Well, because we were given all regular IDs and the Jews had the J on it, so if you gave them a false one, you had to make a fake number on it, because all the ones were numbered and had a duplicate in City Hall. [...] We could give any Jewish person, a false identity card, but there would not be a duplicate with the same number in City Hall. So, when we realized that there would be thousands of false cards in circulation, then in the meeting we said, we have to destroy that, because when one person discovers that this card is false, they'll know that there are false cards in circulation. So, that's when the plan immediately got taken up.[2]

***

Wenn ihr unsere Forderungen nicht erfüllen wollt, dann löscht zumindest unsere Fingerabdrücke aus euren Datenbanken und lasst uns weiterziehen. Wir haben ein Recht auf unsere Zukunft.[3]

1943 begingen Mitglieder der niederländischen Widerstandsorganisation Persoonsbewijzencentrale (PBC) einen Brandanschlag auf das Zentrale Einwohnermeldeamt in Amsterdam. In einem Zeitzeug_inneninterview begründete Frieda Belinfante, Widerstandskämpferin, Passfälscherin und an der Planung Beteiligte, den Anschlag damit, dass unentdeckbar gemacht werden musste, dass die gefälschten Papiere, welche die Gruppe für Jüdinnen_Juden erstellt hatte, in der zentralisierten Datensammlung des Einwohnermeldeamts keine zugehörigen Duplikate aufwiesen. Über ein halbes Jahrhundert später sind es nicht mehr die fehlenden Dubletten von Personen zugeordneten Papieren, sondern die von Körpern abstrahierten Datensätze, *data doubles*, die Aktivist_innen als zentrales

1 Precarias a la Deriva: Globalisierte Sorge, in: Thomas Bärtsch u. a. (Hg.): *Ökologien der Sorge*, Wien u. a. 2017, 25–96, hier 85 f. Ich danke den Reviewer_innen und ganz besonders Jasmin Degeling für hilfreiche Kommentare und Überarbeitungsanregungen.

2 United States Holocaust Memorial Museum: Oral History Interview with Frieda Belinfante, 31.5.1994, Interviewer: Klaus Müller, Transkript des Videos, collections.ushmm.org/search/catalog/irn504443, (17.9.2020), 31 f.

3 Refugee Protest Camp Vienna: Konkretisierte Forderungen/Demands Concretized/Rivendicazioni Concrete/Demandas Concretas, 18.12.2012, *refugeecampvienna.noblogs.org/demands/demands-made-concrete* (17.9.2020).

Problem ausmachen. Aktivist_innen des Refugee-Protest-Camps in Wien forderten 2012 unter anderem, die ihnen zugeordneten biometrischen Daten aus den EU-Datenbanken zu löschen, um ihnen ihre «Zukunft» zu ermöglichen und der Bedrohung der digitalen Deportabilität, der Abschiebbarkeit mithilfe digitaler Datensammlungen, zu entrinnen.[4]

Im Spannungsfeld von verkörpertem Subjekt und den ihm zugeordneten Daten oder dem Fehlen ebenjener Daten können Fragen des Überlebens oder der Bewegungsfreiheit aufgeworfen werden. Daten – seien sie analog oder digital gespeichert – sollen in diesem Spannungsfeld sowohl die Fixierung von zugeschriebenen Identitäten, d. h. Identifizierungen, ermöglichen als auch Eindeutigkeiten erzwingen. Überleben, eine Zukunft oder ein gutes Leben können von Daten und Praktiken der Dokumentation abhängig sein. Deswegen verdienen diese Mechanismen entsprechende Aufmerksamkeit. Aus queerfeministischer Perspektive stelle ich mir die Frage, ob und inwiefern manche Daten selbst der Sorge – mit dem feministischen Kollektiv Precarias a la Deriva verstanden als Basis von Sozialität und gutem Leben – bedürfen, besonders dann, wenn die Grenzziehungen zwischen Körpern und Daten über Körper kompliziert geworden sind.

Mit der Digitalisierung sind neue Verhältnisse zwischen verkörpertem Subjekt und den von ihm abstrahierten oder ihm zugeordneten Daten entstanden. Die unüberschaubaren Datenmengen, die Mischung von willentlich und unwillentlich, wissentlich und unwissentlich abgesonderten oder Personen zugeschriebenen Informationen sind erst durch Big Data und die Verknüpfung verschiedener Datenbanken möglich geworden und damit eine Besonderheit digitaler Technökologien.[5] Mit dem Begriff der Technökologie erweitert Gerald Raunig Félix Guattaris drei Ökologien (Socius, Umwelt, Mentalitäten), um Verbindungen von technischen Dispositiven und Wunschmaschinen, von Sozialem und Maschinischem sowie neue Formen der Subjektivierung, die mit der Digitalisierung eingehergehen, begrifflich zu fassen.[6] Finden Subjektivierung und Verkörperung in der Verquickung von Sozialem und Technologischem statt, wird es wichtig, so meine These, bestimmte digitale Artefakte in ein neues Verhältnis zu Sorgepraktiken zu setzen. Um dem Umstand Rechnung zu tragen, dass die Unterscheidung zwischen Subjekten und Daten über diese Subjekte nur noch als Resultat von Grenzziehungsprozessen diskutiert werden kann und damit auch die Grenzen des sorgebedürfenden oder sorgenden Subjektes verkompliziert worden sind, schlage ich also vor, über technökologische Sorgepraktiken nachzudenken. Ich werde zuerst einen Überblick über bisherige Theoretisierungen dieser Artefakte geben – von eindeutig einer bestimmten Person zugeordneten Daten über Daten, die eine solche Zuordnung zumindest möglich machen, bis hin zu Artefakten des Profilings, in denen eine Möglichkeit der Zuordnung nicht besteht. In einem nächsten Schritt werde ich begründen, warum diese Theoretisierungen enger mit feministischen Sorgekonzepten zusammengedacht werden sollten.

**4** Vgl. Brigitta Kuster, Vasilis S. Tsianos: Erase them! Eurodac und die digitale Deportabilität, in: *transversal*, Nr. 3: flee erase territorialize, 2013, transversal.at/transversal/0313/kuster-tsianos/de (26.9.2020).

**5** Vgl. dazu Christina Rogers, Katrin M. Kämpf: Digitale Schnitte. Fleisch-Technologie-Informations-Amalgame zerschneiden, in: Christoph Brunner u. a. (Hg.): *Technökologien*, Wien u. a. 2018, 79–97.

**6** Gerald Raunig: Technökologien. Milieus, dividuelle Linie und subsistenzielle Territorien, in: Brunner u. a.: *Technökologien*, 7–22.

## Bits und Pieces

Eine der ältesten feministischen Konzeptionen, die versucht, das Verhältnis Mensch_Maschine bzw. Organismus_Technologie zu fassen, ist Donna Haraways Cyborg.[7] In den feministischen Science and Technology Studies (STS) sind im Anschluss an Haraway Verknüpfungen von Körpern und Technologien immer wieder als cyborgisch, als Assemblages und Resultate verschiedener Grenzziehungspraktiken analysiert worden.[8] Insbesondere in den Surveillance Studies sind diverse Überlegungen zu Körpern und von ihnen abstrahierten oder ihnen zugeschriebenen Daten angestellt worden. So skizziert beispielsweise Felix Stalder eine Art von Datenschatten, der verkörperten Subjekten nicht allein folge, sondern ihnen auch vorauseile: «Before we arrive somewhere, we have already been measured and classified. Thus, upon arrival, we're treated according to whatever criteria have been connected to the profile that represents us».[9] Stalder konzipiert die Artefakte, um die es hier gehen soll, also als schattenartige Miss-/Repräsentationen verkörperter Subjekte. Joseph Pugliese wiederum arbeitet in seiner Analyse biometrischer Systeme mit dem Begriff der «body bits», um auf die digitalisierte Form körperlicher Daten zu verweisen, die im Falle der Biometrie primär dazu dienten, «proxies», also Stellvertreter_innen verkörperter Subjekte zu erstellen und somit Subjekten die Möglichkeit der Handlungsfähigkeit in Bezug auf ihren eigenen Körper und ihre Identität zu nehmen.[10] Von diesen *body bits* könne der rechtliche Personenstatus abhängen und der maschinenlesbare Körper z. B. im Falle einer Identitätsfeststellung zum Zeugen gegen das Subjekt selbst werden.[11] Irma van der Ploeg betont ebenfalls anhand der Biometrie die Problematik der nicht mehr unbedingt möglichen Grenzziehungen zwischen Körpern und Daten über diese Körper.[12] Im Rahmen weitreichender technologischer Veränderungen seien Körper selbst zu Entitäten geworden, die aus Information (wie DNA – also tatsächliche ‹*pieces*› von Materie –, biometrische Information etc.) bestehen; deswegen könne eine Grenze zwischen Körpern und Informationen über diese Körper nicht mehr als gegeben angesehen werden, was van der Ploeg nicht allein als Problem der Repräsentation, sondern als Frage der Ontologie diskutiert.[13] Aus diesem unklaren ontologischen Status resultierten auch rechtliche Unklarheiten: Gemeinhin sei das Recht auf körperliche Unversehrtheit und Selbstbestimmung das primäre Schutzkonzept, das auf menschliche Körper abziele. Werde der Körper jedoch zur Information, griffen viel eher die wesentlich schwächeren Konzepte von Datenschutz oder Privatsphäre, so van der Ploeg.[14] Verschwimme die Grenze zwischen Körper und Information, verschwimme auch der rechtliche Status des Subjekts.

Weitere Bausteine einer Theoretisierung dieser körperlich-informatischen Artefakte liefern Kevin Haggerty und Richard Ericson in *The Surveillant Assemblage*.[15] Ihre Analyse hat den Begriff des *data double* für die Artefakte, um die es hier geht, mitgeprägt.[16] Die *Surveillant Assemblage*, ein Gefüge verknüpfter

7 Donna Haraway: A Cyborg Manifesto: Science, Technology, and Socialist-Feminism in the Late Twentieth Century, in: dies.: *Simians, Cyborgs and Women. The Reinvention of Nature*, New York 1991, 149–181.

8 Vgl. Lucy Suchman: Feminist STS and the Sciences of the Artificial, in: Edward J. Hackett u. a. (Hg.): *The Handbook of Science and Technology Studies*, Cambridge (MA), London 2008, 139–163, hier 150.

9 Felix Stalder: Privacy Is Not the Antidote to Surveillance, in: *Surveillance & Society*, Bd. 1, Nr. 1, 2002, 120–124, hier 120.

10 Joseph Pugliese: *Biometrics. Bodies, Technologies, Biopolitics*, New York, London 2012, 23.

11 Ebd.

12 Irma van der Ploeg: The body as data in the age of information, in: David Lyon u. a. (Hg.): *Routledge handbook of surveillance studies*, Abingdon u. a. 2012, 176–185; dies.: Biometrics and the Body as Information: Normative Issues in the Socio-technical Coding of the Body, in: David Lyon (Hg.): *Surveillance as Social Sorting. Privacy, Risk, and Automated Discrimination*, New York 2002, 57–73.

13 Van der Ploeg: The body as data, 178 f.; van der Ploeg: Biometrics.

14 Van der Ploeg: The body as data, 180.

15 Kevin D. Haggerty, Richard V. Ericson: The surveillant assemblage, in: *British Journal of Sociology*, Bd. 51, Nr. 4, 2000, 605–622.

16 Ebd.

Überwachungssysteme, abstrahiert Körper aus ihren Kontexten, verwandelt sie in Datenflüsse und fügt sie als *data doubles*, als «flesh-technology-information-amalgams» wieder zusammen.[17] Auch hier überschreiten *data doubles* Repräsentationslogiken. Sie könnten Haggerty und Ericson zufolge zwar Bezug auf konkrete Individuen nehmen, stellten aber keine stimmigen oder unstimmigen Porträts realer Individuen dar, sondern produzierten vielmehr «a new type of individual, one comprised of pure information».[18]

Obwohl Haggerty und Ericson mit dem Begriff des *data double* eine gewisse Form der Spaltung oder Dopplung des Subjekts anlegen, geht es ihnen nicht um ein grundsätzliches Überdenken des Konzepts des Individuums, vielmehr fokussieren sie auf einen neuen Typus des Individuums, der aus reiner Information besteht. Allerdings implizieren sie eine Referenz auf ein konkretes, klar abgrenzbares Einzelding bzw. eine kohärente Repräsentation einer Entität einerseits und andererseits eine unbedingte Zusammengehörigkeit von Individuum und *data double*, was in digitalen Technökologien gar nicht unbedingt immer gegeben ist.[19] In Risikoprofilen beispielsweise werden von verschiedenen Subjekten abstrahierte Daten zu Möglichkeitsräumen rekombiniert und auf wieder andere Subjekte angewendet.

Tyler Reigeluth diskutiert eine ähnliche Dimension dieser Datenartefakte anhand des Konzepts der «digitalen Spuren».[20] Materielle und diskursive Dimensionen dieser Spuren sind für Reigeluth ebenso untrennbar wie die von van der Ploeg beschriebenen Körper und Datenkörper. Er betont, dass Spuren in ihrer Qualität als Verweis auf eine Abwesenheit als «Möglichkeit, die jedem Werden inhärent ist und die erst durch die sozialen Prozesse der Interpretation, des Konflikts und der Subjektivierung aktualisiert» würden, zu verstehen sind.[21] Reigeluth bezieht also Subjektivierungsprozesse in seine Überlegungen ein und weist eine Definition der Spur zurück, die sie lediglich als Referenz zu einem konkreten Individuum denkt.

Louise Amoore hat analysiert, dass im Feld des Risikomanagements immer wieder aus Datenamalgamen Risikoberechnungen produziert werden, die sich wie Derivate verhalten und primär Zukunftsprojektionen und aggregierte Möglichkeitsräume darstellen und nicht allein als «‹elektronischer Fußabdruck› des Datensubjekts» gedacht werden können.[22] Mit Bezug auf Gilles Deleuze beschreibt sie Datenderivate als eine Form der Aufteilung, Trennung und Partikularisierung von Subjekten, die «subjects of interest» erst hervorbringen.[23] Deleuze hatte in seinem *Postskriptum über die Kontrollgesellschaften* skizziert, dass in Kontrollgesellschaften – anders als in Disziplinargesellschaften – nicht mehr «die Signatur», welche die Position eines Individuums in der Masse angebe, sondern die Chiffre, die Zugang zu Information markiere, dominiere und somit Individuen «‹dividuell›» geworden» seien.[24] Gerald Raunig aktualisiert mit seinem Konzept des Dividuums Deleuze' kurzen Kommentar zum dividuellen (In)Dividuum auch angesichts medialer Formationen wie Big Data.[25] Für Raunig bedeutet Dividualität zwar Geteiltheit, aber nicht im Sinne individueller Teile eines

**17** Ebd., 611.

**18** Ebd., 614.

**19** Vgl. Louise Amoore: Data Derivates: On the Emergence of a Security Risk Calculus for Our Times, in: *Theory Culture Society*, Bd. 28, Nr. 6, 2011, 24–43; zur Kritik am *double*-Begriff siehe auch Rogers u. a.: Digitale Schnitte.

**20** Tyler Reigeluth: Warum «Daten» nicht genügen. Digitale Spuren als Kontrolle des Selbst und als Selbstkontrolle, in: *Zeitschrift für Medienwissenschaft*, Bd. 7, Nr. 13, 2015, 21–34.

**21** Reigeluth: Warum «Daten» nicht genügen, 34.

**22** Amoore: Data Derivates, 24, 34.

**23** Ebd., 24, 34.

**24** Gilles Deleuze: Postskriptum über die Kontrollgesellschaften, in: ders. (Hg.): *Unterhandlungen 1972–1990*, Frankfurt/M. 1993, 254–262, hier 257 f.

**25** Gerald Raunig: *Dividuum. Maschinischer Kapitalismus und molekulare Revolution*, Wien u. a. 2015, 160.

Ganzen, sondern einer «Verteilung, *spread*, Streuung, die sich durch verschiedene Einzeldinge hindurch ausdehnt. Das Dividuelle entsteht im Ziehen der abstrakten Linie, die die konkreten Einzeldinge durchquert und verkettet».[26]

Christina Rogers und ich haben dementsprechend eine Definition des *data double* vorgeschlagen, in der es nicht «allein als Abstraktion eines verkörperten Subjekts» entsteht, sondern in «algorithmischen Prozessen, die das Digitale fortwährend zerschneiden, neu verbinden und rekombinieren», was keineswegs eine Referenz auf ein konkretes Subjekt implizieren muss, aber immer das Potenzial in sich trägt, z. B. in Form eines Risikokalküls oder Profils, auf konkrete verkörperte Subjekte angewendet zu werden.[27] Die Prozesse, die hier «temporär-lokale Trennungen oder Teilungen ansonsten hybrid oder interdependent funktionierender Komponenten der Fleisch-Technologie-Informations-Amalgame» produzieren, haben wir in Anlehnung an Karen Barads Epistem_ontologie mit ihren *agential cuts*, die in ihrer Objektivitätstheorie temporär-lokale Trennungen und Amalgamierungen von Beobachtenden, Beobachteten und den Instrumenten der Beobachtung erlauben, als digitale Schnitte bezeichnet.[28] Mit diesem epistem_ontologischen Ansatz lässt sich einerseits analysieren, dass *data doubles*, Datenderivate etc. nicht immer eine Referenz zu einem konkreten verkörperten Subjekt beinhalten müssen, aber durchaus können, und andererseits wird so die Relevanz dieser Artefakte für gegenwärtige Wissensproduktion deutlich. Daten gelten besonders in Form von Big Data heute nicht als zu deutendes Wissen, das durch materiell-diskursive Praktiken konstruiert wird, sondern als objektive Wirklichkeit mit absolutem Wahrheitsanspruch.[29]

## Bits und Pieces regieren

In diesen Wahrheits- und Objektivitätsversprechen und den neuen Formen des Regierens, die hier möglich werden, liegt einer der Gründe, warum Phänomene wie digitale Schnitte, *data doubles*, Dividuen und Datenderivate in Überlegungen zur Medialität der Sorge einbezogen werden müssen. Hier werden einerseits von Körpern abstrahierte Daten, Körperdaten, zur statistischen Basis biopolitischer Regierungsweisen und andererseits *data doubles*, Datenkörper, zu Ansatzpunkten für ebendiese Formen des Regierens. Somit sind sowohl die Körperdaten als auch die Datenkörper, Derivate oder *doubles* für ein technökologisches Sorgekonzept, das auf ein gutes (Zusammen-)Leben abzielt, relevant. Wie Jasbir Puar beschreibt, werden aus aufgespaltenen Subjekten «subhuman particles of knowledge», die als statistische biopolitische ‹Wahrheiten› beispielsweise über rassifizierte Bevölkerungen interpretiert und behandelt werden.[30] Somit fungieren digitale Technökologien mit ihren Spaltungsartefakten auch als *racializing assemblages*, die nicht mit traditionellen rassifizierenden Zuschreibungen arbeiten, sondern in Datensätzen implizit Rassifizierungen encodieren und somit verschiedene Formen von *social sorting* ermöglichen.[31] Im eingangs erwähnten EU-Grenzregime beispielsweise ist mit der Einführung des

**26** Ebd., 246.

**27** Rogers u. a.: Digitale Schnitte, 84.

**28** Ebd., 89; Karen Barad: *Meeting the Universe Halfway. Quantum Physics and the Entanglement of Matter and Meaning*, Durham, London 2007.

**29** Vgl. dazu Rogers u. a.: Digitale Schnitte, 86, 89. Zu den Objektivitäts- und Wahrheitsansprüchen siehe auch Reigeluth: Warum «Daten» nicht genügen.

**30** Jasbir K. Puar: *Terrorist Assemblages. Homonationalism in Queer Times*, Durham, London 2007, 162.

**31** Zu *racializing assemblages* vgl. Alexander G. Weheliye: *Habeas Viscus. Racializing Assemblages, Biopolitics, and Black Feminist Theories of the Human*, Durham, London 2014; zu neuen Rassifizierungsformen vgl. Wendy Hui Kyong Chun: Queerying Homophily, in: Clemens Apprich u. a.: *Pattern Discrimination*, Lüneburg 2018, 59–98; David Skinner: Race, Racism and Identification in the Era of Technosecurity, in: *Science as Culture*, Bd. 29, Nr. 1, 2018, 77–99; Simone Browne: *Dark Matters. On the Surveillance of Blackness*, Durham 2015; Lisa Nakamura (Hg.): *Digitizing Race. Visual Cultures of the Internet*, Minneapolis, London 2008. Zu *social sorting* vgl. David Lyon (Hg.): *Surveillance as Social Sorting. Privacy, Risk and Automated Discrimination*, London, New York 2005.

EuroDac-Fingerabdruck-Identifizierungssystems eine Verlagerung von Identitätsmarkern in den Körper vorgenommen worden, die Migrant_innen selbst «materiell-virtuell zu Träger_innen der Grenze» macht.[32]

Digitales *social sorting* stellt auch einen Ansatzpunkt für (Selbst-)Regierungsweisen über Verunsicherungen dar, die Isabell Lorey als gouvernementale Prekarisierung beschrieben hat.[33] Andere Formen des Regierens, die in Technökologien wirksam werden können, sind algorithmische Gouvernementalität oder das Regieren anhand von Risikokalkulationen, die via Data-Mining oder Risikomanagement auf Potenzialitäten, auf infra-individuelle Daten und supra-individuelle Profile – *data doubles*, Derivate, *bits* und *pieces* – sowie vermeintlich daraus ableitbares potenzielles Verhalten (Terrorismus, Visa-Überziehen, Kaufentscheidungen etc.) abzielen und nicht mehr auf konkrete Individuen, aber dabei konkrete verkörperte Subjekte, deren Leben und Sozialität betreffen können.[34]

## Bits und Pieces versorgen

So werden an verschiedenen digitalen Schnittstellen – von Fingerabdruckscannern oder Überwachungsanwendungen über Suchmaschinen bis zu Sozialen Medien – verkörperte Subjekte in *bits* und *pieces* abstrahiert, aufgespalten und rekombiniert und darüber zum Ziel von Regierungs- und Selbstregierungsweisen und Herrschaftspraktiken, allerdings bislang nur selten zum Ziel von Sorgepraktiken. Mit den Precarias a la Deriva verstehe ich Sorge als Zentrum und Motor von Sozialität und als grundsätzlich transversales Konzept, da sie Dualismen wie abhängig/unabhängig, materiell/immateriell und, so würde ich ergänzen, Körper/Daten zu durchqueren vermag.[35] Für Berenice Fisher und Joan Tronto sind Sorgepraktiken eine «species activity that includes everything that we do to maintain, continue, and repair our ‹world› so that we can live in it as well as possible. That world includes our bodies, our selves, and our environment, all of which we seek to interweave in a complex, life-sustaining web.»[36] Eine Präzisierung, die betont, dass hier stets zu beachten sei, welches «we», welche «worlds» gemeint sind, welche Definition von «species» oder von «environment» etc. jeweils relevant sein könnte und welche Rolle Technologien in den Sorgeverhältnissen spielen, hat María Puig de la Bellacasa vorgenommen.[37] Allerdings geht Puig de la Bellacasa nicht so weit, technologische Artefakte selbst als Ziel von Sorgepraktiken zu denken, sondern fordert primär eine fürsorglichere, verantwortungsvollere Wissensproduktion, die die Wirkmächtigkeiten von Technologie mitdenkt.

Verstehe ich aus der Perspektive queerfeministischer STS die Welt als Technökologie und nehme die oben dargelegten epistem_ontologischen Überlegungen ernst, sind *bits* und *pieces*, *data doubles* und Datenderivate nicht abgrenzbar von verkörperten Subjekten und Bestandteil des von Tronto und Fisher beschriebenen lebenserhaltenden Netzes, das es zu weben gilt. Sie sind sowohl Basis als auch Ansatzpunkt biopolitischer Regierungsweisen; somit

**32** Christina Rogers: Wenn Data stirbt. Grenzen, Kontrolle, Migration, in: *Zeitschrift für Medienwissenschaft*, Bd. 7, Nr. 13, 2015, 57–65, hier 64.

**33** Isabell Lorey: *Die Regierung der Prekären*, Wien 2012. Ausführlicher zu Prekarisierung und *data doubles* vgl. Katrin M. Kämpf: ‹Are you safe?› – Facebooks Safety Check als Interface zwischen verkörpertem Subjekt und Data Double, in: Käthe von Bose u. a. (Hg.): *Körper, Materialitäten, Technologien*, München 2018, 101–117.

**34** Antoinette Rouvroy: The End(s) of Critique. Data Behaviourism Versus Due Process, in: Mireille Hildebrandt, Katja de Vries (Hg.): *Privacy, Due Process and the Computational Turn*, Milton Park u. a. 2013, 143–167; Louise Amoore: *The Politics of Possibility. Risk and Security Beyond Probability*, Durham, London 2013; Claudia Aradau, Luis Lobo-Guerrero, Rens Van Munster: Security, technologies of risk, and the political: Guest editors' introduction, in: *Security Dialogue*, Bd. 39, Nr. 2/3, 2008, 147–154.

**35** Precarias a la Deriva: Globalisierte Sorge, 42, 85 f.

**36** Berenice Fisher, Joan Tronto: Toward a Feminist Theory of Caring, in: Emily K. Abel, Margaret K. Nelson (Hg.): *Circles of Care. Work and Identity in Women's Lives*, Albany 1990, 35–62, hier 40.

**37** María Puig de la Bellacasa: *Matters of Care. Speculative Ethics in More than Human Worlds*, Minneapolis 2017.

können von ihnen Leben, Sozialität, eine Zukunft oder Handlungsfähigkeit abhängig sein. Puig de la Bellacasas Ausführungen zielen insbesondere darauf ab, Technologien als für Sorgearbeit relevante Größe zu denken, Verantwortung, Sorgsamkeit in der Wissensproduktion walten zu lassen sowie Arbeits- und Produktionsbedingungen und den sozialen oder ökologischen Impact von Wissens- und Technologieproduktion immer miteinzubeziehen. Darüber hinaus plädiere ich tatsächlich dafür, die *bits* und *pieces* digitaler Technökologien als Teil unserer Sozialität und als nicht ohne Weiteres von verkörperten Subjekten abgrenzbar zu begreifen, ihnen körperpolitische Relevanz zuzugestehen und ihnen selbst Sorge zukommen zu lassen.

Sie können über den Zugang zu Ressourcen, zu Grund- oder Menschenrechten, Freizügigkeit oder beispielsweise im Falle der Kill Lists der Drohnenkriege im Sinne von Souveränität über Leben und Tod entscheidend sein.[38] Das bedeutet, eine epistem_ontolologische Herangehensweise, die auf der Idee basiert, dass Wissensproduktion, Technologie, Sozialität und Subjektivierung untrennbar verbunden sind, muss auch Sorge technökologisch denken. Dabei sollte die ungerechte Verteilung von Sorgearbeit zentral bleiben und neoliberale Selbstverantwortungsnarrative oder Wellness-Diskurse (Stichwort ‹Data Detox›) zurückgewiesen werden.[39] Hier gilt es, widerständige Praktiken der Sorge zu entwerfen, die Sorge auch als körper- und subjektivierungspolitische Intervention in datenbasierte Regierungsweisen verstehen und Agency in Bezug auf digitale Schnitte und den Umgang mit *data doubles* herstellen wollen.[40] So verstehe ich die eingangs dargestellte Zerstörung des Amsterdamer Zentralregisters im Jahr 1943 als einen Akt radikaler und widerständiger Fürsorge angesichts eines papierbasierten Datensystems. Die Forderung nach der Löschung der Fingerabdrücke aus dem Refugee Camp Vienna knapp 70 Jahre später kann als eine nach technökologischer Fürsorge, die in gegenwärtige Biopolitiken interveniert, verstanden werden. In Kombination mit dem Verweis auf das Recht auf die «eigene Zukunft», die in diesem Fall komplett von *body bits* in vernetzten Datenbanken an diversen Speicherorten determiniert wird, wird hier eine epistem_ontologische Forderung auf eine Zukunft gestellt, die weder einer Berechenbarkeit zugänglich ist noch sein soll, denn, wie Amoore betont: «The very potentiality of life presupposes something of an unknown future.»[41]

**38** Jutta Weber: Keep Adding. On Kill Lists, Drone Warfare and the Politics of Databases, in: *Environment and Planning D: Society and Space*, Bd. 34, Nr. 1, 2016, 107–125.

**39** Vor Vorstellungen von Sorge für das virtuelle Selbst, die neoliberale Selbstverantwortlichkeitsnarrative reproduzieren, warnen Jennifer R. Whitson, Kevin D. Haggerty: Identity theft and the care of the virtual self, in: *Economy and Society*, Bd. 37, Nr. 4, 2008, 572–594.

**40** Auf den Migrations-Routen durch das EU-Grenzregime hat sich beispielweise in den letzten Jahren ein Netzwerk auch digitaler Care-work etabliert, das Sorge um *data doubles* möglich macht, indem es Strategien der gezielten *dis/connection* ermöglicht. Vgl. Evan Light u. a.: Infrastructures of Dis/Connection: Of Drones, Migration, and Digital Care, in: *Imaginations*, Bd. 8, Nr. 2, 2017, 56–63.

**41** Amoore: Data Derivates, 39.

NAOMIE GRAMLICH

# MEDIENGEOLOGISCHES SORGEN

## Mit Otobong Nkanga gegen Ökolonialität

«Wir müssen uns als eine Form des Widerstands um alle Körper kümmern: die Gewässer, die Landstriche und unsere emotionalen und psychologischen Zustände.»[1] Mit diesen Worten beschreibt die bildende Künstlerin Otobong Nkanga eines der Hauptanliegen ihrer Arbeiten über affektive und politische Ökologien zwischen Landschaften und Menschen. Fürsorge für Land und Wasser zu tragen, versteht sie explizit als «eine Form des Widerstands».[2] Ihre Arbeit schreibt sich damit in feministische und antirassistische Diskurse ein, die Praktiken der Sorge als Überlebensstrategien für Schwarze, trans*, queere und/oder weibliche Menschen entwickeln. Weil sich in diesen Praktiken der Sorge gerade um jene gekümmert wird, die von den Strukturen öffentlicher Versorgung ausgeschlossen sind, wird darin, so Audre Lorde, «an act of political warfare» wirksam.[3]

Heute zeigen sich ökologische Ruinen des «rassistischen Kapitalozän»,[4] so Nkanga in einem Interview, als «manifestation[s] of non-care, that has been taken for centuries».[5] Naturalisiert werden Jahrhunderte der ökologischen Plünderung und toxischen Sedimentierung durch *weiße* Geschichtsschreibung, in der Gewalt-, aber auch Widerstandsgeschichten Lücken im kolonialen Archiv bilden. Die Historikerin Ellen Ndeshi Namhila weist vor dem Hintergrund oraler Überlieferung und der Machttechnologie kolonialer Archive darauf hin, dass namibische Geschichte, um die es hier gehen soll, oft zerstreut, verlagert, verwoben, versteckt oder sogar zerstört ist.[6] Vor dem Hintergrund dieser doppelten Auslassung von Sorge verstehe ich Nkangas Installation *In Pursuit of Bling* (2014) als künstlerische Recherche und theoretische Reflexion über fragmentierte Geschichte(n) und abgetragene Erde. Ich möchte nicht über, sondern *mit* einzelnen ihrer Arbeiten Brüche, Aneignungen und Transformationen bestehender Narrative und Materialität denken.[7]

Im Zentrum von *In Pursuit of Bling* steht die Kupfermine in Tsumeb, die, während Namibia von 1884 bis 1915 unter deutscher Kolonialherrschaft steht, zu einem bedeutenden Versorgungsort der Elektrifizierung und

1 Otobong Nkanga, Stephanie Rosenthal: Ein Gespräch zwischen Stephanie Rosenthal und Otobong Nkanga, in: Otobong Nkanga (Hg.): *There's no such Thing as Solid Ground*, Berlin 2020, 35–47, hier 36.

2 Ebd.

3 Audre Lorde: *A Burst of Light. And Other Essays*, Mineola 2017, 140. Siehe auch Hi'ilei Julia Kawehipuaakahaopulani Hobart, Tamara Knesse: Radical Care. Survival Strategies for Uncertain Times, in: *Social Text*, Nr. 142, 2020, 1–16.

4 Vgl. Françoise Vergès: Racial Capitalocene, in: Gaye Theres, Alex Lubin Johnson (Hg.): *Futures of Black Radicalism*, London 2017, 72–83.

5 Francesca Gavin, Otobong Nkanga: Rough Version w/Otobong Nkanga, in: *NTS Radio*, 23.8.2020, nts.live/shows/rough-version/episodes/rough-version-23rd-august-2020 (14.9.2020).

6 Vgl. Ellen Ndeshi Namhila: Transforming the Traumatic Life Experiences of Women in Post-Apartheid Namibian Historical Narratives, in: Jeremy Silvester (Hg.): *Re-viewing Resistance in Namibian History*, Oxford 2015, 22–37.

7 Vgl. bell hooks: *Yearning. Race, Gender, and Cultural Politics*, New York 2015, 234.

Infrastrukturalisierung Europas wird. Sechs Jahre nach der Unabhängigkeit Namibias im Jahr 1990 wird die Mine geschlossen. Für den jungen Staat bleibt nur sehr wenig Kupfer übrig, wie Sam Nujoma, der erste Präsident Namibias, unterstreicht.[8] Wenn Jussi Parikka in *A Geology of Media* (2015) schreibt, «instead of networking technologies, perhaps we should examine copper and copper mines»,[9] drängt sich von der Perspektive Tsumebs die Notwendigkeit einer post- und dekolonialen Mediengeologie auf.[10] Die unter anderem von Parikka, Jennifer Gabrys und Nicole Starosielski vorgeschlagene Mediengeologie möchte ich um die Perspektive der ‹Ökolonialität› erweitern.[11] Ökolonialität nenne ich die epistemische Gewaltstruktur von Modernität, mittels derer ökologische Beziehungen rekonfiguriert werden. Kolonial-rassistische Umweltauswirkungen der Produktion, Rohstoffgewinnung, Nutzung und Entsorgung von Medientechnologien stehen im materiell-semiotischen Zusammenhang mit Diskursen um ‹rohe Stoffe› und *race* als extrahierbare Materie. Es reicht somit nicht aus, auf die neo- und post_koloniale Gewalt von Extraktionsorten hinzuweisen. In einem ersten Schritt soll es hier zum einen darum gehen, eine koloniale Epistemologie von Rohstoffen aufzuzeigen und zum anderen die Frage nach einer Abkehr davon zu stellen. Dekoloniale Ansätze mit Mediengeologie zusammenzuführen, bedeutet insofern eine epistemische Verschiebung.[12] Diese diskutiere ich anhand des Übergangs von Fürsorge und Versorgung zur mediengeologischen Sorge. Während post_koloniale Nichtsorge und paternalistische Fürsorge Instrumente der Trennung sind, bezieht sich Sorge in einem antirassistisch-feministischen und dekolonialen Verständnis auf relationale Anordnungen von Praktiken und Diskursen zwischen Menschen, Umgebungen und Objekten.[13]

## Rohstoffe trennen

In dem circa dreiminütigen Video *Reflections of the Raw Green Crown* (2015) wird Nkanga mit dem Rücken zur Kamera gezeigt. Sie trägt eine Krone aus grob bearbeitetem Malachit und steht den aus Kupfer gefertigten Dächern der Glockentürme zweier Berliner Kirchen, der Kaiser-Wilhelm-Gedächtniskirche in Charlottenburg und der Gethsemanekirche in Prenzlauer Berg, gegenüber. Zwischen Malachit und Kupfer besteht dabei eine enge Verbindung, denn Ersteres ist ein Kupfercarbonat, aus dem das Metall unter anderem in Tsumeb gewonnen wurde. Nach einer anfänglichen Stille rezitiert Nkanga ein Gedicht über diese mineralogischen Verwandten, die sich in der Diaspora Deutschlands wiedertreffen und sich an ihre Herkunft erinnern, die Tsumeb – «the green mountain glistering afar« – sein könnte:

> You have travelled a long way through land and sea to crown the tops of your captor's roofs. […] I'm raw. I just came visiting. I'm a tourist in this land. But I knew, that you be here. […] Surprisingly, you look like me. […]. I am raw. A distinct cousin. But we are from the same core. […] Guessing that you might remember Tsumeb.

8 Vgl. Sam Nujoma: *Copper. Geology and Economic Impact in Namibia, Zambia and the Democratic Republic of the Congo*, Windhoek 2009, 86.

9 Jussi Parikka: Green Media Times, Friedrich Kittler and Ecological Media History, in: Friedrich Balke u. a. (Hg.): *Mediengeschichte nach Friedrich Kittler*, 2013 (Archiv für Mediengeschichte, Bd. 13), 69–78, hier 76.

10 Zum Unterschied von postkolonial und dekolonial vgl. z. B. Manuela Boatcă: Postkolonialismus und Dekolonialität, in: dies. u. a. (Hg.): *Handbuch Entwicklungsforschung*, Wiesbaden 2015, 1–10.

11 Vgl. Jennifer Gabrys: *Digital Rubbish. A Natural History of Electronics*, Ann Arbor 2011; Nicole Starosielski: Thermocultures of Geological Media, in: *Cultural Politics*, Bd. 12, Nr. 3, 2016, 293–309.

12 Vgl. auch Sean Cubitt: Decolonizing Ecomedia, in: *Cultural Politics*, Bd. 10, Nr. 3, 2014, 275–286.

13 Vgl. Hobart, Knesse: *Radical Care*, 2. Wobei dann auch diese Trennung nicht mehr aufrechterhalten wird.

**Abb. 1** Otobong Nkanga: *Reflections of the Raw Green Crown*, 2015, Filmstill (Orig. in Farbe)

Indem Nkanga dem Kupfer ihren Körper und ihre Stimme leiht, wird es zum stummen Beweismittel für den ökonomischen Diebstahl, der – formuliert in Anlehnung an Frantz Fanon[14] – die Verdammnis afrikanischer Erde und ihrer Menschen zur Folge hat. Nkanga nennt es: «the horror within. The horror sits in. The horror impregnated in».

Der industrielle Bergbau erfordert nicht nur einen ununterbrochenen Strom billiger Arbeitskräfte zum Ziehen, Tragen und Graben der Erdmassen – worauf ich später eingehen werde. Die Otavi-Region, in der Tsumeb liegt, ist darüber hinaus durch eine Geschichte gewaltsamer und illegaler Annexionen geprägt. Das Deutsche Reich erwirbt das Land damals ohne die rechtmäßige Zustimmung der Besitzer_innen.[16] Hendrik Witbooi, einflussreicher Politiker und Kaptein der Nama, schreibt: «Ich selbst habe keinem Weißen erlaubt, Kupfer zu suchen».[17] Es gibt zahlreiche antikoloniale Widerstände gegen den Landraub in der Otavi-Region, wenn von ihnen in der Geschichtsschreibung oftmals auch nur in Nebensätzen oder Fußnoten berichtet wird.

Der Deutsch-Namibische Krieg, der zu dem Genozid an Herero und Nama sowie der Ermordung vieler weiterer afrikanischer Bewohner_innen der damaligen Kolonie führt, steht in Zusammenhang mit Tsumeb. Der antikoloniale Aufstand der Herero, mit dem der Krieg beginnt, unterbricht 1904 den kurz zuvor begonnenen Bau der Eisenbahn, der ihr Land entzweien sollte, um das Kupfer von Tsumeb zur Hafenstadt Swakopmund zu transportieren.[18] General Lothar von Trotha spricht den Vernichtungsbefehl aus, der den südwestafrikanischen Widerstand in extremer Brutalität niederschlägt und in dessen Folge

14 Vgl. Frantz Fanon: *Die Verdammten dieser Erde*, Frankfurt/M. 1981, 147.

16 Vgl. Marion Wallace: *Geschichte Namibias*, Basel 2015, 18.

17 In einigen Regionen werden auch Vereinbarungen mit Deutschen getroffen, wie Hendrik Witbooi schreibt. Dies gilt nicht für Tsumeb. Vgl. Hendrik Witbooi: *Afrika den Afrikanern! Aufzeichnungen eines Nama-Häuptlings aus der Zeit der deutschen Eroberung Südwestafrikas 1884 bis 1984*, Bonn 1982, 21.

18 Zu den komplexen Geschehnissen des Genozids vgl. z. B. Jürgen Zimmerer: *Deutsche Herrschaft über Afrikaner. Staatlicher Machtanspruch und Wirklichkeit im kolonialen Namibia*, Münster 2001, 32–42; Wallace: *Geschichte Namibias*, 245–292.

das Land der Herero zur infrastrukturellen Bebauung freigegeben wird. Die genozidale Landnahme ist letztendlich die Voraussetzung für die Versorgung der europäischen Infrastrukturen mit Kupfer aus Tsumeb.[19]

In *Reflections of the Raw Green Crown* wird durch die videoästhetische Verzerrung des Fischaugenobjektivs der post_koloniale Raum Berlins ausgeweitet, während gleichzeitig die Betonung auf Tsumeb und dessen Gewaltgeschichte gelegt wird. Damit wird auf die kolonialen Rohstoff-, Arbeits- und Infrastrukturströme verwiesen, die die komplexe Materialität der Versorgung und Aufrechterhaltung der Infrastrukturen Europas bilden.[20] Bereits 1899 sind aufgrund von umfassenden Elektrisierungsprozessen die deutschen Kupferreserven knapp. Ein Drittel des Kupfers wird eingeführt.[21] Zwischen den Jahren 1906 und 1996 ist Tsumeb an dieser Kupfereinfuhr mit der geschätzten Menge von 27 Millionen Tonnen Kupfer beteiligt – fast 40 Jahre davon unter Leitung des Hamburger Kupfermonopolisten Aurubis AG.[22]

Wenn Parikka konstatiert, «[t]he earth had become a resource»,[23] adressiert er die um 1880 beginnenden Wechselwirkungen der geologischen Materialität von Kupfer, Aluminium, Gold, Silber, Palladium, Zink und anderen Erdelementen mit technischen Medientechnologien. Durch Vermessung, Überwachung, Kartierung und Öffnung der Erde mittels Medientechnologien liefern die extrahierten Mineralien gleichzeitig Elemente für das Zeitalter der ‹neuen› Medien. Die «geologische Ressource», ein Begriff, den Parikka aus Martin Heideggers Konzept des Bestands ableitet,[24] erfordert jedoch einen Diskurs, der nicht nur auf einer modernen, sondern im Wesentlichen auf einer kolonialen Epistemologie der Trennung basiert. Landschaften in einen passiven und allverfügbaren Bestand zu verwandeln, setzt nicht nur eine medientechnologische Transformation von Erde in Rohstoffe voraus, sondern auch diskursive Neutralisierungsarbeit. Nkanga fragt: «It seems you have always been here. […] Who would have guessed the process you have been through?»[25]

Anna L. Tsing hat erarbeitet, dass ‹Rohstoffe› weder eine ahistorische noch eine natürliche Kategorie sind, sondern durch diskursive und kulturelle Arbeit hergestellt werden. Rohstoffe sind wesentlich an die moderne Idee von Fortschritt geknüpft. Fortschritt geht mit der Fähigkeit der ‹Skalierbarkeit› einher, die der unbegrenzt anwendbaren Bereitstellung abgeschlossener, austauschbarer Elemente dient.[26] Skalierbarkeit kann als Technologie verstanden werden, um in medientechnologischen Umgebungen der Plantagen und der Minen entleertes Land herzustellen, in dem (meistens) durch versklavte oder erzwungene Arbeit die Einheit ‹Rohstoff› als Entität der Vermehrung, Akkumulation, Mobilität und Macht gebildet wird. Lokale Eigenheiten und bestehende Beziehungen werden dabei über räumlich-zeitliche Skalen hinweg abgewertet und transzendiert. Rohstoffe sind, wie Tsing pointiert, materiell-diskursive Formen der Entfremdung und Entflechtung, die die Herstellung kapitalistischer Vermögenswerte überhaupt erst ermöglichen.[27] Diese Entflechtung ist zum einen eine narrative Herauslösung aus lokalen Netzwerken (ich komme darauf zurück) und zum anderen

19 Vgl. Heiko Möhle: «Pardon wird nicht gegeben». Aufständische Afrikaner und hanseatische Kriegsgewinnler, in: ders. (Hg.): *Branntwein, Bibel und Bananen. Der deutsche Kolonialismus in Afrika. Eine Spurensuche in Hamburg*, Hamburg 1999, 63–70.

20 Vgl. Nicole Starosielski, Lisa Parks: Introduction, in: dies. (Hg.): *Signal Traffic. Critical Studies of Media Infrastructures*, Urbana 2015, 1–30, hier 4.

21 Vgl. Judith Fait: *Kupfer, Kolonialismus, Kapital. Das Bergwerk Tsumeb, Namibia*, Hamburg 2019, 54; Richard Maxwell, Toby Miller: *Greening the Media*, Oxford 2012, 55.

22 Die Zahl bezieht sich auf die gesamten Exporte nicht nur nach Deutschland, sondern auch in die USA und nach Belgien. Vgl. Nujoma: *Copper*, 86.

23 Jussi Parikka: *A Geology of Media*, Minneapolis, London 2015, 33.

24 Vgl. Martin Heidegger: Die Frage nach der Technik [1954], in: Andreas Ziemann, Julia Bee (Hg.): *Grundlagentexte der Medienkultur. Ein Reader*, Wiesbaden 2019, 55–61.

25 Nkanga: *Reflections of the Raw Green Crown*.

26 Vgl. Anna L. Tsing: *The Mushroom at the End of the World. On the Possibility of Life in Capitalist Ruins*, Princeton 2015, 38f.

27 Ebd., 133.

28 Vgl. Anna L. Tsing: *Friction. An Ethnography of Global Connection*, Princeton, Oxford 2005, 52.

ein technischer Vorgang der Trennung: Die in Tsumeb geschürften und dort vorbearbeiteten Erze werden im Verhüttungsprozess in Europa mit Erzen aus anderen Regionen gemischt und als Rohstoff zu Draht, Rohren oder Platten verarbeitet. Um es mit Tsing zu sagen, wird Lokalität bzw. Partikularität in Globalität bzw. Universalität aufgelöst, wobei Letztere hier erst erfunden wird. Innerhalb dieser Prozesse gibt es kein transzendentes ‹Kupfer›, sondern eine schrittweise Trennung, Aushandlung und Transformation des Materials.[28] In diesen Schritten, in denen Kupfer erst zum ‹rohen›, ‹unbearbeiteten› Material gemacht wird, kollidiert das Geopolitische im Ökologischen und Geologischen.[29]

Es ist kein Zufall, dass zeitgleich mit der Kolonisierung des afrikanischen Kontinents als globaler «Bergbaukontinent»[30] die Begriffe ‹Ressource› und ‹Rohstoff› vermehrt im ökonomischen Vokabular Europas aufkommen.[31] Kolonisierung eines vermeintlich leeren Raumes und die scheinbar unendliche Extraktionsfähigkeit schreiben sich strukturell als Kolonialität in das Denken von Rohstoffen ein. Den Begriff ‹Kolonialität› hat Aníbal Quijano für die Bezeichnung der zentralen epistemischen Struktur des Kolonialismus vorgeschlagen, die seit der Gründung und Entwicklung westlicher Zivilisation in der Renaissance Geltung beansprucht. Kolonialität durchzieht sämtliche Bereiche, die als modern gelten, von der Perzeption, der Vorstellungkraft, den materiellen oder intersubjektiven Erfahrungen bis hin zu den Produktionsweisen.[32] Obwohl sich die westliche Moderne erst durch die koloniale Herrschaft über indigene Menschen, deren Land und ökologischen Beziehungen und durch die Erfindung von *race*, Fortschritt und Natur herausgebildet hat, wird koloniale Gewalt in physischer wie epistemischer Form aus Modernität bis heute ausgelagert.[33]

Für Massenmedien und Medieninfrastrukturen heißt das, dass ihre Versorgung aus «billig»[34] gemachten Mineralien, Metallen und Energierohstoffen sowie der Umgang mit dem von ihnen versursachten Abfall aus einer Verteilung von Beziehungen zu Land, Eigentumsrecht, Macht und Arbeit resultiert, die während der fast 500-jährigen Geschichte der Kolonisierung etabliert wird. In Erweiterung des Konzepts von Kolonialität möchte ich hierfür den Begriff der Ökolonialität vorschlagen. Damit sollen die epistemischen und materiellen Ebenen adressiert werden, in denen kolonialrassistische Reorganisationen von ökologischen Beziehungen zwischen Menschen, Land, Mineralien etc. operationalisiert werden.[35] Die «metallic materiality»[36] von Medientechnologien, deren Stoffe vorwiegend aus dem Globalen Süden kommen und vermeintlich kultur- und geschichtslos sind, wird konstituiert durch Ökolonialität. Diese dient der Naturalisierung kolonialrassistischer Ökologien[37] von Medieninfrastrukturen nicht nur in technischer, sondern auch diskursiver Weise.

Post- und neokoloniale Wege von Rohstoffen sind heute fast schon offensichtlich, auf sie hinzuweisen wirkt beinah plakativ.[38] Da dennoch keine dringenden Fragen aus dieser Feststellung hervorzugehen scheinen, scheint das Prinzip der ubiquitären Medien selbst Teil der diskursiven Verschleierungsarbeit von Ökolonialität zu sein. Nkanga bringt diesen paradoxen Zusammenhang von

29 Parikka schreibt: «[W]e need to be able to think about the geos in this geopolitics too.» Parikka: *A Geology of Media*, 46.

30 Wolfgang Reinhard: *Die Unterwerfung der Welt. Globalgeschichte der europäischen Expansion 1415–2015*, München 2016, 1006.

31 Vgl. Christoph Bonneuil: *Seeing the Earth as an Industrialist. The Emergence of The Resource Concept in Western Modernity*, Videoaufzeichnung eines Vortrags vom 28.11.2019 an der Universität Wien, 2020, anthropocene.univie.ac.at/multimedia/video-bonneuil (25.9.2020).

32 Vgl. Aníbal Quijano: *Kolonialität der Macht, Eurozentrismus und Lateinamerika*, Wien, Berlin 2019 [2016], 43.

33 Vgl. auch Walter Mignolo: *Epistemischer Ungehorsam. Rhetorik der Moderne, Logik der Kolonialität und Grammatik der Dekolonialität*, Wien 2012.

34 Vgl. Raj Patel, Jason W. Moore: *A History of the World in Seven Cheap Things. A Guide to Capitalism, Nature, and the Future of the Planet*, Oakland 2017.

35 Die Verbindungen von Kolonialität und Ökologie sind vielfältig und können hier nur angeschnitten werden. Peder Anker hat die Bedeutung von Ökologie als koloniales Kontroll- und Verwaltungsinstrument in Südafrika herausgearbeitet, Peder Anker: *Imperial Ecology. Environmental Order in the British Empire*, Cambridge 2001. Katrin Köppert spricht in einem ähnlichen Zusammenhang von ‹ökolonial›: Pumzi. Kat Köppert über eine filmische Gegenerinnerung der ökolonialen Gegenwart, in: *ZfM–Gender Blog* 2019, zfmedienwissenschaft.de/online/blog/pumzi (25.9.2020).

36 Parikka: *A Geology of Media*, 44.

37 Den Begriff ‹rassistische Ökologien› schlagen Leilani Nishime und Kim D. Hester Williams vor, Leilani Nishime, Kim D. Hester Williams: Introduction. Why Racial Ecology?, in: dies. (Hg.): *Racial Ecology*, Durham, London 2019, 3–16.

38 Vgl. hier auch Andrea Seier: Plädoyer für notwendige Illusionen. Kritik neu erfinden, in: *Navigationen. Zeitschrift für Medien- und Kulturwissenschaften*, Jg. 16, Nr. 2, 2016, 125–143, hier 128.

Opazität und Ubiquität auf den Punkt, wenn sie schreibt, «[t]he visibility is important to make it opaque».[39] Je mehr die Medientechnologien des elektrischen und später elektronischen Zeitalters kupferbasiert sind,[40] umso mehr scheinen die kolonialen Versorgungsnetze ihrer Bereitstellung opake Züge anzunehmen. Gegen die modern-koloniale Versorgung, die das Wachstum medientechnologischer Verbindungen durch ein System der ökolonialen Trennung mittels der Einheit des ‹Rohstoffs› voranbringt, schlägt Nkanga eine Weise der narrativen Sorge hervor. Dadurch, dass sie über mineralogische Verwandtschaften und Provenienzen spekuliert, werden post_koloniale Verbindungen der Mediengeologie von Kupfer wieder gepflegt.[41] Damit wird nicht nur auf einen kolonialen Unrechtszusammenhang verwiesen, sondern auch auf die Epistemologie seiner Neutralisierung.

### Verbindungen pflegen

Für ein mediengeologisches Verständnis von Materialität spielen prozesshafte Zeitlichkeiten und nichtintentionale Archive eine zentrale Rolle. Der geologische Ansatz eröffnet, so Parikka, eine Reihe anderer Zeitlichkeiten und Materialitäten: alte, weggeworfene Medien und solche Medien, die keiner bisherigen medientechnischen Definition entsprachen, Steine, Mineralien und Metalle, die als metallurgischer Auftakt von Medientechnologien gelten können.[42] Wenn, wie ich im Folgenden argumentiere, der Diebstahl von namibischem Kupfer mit einem Diebstahl von namibischer Geschichte einherging, heißt das, dass mit dem Fokus auf Tsumebs Kupfer auch wieder narrative Fragmente hervortreten. Für eine dekoloniale Mediengeologie, die Ökologien und Ökonomien von Medieninfrastrukturen fokussiert, stellt sich damit nicht nur die Frage, wie diese durch Ökolonialität bestimmt wird, sondern auch, wie abgetrennte und fragmentierte Geschichten von Tsumeb eine dekoloniale Option bedeuten können.[43]

In der Videoarbeit *Remains of The Green Hill* (2015) steht Nkanga dem ehemaligen Bergbau in Tsumeb gegenüber, der heute ein klaffendes Loch in der Erde ist. Tsumeb wird auch der ‹Grüne Hügel› genannt. Der Name verweist auf den Zustand des Hügels, bevor die Europäer_innen beginnen, die Erze abzutragen: eine grün-blau schimmernde Anhöhe – 168 Meter lang, 12 Meter breit und 10 Meter hoch –, bestehend aus seltenen, teilweise endemischen Mineralien und einem der weltweit reichsten Kupfer- und Galliumvorkommen.[44]

Im Video spricht der letzte Geschäftsführer der Mine, Andre Neethling, von der Dringlichkeit, etwas mit der Grube zu tun. Wenn sie schon nicht aufgefüllt werde, so solle sie doch wenigstens aufgeräumt werden. Die Implikation, den verlassenen Tagebau als Denkmal zu verstehen, greift Nkanga auf und transformiert Monumentalität in ein Konzept von Trümmern und Ruinen. Um Erze als Rohstoffe in Prozessen der Derelationalisierung herzustellen, muss der Ort Tsumeb durch das System technischer *frontiers* ‹aufgefüllt› werden.[45] Eine Wasser- und Elektrizitätsversorgung wird installiert, Post- und Telegrafennetzwerke werden

**39** Vgl. Emeka Okereke, Otobong Nkanga: «My mother told me. I have dreamt of you in colours», in: *Nkata* (Podcast), Folge 4, 20.12.2019, nkatapodcast.com/podcast/otobong/ (14.9.2020).

**40** Auch das Glasfaserkabel wird das Kupferkabel nicht ersetzen, vgl. Martin Courtney: Blending Copper and Fiber, in: *Data Centre Dynamics* (Features), 19.2.2018, datacenterdynamics.com/en/analysis/blending-copper-and-fiber/ (14.9.2020).

**41** Für dieses Verständnis von ‹spekulativ› siehe Marie-Luise Angerer, Naomie Gramlich: *Feministisches Spekulieren. Genealogien, Narrationen, Zeitlichkeiten*, Berlin 2020. Für eine Kirche in Deutschland, bei der das Kupfer nachweislich aus Tsumeb stammt, vgl. Anke Schwarzer: «Kupfer ist treu.» Über den sorglosen Umgang der Kirche St. Michaelis mit der Kolonialvergangenheit, in: Webmap Hamburg Global, 8.12.2011, hamburg-global.de/v1.0/placemarks/12 (14.9.2020).

**42** Vgl. Parikka: Green Media Times, 77.

**43** «Die Alternativen sind keine schlichten Fantasien oder Entwürfe einer neuen Utopie. Ausgehend von lokalen Geschichten, die aufgrund der kolonialen raum/zeitlichen Differenzen marginalisiert worden sind, wird die Befreiung und Dekolonisierung gegenwärtig in raum/zeitlichen Zellen von sozialen Bewegungen aller Art, von Intellektuellen-Aktivist_innen, von Künstler_innen-Aktivist_innen etc., schriftlich oder mündlich artikuliert». Mignolo: *Epistemischer Ungehorsam*, 190.

**44** Vgl. Heidi Schnorbus: *Die Geschichte der Otavi Minen AG. 1900–2000. Ein ereignisreiches Jahrhundert*, Frankfurt/M. 2000, 61.

**45** Vgl. Tsing: *Friction*, 27f.

**46** Im Jahr 2019 wurde der Hauptschacht mit deutschen Entwicklungsgeldern restauriert. Gegen solche kolonialnostalgischen Projekte richtet sich Nkangas Perspektive. Vgl. Frank Steffen: Erhalt eines Stücks Geschichte, in: *Allgemeine Zeitung Namibia*, 13.12.2019, az.com.na/nachrichten/erhalt-eines-stcks-geschichte-2019-12-13 (14.9.2020).

**Abb. 2** Otobong Nkanga: *Remains of The Green Hill*, 2015, Filmstill/Detail (Orig. in Farbe)

erbaut und Eisenbahnlinien verlegt. Diese Infrastrukturen verfallen nach der Minenschließung.[46] Die Häuser der Arbeiter_innen werden komplett abgerissen. Die post_koloniale Mine wird im paradoxen Zustand einer abwesenden Anwesenheit zurückgelassen, über die Achille Mbembe schreibt: «It exists no more, except by its emptiness».[47] Ähnlich wie Nkanga die Fülle an Kupfer in Berlin mittels der Figur der opaken Sichtbarkeit beschreibt, erkennt sie in der Leere Tsumebs kein Nichts, sondern, wie sie es nennt, ein «negatives Monument».[48] Wenn Monumentalität als Unternehmung verstanden werden kann, Materie beherrschbar zu machen, indem selektierte Materialitäten für die Legitimierung des eigenen Machtanspruchs inszeniert werden,[49] richtet die Negativität von Monumentalität den Blick auf (Un-)Verfügbarkeiten von übrig und fallen gelassenen Erzählungen, Zeitlichkeiten und Materialitäten.

Das Video zeigt Nkanga erst ohne Steine, dann balanciert sie einen kleinen Stapel von Steinen auf dem Kopf. Da das Video rückwärts abläuft, scheinen die Steine nach und nach aus der Grube auf ihren Kopf ‹zurückzufallen›. Mit dem Eingriff in den Zeitverlauf wird der Abbau umgekehrt: Statt, dass Erze extrahiert werden, kehren Steine und damit verschüttete Narrative sowie plurale «Zeitnischen»[50] zurück. Diese füllen allerdings weder die Löcher im Boden noch die Lücken im Kolonialarchiv mit neuen Geschichten auf.[51] Wie in *Reflections of the Raw Green Crown* wird die Unverfügbarkeit und Opazität von Geschichte(n) mindestens auf zweifache Weise umkreist. Mittels der fragmentarischen Geschichten der Arbeiter_innen und der präkolonialen Bezeichnungen werden die Bewegung von der geomateriellen Versorgung europäischer Infrastrukturen zur mediengeologischen, dekolonialen Sorgepraktik von Extraktionsorten erkennbar.

**47** Achille Mbembe: The Zero World. Materials and the Machine, in: Sammy Baloji: *Mémoire/Kolwezi*, Oostkamp 2014, 73–79, hier 79.

**48** Otobong Nkanga u. a.: Intricate Connections/Vielfältige Verknüpfungen, in: Otobong Nkanga: *Luster and Lucre*, Frankfurt/M. 2017, 165–205.

**49** Vgl. Daniel Miller: *Materiality*, Durham 2005, 16.

**50** María Puig de la Bellacasa: *Matters of Care. Speculative Ethics in More Than Human Worlds*, Minneapolis 2017, 201.

**51** Vgl. zur Unmöglichkeit der Wiederherstellung von Geschichte(n) auch Saidiya Hartman: Venus in Two Acts, in: *Small Axe*, Bd. 12, Nr. 2, 2008, 1–14.

**Abb. 3** Otobong Nkanga: *Solid Maneuvers*, 2015; fotografiert von Jeremy Lawson während der Performance im Museum of Contemporary Art, Chicago, 2018 (Orig. in Farbe)

## «Caring»/«mattering»

Die choreografische Arbeit *Solid Maneuvers* (2015) greift die Arbeits- und Extraktionsabläufe der Mine in Form bildhauerischer Objekte auf, die den Negativen der Löcher nachgeformt sind. Performer_innen – hier Nkanga selbst – tragen diese Objekte des negativen Monuments wie sperrige Ringe um die Hüfte und vollführen gegen deren Widerstand maschinische Bewegungen.[52] Durch die Performance der Arbeitsabläufe in der Mine und der Prozesse im Sortier- und Schmelzwerk öffnet sich ein imaginativer Raum. In diesem wird die kräftezehrende Tätigkeit der Arbeiter_innen, das Schürfen, Baggern, Tragen und Filtern in Beziehung zur Erde und ihrer gewaltvollen Ausleerung gestellt. Durch den Verweis aufeinander wird ihr leerer Platz in der Geschichtsschreibung von Tsumeb markiert.

Der Rohstoff ‹Kupfer› soll innerhalb eines reibungslos funktionierenden Versorgungsapparats hergestellt werden. Da die Sicherstellung von genügend Arbeitskräften für die Farmen, Minen und den Bau der Infrastruktur in Deutsch-Südwestafrika für die Kolonialverwaltung ein anhaltendes Problem darstellt, wird nach dem verheerenden Krieg 1906 ein Gesetz erlassen, das alle Schwarzen männlichen Afrikaner in der Polizeizone unter die Pflicht stellt, für *weiße*, deutsche Siedler_innen und Kolonist_innen zu arbeiten. Zur Gewährleistung wird ein Pass- und Aufenthaltskontrollsystem eingeführt, das rassistische Zwangsarbeit durch die koloniale Rhetorik der Fürsorge durch Arbeit zu legitimieren versucht.[53] (Für-)Sorge ist somit grundlegender Teil des kolonialen Projekts von Infrastruktur und Arbeit. Die Philosophin Uma Narayan weist darauf hin, dass Kolonialismus genuin einem ideologischen Selbstverständnis von Kultivierung und Fürsorge zugrunde liegt.[54] Bestehende Ökologien werden durch ein System von Ökolonialität ersetzt, die allein um die Beziehungen zwischen *Weißen* und Schwarzen organisiert wird. Antikolonialem Widerstand in Form von Streiks, Sabotagen und Vertragsbrüchen zum Trotz wird über mehrere Jahrzehnte hinweg ein Prinzip installiert, das die Kupferversorgung an die Logik paternalistischer Fürsorge für Arbeiter_innen koppelt. Dieses gewährleistet, dass der Strom billiger und entleerter Rohstoffe für europäische Infrastrukturen nicht abbricht. Kupfer und Menschen werden dabei über alle Differenzen hinweg in ganz ähnlicher Weise über einen Begriff der Fürsorge reguliert, da sie als unbezahlte Waren und Arbeitskräfte gelten, mittels derer Kapital akkumuliert werden kann.[55]

**52** Vgl. Nkanga u. a.: Intricate Connections, 189.
**53** Vgl. Zimmerer: *Deutsche Herrschaft über Afrikaner*, 126. Das Erbe des kolonialen Fürsorgebegriffs manifestiert sich bis heute in Vorstellungen von Wohltätigkeits- und Entwicklungshilfe, vgl. Hobart, Knesse: *Radical Care* 2002, 10.
**54** Vgl. Uma Narayan: Colonialism and Its Others. Considerations on Rights and Care Discourses, in: *Hypatia*, Bd. 10, Nr. 2, 1995, 133–40.

Der wechselseitige Verweis zwischen Schwarzsein und Mineralien ist Thema in mehreren Arbeiten Nkangas. Wenn sie in *Reflections of the Raw Green Crown* dem Malachit und dem Kupfer ihren Körper leiht, stellt sie fest: «Surprisingly, you look like me. […]. I am raw. A distinct cousin. But we are from the same core».[56] Die Verwandtschaft zwischen Mineral, Mensch und Schwarzsein ist mehr als eine Metapher. Die Eigenschaften von Rohstoffen spiegeln sich in gewisser Weise in der Erfahrung von Menschen wider, die Rassifizierungen ausgesetzt wurden bzw. werden: entführt und getrennt von der eigenen Geschichte und klassifiziert als zu formende Materie. In der damaligen Kolonie Deutsch-Südwestafrika geht Schwarzsein mit der Vorstellung einer spezifischen Materialität einher, die ausschließlich einen Arbeits- und Energiewert darstellt, was eine Verdinglichung und damit eine Verneinung von Menschlichkeit bedeutet.[57]

Katherine McKittrick hat in ihren gender- und rassismustheoretischen Arbeiten darauf hingewiesen, dass sich Rassismus und Vergeschlechtlichung nicht nur auf menschliche Körper und Identitäten beziehen, sondern sich auch in Vorstellungen von Landschaft als leer, kultur-, beziehungs- und wertlos manifestieren.[58] Werden rassifizierende Prozesse als Materialisierung struktureller (Ent-)Wertung von Land, Körpern und Materie verstanden, heißt das, dass erst, wenn etwas zählt (*matters*), überhaupt dafür gesorgt werden kann.[59] Gegen das Verständnis, qua Existenz wertvoll und lebenswert zu sein, richtet sich ein System, das gleichermaßen menschliche und nichtmenschliche Körper ab- und entwertet und in dem sich Umweltrassismus und Rassismus gegenüber Menschen untrennbar verzahnen.[60]

Diese Verzahnung zeigt sich heute in Tsumeb. Hier liegen schätzungsweise 14 Millionen Tonnen toxische Schlacke, die sich über die letzten hundert Jahre als Rückstand des Schmelzverfahrens, mit dem die Metalle aus dem Erz gewonnen werden, gebildet hat. Durch eine riesige Staubwolke, die der Wind von der alten Mine zu den Häusern in der Stadt trägt, werden menschliche und geologische Körper über dieselbe post_koloniale Materialität der Kupferruinen bis weit in die Zukunft geformt. Auch wenn bereits 1800 bekannt war, dass das bei der Kupferherstellung freigesetzte Gemisch aus Schwefel, Arsen, Blei, Antimon und Silber eine lebensbedrohliche Gefahr darstellt,[61] werden Schwarze und indigene Menschen und Landschaften des Globalen Südens dieser toxischen Intimität bis heute vielfach ungeschützt ausgesetzt. In der chilenischen Stadt Ventanas leben derzeit ehemalige Arbeiter_innen der kupferverarbeitenden Schwerindustrie, die als *hombres verdes* bezeichnet werden, weil ihre Körper nach jahrelanger Arbeit mit Chemikalien und Metall in der Kupferschmelze grün gefärbt sind.[62] Als eine Weise von Rassifizierung, die sich durch Materialisierungsprozesse manifestiert, hat Kathryn Yusoff die attribuierte Eigenschaft benannt, dass Schwarze und indigene Körper toxische Sedimentierungen kolonialer Rohstoffe in sich aufnehmen können.[63] Durch die *longue durée* der toxischen Schadstoffe der Kupferproduktion, die sich bis weit in eine von Rassifizierung strukturierte Zukunft tragen, scheinen Schwarze und indigene Menschen dazu verdammt, Gifte

55 Vgl. Bengi Akbulut: Carework as Commons, in: Savvy: *Agropoetic Reader*, Berlin 2020, 107–111, hier 109.

56 Nkanga: *Reflections of the Raw Green Crown*.

57 Denise Ferreira da Silva hat in ihrer Analyse von Nkangas Arbeiten die spezifische Materialität von Schwarzsein herausgestellt, die mit einer Verneinung von Menschlichkeit und einer verdinglichten Materialität einhergeht, vgl. Denise Ferreira da Silva: 1 (life) ÷ 0 (blackness) = ∞ − ∞ or ∞ / ∞: On Matter Beyond the Equation of Value, in: *e-flux Journal*, Nr. 79, 2017, e-flux.com/journal/79/94686/1-life-0-blackness-or-on-matter-beyond-the-equation-of-value/ (14.9.2020).

58 Vgl. Katherine McKittrick: *Demonic Grounds. Black Women and the Cartographies of Struggle*, Minneapolis 2006.

59 Sara Ahmed stellt eine ähnliche Beziehung zwischen *mattering* und *caring* her, Sara Ahmed: Selfcare as Warfare, in: *Feministkilljoys* (Ahmeds «research blog»), 25.8.2014, feministkilljoys.com/2014/08/25/selfcare-as-warfare/ (14.9.2020).

60 Vgl. Nkanga u. a.: *Rough Version*. Eine Beschäftigung mit der Frage, wie Nkangas antikoloniales Materialitätsverständnis in Zusammenhang mit Begriffen des Nichtmenschlichen oder Posthumanen gebracht werden kann, steht noch aus.

61 Vgl. Maxwell u. a.: *Greening the Media*, 56.

62 Vgl. Ned Rossiter: Copper as a Mediating Technology of Organization, in: Claus Pias, Timon Beyes, Robin Holt (Hg.): *The Oxford Handbook of Media, Technology, and Organization Studies*, Oxford 2019, 160–172.

63 Vgl. Kathryn Yusoff: *A Billion Black Anthropocenes Or None*, Minneapolis, 2018, xii.

zu absorbieren, um die Gewalt an der Erde und der Medieninfrastrukturen, welche diese ermöglichen, mit ihren Körpern abzufedern.

Menschliche und nichtmenschliche Körper, Erde, Wasser und Luft sind unfreiwillige Speicher, die die post_koloniale Gewalt Tsumebs bis heute in sich tragen, während diese Geschichte der Medieninfrastrukturen Europas opak bleibt. Ökolonialität ist in allen Elementen des gegenwärtigen Lebens spürbarer materieller wie epistemischer Bestandteil. Das Maß ihrer Intensität ist jedoch nach wie vor an der *colorline* ausgerichtet. Das macht Nkanga deutlich, wenn sie schreibt: «Wir müssen uns darüber klarwerden, dass wir zwar alle atmen, aber nicht alle dieselbe Luft.»[64] Wenn eine Geologie der Medien Erde als natürlich-künstliches Milieus von Signalen und Daten erkennt, mischt sich in dieses Milieu die überdauernde Toxizität der Ökolonialität früherer Medieninfrastrukturen.

## Die Technologie des Ongopolos

Die Reorganisation von Beziehungen durch Ökolonialität geht dabei mit Trennungen bestehender Ökologien einher. Diese gekappten Verbindungen ruft Nkanga an, wenn sie in *Remains of The Green Hill* für die geöffnete Erde singt und nach den Namen fragt, die die Minerale und Metalle getragen haben, bevor *weiße* Geologen sie umbenannt und klassifiziert haben. Für die entleerte Mine zu singen und zu performen, versteht Nkanga als Akt der Sorge, Anerkennung und Beschwichtigung. Sie nutzt die poetische Metapher der Vibration ihrer Stimme, die Strukturen der Moleküle in Bewegung versetzt, um dadurch etwas Verschüttetes freizugeben.[65] Einer der Namen, den die Erze tragen, bevor sie Kupfer[66] genannt werden, ist Ongopolo, wie das Material auf Oshiwambo heißt. Bevor die Europäer_innen nach Tsumeb kommen, handeln Ovambo-Schmied_innen, die in der Grenzregion zwischen dem heutigen Namibia und Angola leben, mit Kupfergütern, die über den afrikanischen Kontinent hinaus transportiert werden. Kupferartefakte werden aufgrund ihrer antibakteriellen Eigenschaften in medizinischen Kontexten, aber auch zu monetären und alltagsdienlichen Zwecken verwendet. Die Geschichte der nordnamibischen Kupfertechnologie[67] ist, wie Nujoma resümiert, «all but lost, and blacksmiths engaged in copper smelting in Namibia […] are virtually non-existent at present».[68] Trotz des Wissensverlusts ist anzunehmen, dass Ongopolo bis 1900 ein zentrales Medium im komplexen Gefüge sozialer, ökologischer und kultureller Netzwerke darstellt.[69] Während, wie ich mit Tsing argumentiert habe, die kolonialkapitalistische Kupferproduktion der Zeitlichkeit des Fortschritts untergeordnet ist, folgt die Produktion von Ongopolo der Zeitlichkeit der Saisonalität. Saisonalität ist die Zeitskala, in der die Schmied_innen begrenzte Mengen Kupfer extrahieren und verhütten. Da dem Rhythmus der Trockenzeit gefolgt wird, findet die Kupferproduktion im Wechsel mit Landwirtschaft statt. Die Handwerker_innen nutzen den

**64** Nkanga u. a.: Ein Gespräch, 38.

**65** Vgl. Otobong Nkanga, Anne Barlow: *From where I stand*, London 2019, 58 f. Im Video ist der Gesang nicht zu hören, sie berichtet davon in einem Interview, vgl. Otobong Nkanga: *Bruises and Lustre*, in: ARTtube (Youtube-Kanal), 23.10.2018, youtu.be/ogeVflqLotA (14.9.2020).

**66** Der Name ‹Kupfer›, der sich vom *aes cyprium*, dem ‹Erz aus Zypern› ableitet, trägt bereits nominell eine europäische Ursprungsgeschichte.

**67** Ich beziehe mich beim Begriff ‹Technologie› auf die Ausführungen des Wissenschaftshistorikers Shadreck Chirikure, vgl. Shadreck Chirikure: *Metals in Past Societies. A Global Perspective on Indigenous African Metallurgy*, Heidelberg 2015.

**68** Vgl. Nujoma: *Copper*, 84.

**69** Vgl. ebd., 26.

trockenen Boden, um darin Kanäle zu bilden, in denen das flüssige Metall zu Kupferdrähten gehärtet wird, den sie zuvor in einem komplexen Verfahren mittels modifizierter Termitenhügel verhütten.[70] Durch diese Art der Gewinnung werden die Kupfervorkommen über Jahrhunderte erhalten. Als hingegen mit der Übernahme der Deutschen nicht mehr Ongopolo, sondern der Rohstoff ‹Kupfer› abgebaut wird, wird auch der zeitliche Rhythmus der Saisonalität durch die Technik der Skalierung und der Zeitlichkeit des Fortschritts ersetzt.[71]

Es ist nicht meine Absicht, die Ongopolo-Produktion als friedlich und in Harmonie mit der ‹Natur› zu romantisieren. Sie muss vielmehr als komplexe Technologie und als Teil ökonomischer, kultureller und spannungsreicher Netzwerke verstanden werden. Mit Nkangas Anrufung der afrikanischen Namen, von denen Ongopolo nur einer ist, treten auch andere Vorstellungen von Mensch-Ökologie-Zugehörigkeiten hervor als die der kolonial-kapitalistischen Moderne. Insbesondere im post_kolonialen Kontext muss der Akt der Umbenennung als Instrument der Reorganisation von Beziehungen und Verwandtschaften zwischen Menschen, Land und Dingen verstanden werden.[72] Diese Sorgepraxis Nkangas kann mit María Puig de la Bellacasa zum einen als Kultivierung von mehr-als-menschlichen Interdependenzen verstanden werden, über die jede Form des Lebens erst zu einer solchen wird.[73] Zum anderen ist Nkangas Singen und Performen auf Zyklen von Zeit und Regeneration außerhalb der Zeitlichkeit des Fortschrittsdenkens ausgerichtet.[74]

Wenn Kupferdiebstahl als Raub an namibischer Geschichte verstanden wird, wird in der hier verfolgten dekolonialen Mediengeologie jedoch auch ein medienarchäologisches Anliegen deutlich, Genealogien von Medien umzuschreiben.[75] Das narrative Fragment der Ongopolo-Technologie ist kein ‹vorindustrielles› Moment der kupferbasierten Infrastrukturen, sondern zeigt, dass Europa nicht der einzige Träger von Moderne ist.[76] Ongopolo fordert die universalistische Kategorie des Rohstoffs ‹Kupfer› heraus, indem es diese als spezifisch kolonial-moderne partikularisiert. Das heißt nicht, ‹andere› Geschichten zu ‹entdecken›, sondern die bestehende Geschichtsschreibung zu Medieninfrastrukturen und medienwissenschaftliche Theoriebildung zu hinterfragen und zu verlernen.[77] Die Produktion und der Handel mit Ongopolo können überhaupt erst als Voraussetzung für die europäische Versorgung mit dem Rohstoff ‹Kupfer› gelten, da sie das Rohstoffvorkommen dort erst bekannt gemacht haben.[78]

Zu riesigen Drahtnetzen geformt, umspannt Kupfer die Erde und ist vermutlich *das* Medium der Übertragung und Verbindung. Aus der Sicht der post_kolonialen Mine in Tsumeb ist Kupfer gleichzeitig ein Mittel der Unterbrechung und Trennung. Wird die Verfasstheit der Moderne im Zuge von Medialisierungsprozessen über die Zunahme von Verbindungen beschrieben,[79] rückt der Begriff der Ökolonialität strukturelle Momente der Entfremdung, Trennung und Nichtsorge ins Zentrum. Mit Nkangas Arbeiten

**70** Vgl. Eugenia W. Herbert: Kwanyama Iron Working, in: *Experience Rich Anthropology* (Projekt-Webseite), o. J., era.anthropology.ac.uk/Era_Resources/Era/P-C_Museum/herbert.html (14.9.2020).

**71** Vgl. auch Mignolo: *Epistemischer Ungehorsam*, 194.

**72** Vgl. Val Plumwood: Decolonizing Relationships with Nature, in: Adams William, Martin Mulligan (Hg.): *Decolonizing Nature Strategies for Conservation in a Post-colonial Era*, London 2003, 51–78, hier 68.

**73** Vgl. Puig de la Bellacasa: *Matters of Care*, 70. Nkangha verweist selbst auf Puig de la Bellacasa. Vgl. Nkanga u. a.: Ein Gespräch, 36.

**74** Vgl. auch Puig de la Bellacasa: *Matters of Care*, 10–15.

**75** Vgl. Parikka: *A Geology of Media*, 41.

**76** Vgl. Quijano: *Kolonialität der Macht*.

**77** Vgl. Ariella Aisha Azoulay: *Potential History. Unlearning Imperialism*, Brooklyn, 2019, 11–16.

**78** Vgl. Janet L. Abu-Lughod: *Before European Hegemony. The World System a. d. 1250–1350*, New York 1989. Es ist wahrscheinlich, dass afrikanische Händler_innen anfänglich die Absicht haben, europäische Händler_innen in ihre Wirtschaftsnetzwerke rund um das Kupfer zu integrieren.

**79** Vgl. z. B. Bruno Latour: *Eine neue Soziologie für eine neue Gesellschaft. Einführung in die Akteur-Netzwerk-Theorie*, Frankfurt / M. 2007.

**Abb. 4** Otobong Nkanga: *Reflections of the Raw Green Crown*, 2015, Filmstill (Orig. in Farbe)

bin ich der Bewegung von der infrastrukturellen Versorgung mit Kupfer zur mediengeologischen Sorge um gestohlene Erde und fragmentierte Geschichte gefolgt. Da das Heraustrennen von Kupfer bzw. Ongopolo aus den umgebenden Netzwerken in diesen irreparable Schäden hinterlässt, erfolgt in meiner Lesart von Nkangas Arbeiten die Reparatur nicht nur über Restitution oder finanzielle Entschädigung – wenn diese auch nicht fehlen sollten –, sondern mittels der Arbeit an und gegen europäische Kategorien und deren narrative Hegemonie. Nkangas Plädoyer für negative Monumentalität und opake Sichtbarkeit korrespondiert mit der ruinenhaften Architektur der Berliner Kaiser-Wilhelm-Gedächtniskirche aus *Reflections of the Raw Green Crown*. Eine dekoloniale Mediengeologie ist herausgefordert, Wege zu finden, in den post_kolonialen Ruinen ihrer Kupferextraktion zu leben: Was für die Menschen in Tsumeb, die seit Jahrzehnten mit den Giften der Kupferproduktion leben müssen,[80] in existenzieller Weise gilt, kann in einem ersten Schritt für die Medienwissenschaft die radikale Befragung der post_kolonialen Bedingungen der materiellen und epistemischen Basis europäischer Medieninfrastrukturen bedeuten.

**80** Entschädigungen für die Folgen des Erzabbaus werden von den Kupferproduzenten wie Aurubis abgewendet, vgl. Aurubis: Gegenanträge zur ordentlichen Hauptversammlung am 28.2.2019 in Hamburg, 6, aurubis.com/binaries/content/assets/aurubisrelaunch/files/hauptversammlung/2019/gegenantraege-2019.pdf (12.12.2020); vgl. Genady Kondarev: Namibian Smelter Expansion Risks Deepening Environmental and Health Problems, in: *Bankwatch Network*, 17.7.2017, bankwatch.org/blog/namibian-smelter-expansion-risks-deepening-environmental-and-health-problems (12.12.2020).

KATRIN KÖPPERT

# AGROPOETICS OF THE BLACK ATLANTIC[1]

Small mounds of soil, like graves, lined up one after another. Orchestrated at the same distance from each other, oriented on the architectural plan of a slaveship. Mathematics of black life,[2] mattermatics of black life. Soil as matter of black death, the geologic colour line.[3]

Small mounds of soil, like graves. From them sprout – hardly visible – seedlings. Seeds – plants – trees – oxygen – breath: to breathe some space into. Seedlings for expanding the horizon of what could be.[4]

## I. Chorus of Soil

Die Installation *Chorus of Soil* (2019) der senegalesisch-italienischen Künstlerin Binta Diaw reiht kleine Erdhügel aneinander, die den architektonischen Plan eines Sklav_innenschiffes nachbilden.[5] Die Erdhügel stehen für Schwarze[6] Körper, die während des transatlantischen Dreieckshandels gezwungen waren, den Atlantik unter Bedingungen zu überqueren, die in der Schwarzen Geschichte als ein Gefühl beschrieben worden sind, lebendig begraben zu sein, als ein Gefühl, ersticken zu müssen. «Within the slave ship's space the cry of those deported was stifled»,[7] schreibt Édouard Glissant. *Chorus of Soil* stellt, wie ich vorschlagen möchte, diesem Ersticken, das im Zuge der rassistischen Polizeigewalt – zuletzt bei George Floyd –, aber auch in Anbetracht der Corona-Pandemie entlang rassifizierter Differenzen des Gesundheitssystems[8] immer wieder aktualisiert wird, die Möglichkeit des Atmens gegenüber. Schon der Titel bezieht sich auf den Gesang und die damit verbundene tiefe Atmung. Aber nicht nur das: Aus einigen der Hügel ragen winzige Sämlinge hervor, die darauf verweisen, dass aus den energiearmen anorganischen Stoffen der Erde organische Verbindungen und molekularer Sauerstoff entstehen. Mit den Sämlingen werden in Diaws Arbeit Imaginationen Schwarzen Lebens inmitten der Vergangenheit kolonialkapitalistischer Regime und innerhalb der Gegenwart

1 Für die konstruktiven Vorschläge der mir nicht bekannten Gutachter_innen und die umsichtige Zusammenarbeit mit den Herausgeberinnen dieses Schwerpunktheftes, Jasmin Degeling und Maren Haffke, möchte ich mich sehr herzlich bedanken.

2 In Anspielung auf Katherine McKittrick: Mathematics Black Life, in: *The Black Scholar*, Bd. 44, Nr. 2: States of Black Studies, 2014, 16–28.

3 In Anspielung auf Kathryn Yussof: *A Billion Black Anthropocenes or None*, Minneapolis 2018, 3.

4 In Anspielung auf Henriette Gunkel, kara lynch: Lift Off … an Introduction, in: dies. (Hg.): *We Travel the Space Ways. Black Imaginations, Fragments and Diffractions*, Bielefeld 2019, 22.

5 Gesehen im Rahmen von *Soil Is an Inscribed Body. On Sovereignty and Agropoetics*, SAVVY Contemporary, 2020.

6 Im Anschluss an Eggers u. a. schreibe ich Schwarz groß, um das Widerständige Schwarzer Subjekte entgegen den entsubjektivierenden Konstruktionen hervorzuheben. Maureen Maisha Eggers u. a.: Konzeptuelle Überlegungen, in: dies. (Hg.): *Mythen, Masken und Subjekte. Kritische Weißseinsforschung in Deutschland*, Münster 2005, 11–13, hier 13.

7 Édouard Glissant: *Poetics of Relation*, Ann Arbor 1997, 5.

8 Edna Bonhomme: What coronavirus has taught us about inequality, in: *Aljazeera*, 17.3.2020, aljazeera.com/opinions/2020/3/17/what-coronavirus-has-taught-us-about-inequality (23.12.2020).

**Abb. 1** Binta Diaw: *Chorus of Soil*, 2019/2020 (Orig. in Farbe)

der *plantationocenes*[9] möglich. Die Arbeit legt mit den Sämlingen Erde als Infrastruktur der Sorge offen, ist gewissermaßen selbst Infrastruktur der Sorge. Letzteres spielt darauf an, dass mit der Prozessualität des Samens eine Verlebendigung des Kunstwerkes einsetzt, wodurch Infrastrukturen der Sorge entstehen. So wurde nicht nur Sauerstoff in den Ausstellungsräumen produziert, sondern eine Relationalität zwischen Kunstwerk und den sich verantwortlich fühlenden Kurator_innen und Aufseher_innen intensiviert, da davon auszugehen ist, dass die Sämlinge gegossen werden mussten. Von hier aus ließe sich nicht nur Kunst, sondern auch Kuration im Kontext von Sorgearbeit und Infrastrukturalität diskutieren.

Bei den Sämlingen in Diaws Arbeit handelt es sich um Jungtriebe der Wassermelonenpflanze. Wassermelonen stellen die räumliche Verbindung zwischen dem Senegal und Italien her und bilden die transhistorische Schnittstelle zwischen der westafrikanischen Kolonialgeschichte und den neokolonialen Arbeitsbedingungen in Italien. Die Wassermelone stammt aus Westafrika. Nach ihrer Domestizierung und Migration vor allem in den Mittelmeerraum werden die Melonen heute in Italien unter sklavereiähnlichen Bedingungen geerntet. Unter den Fesseln der Caporale, einer kriminellen Mafia-Struktur, werden Migrant_innen bei sengender Hitze und unter Ausübung körperlicher Gewalt in der Landwirtschaft beschäftigt – ohne jegliche rechtliche oder symbolische Anerkennung.[10] Die nationalistische und in Kochbuchklassikern wie *Die echte italienische Küche*[11] oder Fernseh-Formaten wie *Zu Tisch*[12] romantisch verklärte Haltung Italiens gegenüber seiner eigenen Kultur des landwirtschaftlichen Anbaus[13] verschleiert die unter den Bedingungen der Pandemie überdeutlich gewordene Tatsache, dass die Lebensmittelversorgung von Migrant_innen abhängig ist und unter nekropolitischen[14] Bedingungen aufrechterhalten wird.

**9** Der Begriff meint die verheerende Umwandlung von Acker-, Wald- und Weideland in extraktive Plantagen u. a. auf der Grundlage der Arbeit versklavter Menschen, Donna Haraway u. a.: Anthropologists are talking – about the Anthropocene, in: *Ethnos*, Bd. 81, Nr. 3, 2015, 535–564, doi.org/10.1080/00141844.2015.1105838.

**10** Ulrich Ladurner: Versklavt in Europa, in: *ZEIT Online*, Nr. 33, 2017, zeit.de/2017/33/sueditalien-fluechtlinge-mafia-arbeiter-ausbeutung (15.8.2020); Ulrich Ladurner: Italiens moderne Sklaverei, in: *ZEIT Online*, zeit.de/politik/ausland/2018-08/erntehelfer-italien-migranten-afrika-sklaverei-modern (15.8.2020).

**11** Reinhardt Hess, Sabine Sälzer, Franco Benussi: *Die echte italienische Küche*, München 2016.

**12** *Zu Tisch. Europäische Kochkunst*, Arte, D, seit 2001.

**13** Elena Agudio, Marleen Boschen: Soil Is an Inscribed Body. On Sovereignty and Agropoetics, in: dies., Lorenzo Sandoval (Hg.), *Agropoetics Reader*, Berlin 2020, 10–22, 19.

**14** Achille Mbembe: Necropolitics, in: *Public Culture*, Bd. 15, Nr. 1, 2003, 11–40.

**15** Gunkel u. a.: Lift Off, 22, Herv. d. Verf.

Die kolonialkapitalistische Geschichte der Plantagensklaverei und die neokoloniale Gegenwart der Arbeitsmigration laufen in Diaws Arbeit zusammen. Schiff, Erdhügel und Samen erzählen jeweils auf ihre Weise von antischwarzer Gewalt. Und doch ermöglicht die Installation – um es in den Worten von Henriette Gunkel und kara lynch auszudrücken –, «to circulate in other spheres, ones that *breathe* some space into speculating and dreaming otherwise».[15] In Ergänzung zu Gunkel/lynch, die diese Spekulationen auf den Schwarzen Körper metaphorisch als «[s]eedlings for expanding the horizon of what could be» beziehen,[16] möchte ich ausgehend von Diaws Arbeit mit dem Samen an sich fragen, inwieweit es sich um eine afro-futuristische Technologie handelt, *a seed-bomb*, deren Wirkung für die Wahrnehmung von Erde als Infrastruktur der Sorge eine – um es mit Glissant zu sagen – Ästhetik der Turbulenz ist,[17] eine «relation made of storms and profound moments of peace».[18] Daher interessiere ich mich für Samen, die Erde als Infrastruktur der Sorge markieren, sodass dem Black Atlantic[19] als dem historischen sowie gegenwärtigen Erfahrungsraum des Kolonialismus und der Sklaverei Momente des Friedens abgerungen werden können, die vom Sturm der Beziehungen angetrieben werden. Dass sich diese Momente mitunter im Bereich des Spekulativen, des Poetischen aufhalten, ist dabei Teil der Argumentation nicht nur eines Medienbegriffs, der Infrastruktur in ihrer Fähigkeit der Imagination einer gerechteren Welt betrachten möchte,[20] sondern auch eines anderen Zugangs zum wissenschaftlichen Schreiben. Ich möchte vorschlagen, neben Diaws Arbeit auch diesen Text als eine Infrastruktur der Sorge zu verstehen. Im Denken von Infrastruktur geht es mir im Anschluss an Susan Leigh Star um den Aufwand, Formen zu finden, die sich nicht in der Kritik erschöpfen, sondern die ein Denken jenseits disziplinärer Grenzen und abgesteckter Rahmungen (medien-)wissenschaftlicher Methodologien fördern.[21] Daran schließt sich ein Denken von Sorge an, das – wie María Puig de la Bellacasa schreibt – versucht, epistemologische Normen zu durchbrechen, indem es mehr als nur akkurates Wissen schafft.[22] So ist der Text selbst in seiner relationalen Form und Poetik insofern ein Versuch der Anverwandlung von Infrastruktur, als er sich zu seiner Verwicklung in ein Netz von Verantwortung bekennt – indem er sein Anliegen im Zustand eines Eingebettetseins zum Ausdruck bringt.[23] Dieser für den hier relevanten infrastrukturellen Zugang zu Sorge zentrale Aspekt des horizontalen Eingebettetseins erlaubt die Zurücknahme eines ausschließlich anthropozentrisch gedachten Konzepts von Sorge. Diese Zurücknahme trifft dabei durchaus spannungsreich auf afro-futuristische Konzepte. In deren Zentrum steht die Feststellung, Schwarze Menschen hätten sich aufgrund der Kolonial- und Sklavereigeschichte noch nie als Menschen im Sinne einer westlichen Moderne realisieren können und wären auf den Status der Aliens festgelegt.[24] Wie also lässt sich die Perspektive eines afro-futuristischen Verständnisses Schwarzer Subjektivität im Zustand des Aliens mit der eines infrastrukturellen Ansatzes mehr-als-menschlicher Sorge[25] zusammenbringen, insbesondere wenn es darum geht, Gerechtigkeit für die herzustellen, die am langen Arm der Sklaverei beständig um ihren Subjektstatus ringen

**16** Ebd.

**17** Glissant schreibt, dass hierbei ein Anderes des Denkens zum Vorschein kommt, das Anlass ist, etwas zu ändern. Glissant: *Poetics of Relation*, 154 f.

**18** Ebd., 9.

**19** Vgl. Paul Gilroy: *Black Atlantic. Modernity and Double Consciousness*, Cambridge 1995.

**20** Vgl. Nicole Starosielski, die mit dem Sichtbarmachen von Infrastrukturen gerechtere Netzwerke der Kommunikation etablieren will. Dies: *The Undersea Network*, Durham 2015.

**21** Mittels *boundary objects* lassen sich Kooperationen zwischen wissenschaftlichen Disziplinen wie aber auch zwischen wissenschaftlichem und Alltagswissen denken. Susan Leigh Star, James R. Griesemer: Institutional ecology, «translations» and boundary objects: Amateurs and professionals in Berkeley's museum of vertebrae zoology, 1907–39, in: *Social Studies of Science*, Bd. 19, Nr. 3, 1989, 387–420.

**22** María Puig de la Bellacasa: *Matters of Care. Speculative Ethics in More Than Human Worlds*, Minneapolis, London 2017, 59; vgl. auch Astrid Schrader: Abyssal Intimacies and Temporalities of Care: How (Not) to Care About Deformed Leaf Bugs in the Aftermath of Chernobyl, in: *Social Studies of Science*, Bd. 45, Nr. 5, 2015, 665–690, hier 667.

**23** María Puig de la Bellacasa: Encountering Bioinfrastructure: Ecological Struggles and the Sciences of Soil, in: Elena Agudio, Marleen Boschen, Lorenzo Sandoval (Hg.): *Agropoetics Reader*, Berlin 2020, 161–180, hier 172.

**24** Kodwo Eshun: Further Considerations on Afrofuturism, in: *CR. The New Centennial Review*, Bd. 3, Nr. 2, 2003, 287–302.

**25** Ich nutze die Wendung ‹mehr-als-menschlich› mit all ihren Problemen, vgl. Elspeth Probyn: *Eating the Ocean*, Durham, London 2016, 10. Die Bezugnahme ‹mehr-als› ist ungleich verteilt und überspringt aus Perspektive Schwarzer Menschen den Schritt, in der Kategorie ‹Mensch› angekommen zu sein, vgl. Mel Chen, Dana Luciano: Has the Queer ever Been Human?, in: *GLQ. A Journal of Lesbian and Gay Studies*, Bd. 21, Nr. 2/3, 183–207.

müssen? Hierauf lässt sich mit afro-futuristischen Argumenten selbst antworten. Das Potenzial der Gerechtigkeit für die Entrechteten liege danach in einer Form von Sorge begründet, die, weil sie sich auf die entmenschlichende Verletzlichkeit in der kolonialen Vergangenheit öffnet und weil sie sich auf Bedingungen bezieht, in denen die Zeit für Schwarzes Leben als offiziell beendet erklärt wurde, gegenüber den soziopolitischen Kräften mehr-als-menschlicher Infrastrukturen affin ist. Hier beziehe ich mich auf Kara Keeling, die in Auseinandersetzung mit Sun Ras Mahnung «It's after the end of the world. Don't you know that yet?»[26] thematisiert, dass das Ende der Welt, das mit dem transatlantischen Sklav_innenhandel einherging, bedeute, sich einem anderen, einem gerechteren Planeten zuzuwenden. Dieser kündige sich bereits in der Gegenwart unseres Planeten an, z. B. in Form lebender Objekte und atmender Dinge – wie eben der Erde, auf der wir stehen: «Opening ways to connect formulations of time and space that are generated out of a sustained engagement with those contexts in which living objects and breathing things exist might advance an ethics through which to anchor the just world stirring beneath our feet.»[27]

Samen ermöglichen im Anschluss an diese Überlegungen, Erde als eine Welt anzuzeigen, die sich unter unseren Füßen rührt, sodass eine andere Welt inmitten der unsrigen fühlbar und vorstellbar wird. Diesen Imaginationseffekt von Samen bezeichne ich als Agrarpoetik des Black Atlantic.

## II. Soil: Infrastructure of Care

> Erased, hidden, devalued, dismissed. Forgotten
> the whole world of insivible labor.[28]

Selten und oft nur von den Rändern der Wissenschaft aus wurde bisher Erde als Gegenstand von Forschung betrachtet, die mehr als nur ihre Containerfunktion für archäologisch brauchbare Spuren und Hinterlassenschaften sah. Wurden Knochen oder Scherben als Beleg früheren Lebens der Erde entnommen, blieb sie oft als Reststoff schlechthin zurück und wurde wie Schmutz aus dem Blickfeld entfernt. Mit diesem Charakteristikum des unterbewerteten Materials, das zwischen den Ritzen der Forschung verschwindet, beschreibt María Puig de la Bellacasa im Anschluss an Susan Leigh Star Erde als Infrastruktur.[29] Stars techniksoziologische Perspektive auf die innerhalb von Medienwissenschaften lange vernachlässigten Infrastrukturen[30] trägt sich in Puig de la Bellacasas Nachdenken über Erde als vernachlässigten Grund ein. Damit lässt sich im doppelten Anschluss an Star und Puig de la Bellacasa Erde insofern als Medium verstehen, als Infrastrukturen auf Kulturtechniken und Praktiken der Übertragung, Prozessierung und Distribution verweisen.[31] Die diskursive Medialisierung von Erde unterstützt gewissermaßen das Argument Puig de la Bellacasas, nämlich dass Erde als aus ihrer unterstellten Totenstarre befreit wahrzunehmen und, weil sie Teil von Übertragung und Relationalität ist, als lebendig und generisch

**26** *Space is the Place*, Regie: John Coney, Drehbuch: Sun Ra, USA 1974.
**27** Kara Keeling: *Queer Times, Black Futures*, New York 2019, 79 f.
**28** In Anlehnung an Puig de la Bellacasa: Encountering Bioinfrastructure.
**29** Puig De La Bellacasa: Encountering Bioinfrastructure, 163–179.
**30** Axel Volmar: Infrastrukturforschung zwischen Kulturtechnikgeschichte und Critical Infrastructure Studies, in: *Zeitschrift für Medienwissenschaft*, Bd. 16, Nr. 1, 2017, 198–204.
**31** Volmar: Infrastrukturforschung, 203.

anzuerkennen sei.[32] Damit würde sich schließlich nicht nur das Wissen über Erde verändern, sondern Erde an sich,[33] weil sie aufgrund ihrer in Relationen eingebundenen Seinsweise nie auf sich im Sinne einer feststehenden Form, Ästhetik und Bedeutung verweisen könne. Sie wird als prozessuale Konstellation verschiedener vermittelter Relationen deutlich, wie sich medienökologisch sagen ließe.[34] Gleichzeitig ist sie aber auch prekär, was sie einmal mehr als Infrastruktur ausweist, zumindest wenn Stars Kriterienkatalog herangezogen wird. Infrastrukturen werden laut Star immer dann sichtbar, wenn sie zusammenbrechen.[35] Es ist daher kein Zufall, dass zum Ende des 20. Jahrhunderts die Erforschung von Erde einen Schub bekam.[36] Das Ausmaß des Anthropozäns in Form z. B. extensiver Landwirtschaft hat Erde in ihrer Bedeutung für das Klima, die Artenvielfalt, die Ernährungslage kollabieren lassen. In ihrer Dimension, für Menschen, Tiere und Pflanzen zu sorgen, ist sie im Krisenmoment. Als Infrastruktur der Sorge ist Erde gefährdet. Es droht, dass das Tote totalisiert werden könnte, sodass sie als Rückstand des Lebens verzichtbar würde. Hieran knüpft Diaws Arbeit an, jedoch nicht um den Preis, das Moment der Offenlegung der Gefährdetheit von Erde an die Behauptung zu verschenken, eine neue Ethik der Sorge könne in der Verantwortung des Menschen allein liegen. Die Spekulation einer Erde, deren Infrastruktur der Sorge intakt ist, geht von den Sämlingen aus. Bevor ich darauf zu sprechen komme, soll es erst noch einmal um das Krisenmoment von Erde gehen, das in der Arbeit Diaws als Effekt eines Anthropozäns gefasst wird, das mit Rassismus und Schwarzem Tod untrennbar verbunden ist.

## III. Geotrauma of Soil

> Soil, the inscribed human body. Former lives of inscription. Rocks. Mines. Breaking rocks on the chain gang.[37] Weighing down with chains. Underwater: chains go green.[38]

Diaws Bodeninstallation *Chorus of Soil* setzt am Krisenmoment von Erde an. Die kleinen Gräber im Muster der Unterdeck-Grundrisse von Sklav_innenschiffen assoziieren Erde mit Tod, mindestens aber mit dem Trauma von Kolonialismus und Sklaverei. Erde ist als dieser Grundriss Allegorie für Geotrauma. Traumatisiert ist die Erde dabei nicht nur, weil sie aufgrund der geophysikalischen Zerstörung im Zuge des Anthropozäns unter Schock steht,[39] sondern weil sich an diese Zerstörung die ökonomische und körperliche Ausbeutung Schwarzer Menschen heftet. Erde zieht demnach das Trauma des Kolonialismus, der Sklaverei und des Rassismus mit sich: «[T]he idea of Blackness and the displacement and eradication of indigenous peoples get caught and defined in the ontological wake of geology», schreibt Kathryn Yusoff.[40] Yusoffs Anliegen ist es, sich die selektive Perspektivierung im Sprechen über das Anthropozän[41] zu vergegenwärtigen. Die Krisenhaftigkeit von Erde ist demnach im Kontext

32 Puig De La Bellacasa: Encountering Bioinfrastructure, 170.

33 Ebd., 164.

34 Medienökologische Ansätze, die hierfür instruktiv sind, verschalten sich gewissermaßen mit solchen der feministischen Wissenschafts- und Techniksoziologie nach u. a. Karen Barad und der «Ökologie der Praxis» nach Isabell Stengers. Karen Barad: *Meeting the Universe Halfway. Quantum Physics and the Entanglement of Matter and Meaning*, Durham, London 2007; Isabelle Stengers: Introductory Notes on an Ecology of Practices, in: *Cultural Studies Review*, Bd. 11, Nr. 1, 2005, 183–196; Matthew Fuller: *Media Ecologies*, Cambridge 2005; Matthew Fuller, Andrew Goffey: *Evil Media*, Cambridge 2012.

35 Susan Leigh Star: Die Ethnografie von Infrastruktur, in: Sebastian Gießmann, Nadine Taha (Hg.): *Grenzobjekte und Medienforschung*, Bielefeld 2017, 424 f.

36 Puig De La Bellacasa: Encountering Bioinfrastructure, 167.

37 In Anlehnung an Nina Simone: *Work Song*, 1961.

38 In Anspielung auf Glissant: *Poetics of Relation*, 6.

39 Robin Mackay: A Brief History of Geotrauma, in: Ed Keller, Nicola Masciandaro, Eugene Thacker (Hg.): *Leper Creativity. Cyclonopedia Symposium*, New York 2012, 1–37, hier 20.

40 Yusoff: *A Billion Black Anthropocenes or None*, 2.

41 Yusoff kritisiert das Lamento, das mit der Terminologie des Anthropozäns einsetzte, sich aber lediglich auf die Folgen der Industrialisierung seit dem 19. Jahrhundert bezieht – als wären der Imperialismus und die Kolonisation, die mit der Extraktion von Ressourcen einhergingen, nicht schon das Ende der Welt so vieler gewesen. Intelligibel geworden sei das Sprechen über das Anthropozän jedoch erst, seitdem auch die *weiße* Mehrheit von den Folgen des Eingriffs in die Natur betroffen ist, so Yusoff: *A Billion Black Anthropocenes or None*, xiii.

der Rassifizierung ökonomischer Wertschöpfung seit Beginn der Kolonisation im 15. Jahrhundert zu verstehen.

Der Black Atlantic steht mit seinem ikonischen Bild des Schiffsgrundrisses für diese rassifizierte Formation ökonomischer Wertschöpfung. Gleichzeitig ist dadurch, dass der Schiffsrumpf von Diaw mit Erde nachempfunden wird, darauf verwiesen, dass die Ozeane austrocknen und sich die Wüsten ausdehnen. Das Beispiel der oft tödlichen Migration aus dem Senegal entlang der Route, die über Mali und Libyen führt, zeigt, dass sich ausbreitende Wüsten zu neuen Massengräbern werden.[42] Die sich ausdehnende Sahara ist neben dem Mittelmeer die neue Mittelpassage. Dass im Sand sich ausdehnender Wüsten wiederum vornehmlich Schwarze Menschen verenden, markiert, inwiefern das Anthropozän-bedingte Krisenmoment von Erde mit Schwarzem Tod verflochten ist. Erde aus Perspektive des *environmental racism* lässt wenig Raum für Spekulation, lässt wenig Platz zum Atmen. Das aber ist Bedingung von Erde als Infrastruktur von Sorge.

Trotzdem nun und mit den von Diaw eingebrachten Sämlingen der Versuch, das Krisenmoment – wie Star schreibt – als «Grundlage für ein viel differenzierteres Verständnis der relationalen Beschaffenheit von Infrastruktur» zu nutzen.[43] Denn wie eingangs erwähnt, möchte ich die rassifizierte Formation der Geologie auch als Infrastruktur der Sorge anerkennen. Dabei wird deutlich, dass sich im Zusammenhang von Erde ein Begriff von Sorge herausschält, der inmitten der Turbulenz, die Erde in Anbetracht des Zerstörungsausmaßes durchlebt, Momente des Friedens erlaubt.

## IV. Sprouting Care

> it matters what matters we use to think matter with.[44] it matters what care cares about care...caring about..sprout out.loud

In der Ankündigung von *Chorus of Soil* heißt es, dass die Installation den Sinn des Lebens durch die Symbolik der dem menschlichen Körper eingeschriebenen Erde ausdrücken würde.[45] Erde mit all ihrer Fähigkeit, Leben zu geben, ist dem Körper inskribiert. Dieses Potenzial von Erde artikuliert sich in der Form der Sämlinge, die aus den kleinen Hügeln sprießen. Der Boden als geotraumatische Zone wird als Nährboden neu definiert. Als ein solcher Nährboden ist Erde ein Medium für Samen und für das Leben. Boden als Medium zu betrachten, bedeutet, Medien nicht mehr nur als vermittelnde Instanzen, sondern als Infrastrukturen des Lebens zu verstehen.[46] In Anlehnung an Susan Leigh Stars Text «The Ethnography of Infrastructure»[47] spricht María Puig de la Bellacasa vom Erdboden als einer Infrastruktur, «opening into the perception of a whole world of invisible labours that are more than human».[48] Der Boden als eine Welt der unsichtbaren Arbeit von Regenwürmern, Pilzen, Mikroorganismen, Keimlingen, die sich ihren Weg in den Himmel bahnen, wird dem Anschein seiner Leblosigkeit und reinen

**42** Christina Sharpe: Antiblack Weather vs. Black Microclimates. A Conversation with Christina Sharpe, in: *The Funambulist*, Bd. 14: Toxic Atmospheres, 2017, 49.

**43** Star: Die Ethnografie von Infrastruktur, 425.

**44** In Anspielung auf Donna J. Haraway: *Staying with the Trouble. Making Kin in the Chthulucene*, Durham, London 2016, 12.

**45** Binta Diaw: *In Search of Our Ancestors' Gardens*, Galleria Giampaolo Abbondio, 2020, giampaoloabbondio.com/wp-content/uploads/2020/02/PR-In-Search-of-Our-Ancestors-Garden-Binta-Diaw-1.pdf (18.8.2020).

**46** John Durham Peters spricht in dem Zusammenhang von *elemental media*, deren Ontologie oft vergessene Infrastrukturen des Seins sind, John Durhan Peters: *The Marvelous Clouds. Toward a Philosophy of Elemental Media*, Chicago 2015.

**47** Susan Leigh Star: The Ethnography of Infrastructure, in: *American Behavioral Scientist*, Bd. 43, Nr. 3, 1999, 377–391.

**48** Puig de la Bellacasa: Encountering Bioinfrastructure, 164.

Containerfunktion[49] zum Trotz in seinem relationalen Vermögen erfasst. Der Boden als relationales Vermögen wird zum Ausgangspunkt, um den Kreislauf der Abhängigkeiten neu zu überdenken. Die generische Eigenschaft der Infrastruktur macht es möglich, Boden in seinen Interdependenzen zu betrachten und als einen sich verändernden Grund, den nicht nur ‹der Mensch› bearbeitet.

Keimlinge zeigen, nicht unbedingt als Agenten, sondern als relationale Materialitäten, inmitten der kontaminierten Zonen neokolonialer Sklaverei Formen der Fursorge an. Sie verraten, dass der Modus von Erde die Versorgung mit Sauerstoff ist, die Ernährung all derer, die zu ersticken drohen. Sämlinge, die sich in der kontaminierten Zone des erdigen Sklav_innenschiffes in Diaws Installation ansiedeln, sind – in den Worten Elspeth Probyns – «wichtig für eine Ethik [der Fürsorge], die von den anthropomorphen Wünschen abweicht»[50] und der es gleichgültig ist, was nach der botanischen Taxonomie von Sämlingen erwartet wird. Sämlinge markieren eine solche Ethik, was es umso wichtiger macht, «[to respond] through a mode of relating that [...] holds fast to that indifference».[51] Mit einem Modus der Beziehung[52] zu reagieren, der an der Gleichgültigkeit der Sämlinge gegenüber den menschlichen Kultivierungsbestrebungen festhält, ist kein Widerspruch. Lucy Suchman schreibt: «[T]he price in recognizing the agency of artefacts need not be the denial of our own».[53] Wir können uns gegenüber den mehr-als-menschlichen Formen der Sorge, den mehr als voraussagbaren Formen der Zuneigung ethisch verpflichtet fühlen, auch wenn und gerade weil dieser Verpflichtung die Dezentrierung des (*weißen*, männlichen) menschlichen Subjekts vorausgeht. Mehr noch: Wir sollten uns verpflichtet fühlen, auch weil dies die normativen Implikationen des Begriffs der Sorge mitzuverhandeln erlaubt. Wie Puig de ja Bellacasa argumentiert, ist Sorge keine Einbahnstraße: Sorge ist ein reziprokes Verhältnis und beruht nicht auf der Passivität des_der einen und Aktivität des_der anderen.[54] Und: Sorge muss nicht zwingend auf einem Näheverhältnis beruhen, sondern kann Distanz und Abstand implizieren.[55] Daraus resultiert z. B., dass ich mich aus meiner Situierung, die nicht einmal ansatzweise als in der Nähe zur Schwarzen Erfahrung stehend missverstanden werden soll, verpflichtet fühle, auf verschiedene relationale Materialitäten der Fürsorge hinzuweisen, die den anderen Planeten inmitten des hiesigen anzukündigen erlauben – oder das Atlantis des Black Atlantic.

## V. Agropoetics of the Sea

> It's after the end of the world. Yet, don't you know![56] From the middle, the opaque infrastructure: a marvelous (im)possibility.[57]

Boden, der aufgrund der Schiffssymbolik in Diaws Arbeit auf das Meer als Massengrab hindeutet, wird von den Sämlingen als Nährboden behauptet. Boden kann so als die fürsorgliche Infrastruktur des Meeres wahrgenommen werden,

49 Puig de la Bellacasa thematisiert, dass Erdboden im Rahmen archäologischer Laboranordnungen immer nur als *background material* für die eigentlich wertvollen Funde betrachtet wird, ebd., 165.

50 Probyn: *Eating the Ocean*, 20, Übers. d. Verf.

51 Kathryn Yusoff: Insensible Worlds: Postrelational Ethics, Indeterminacy and the (K)nots of Relating, in: *Environment and Planning D: Society and Space*, Bd. 31, Nr. 2, 2013, 208–226, hier 209.

52 Star spricht, indem sie schreibt: «I love the idea of being a residual category for a mountain lion», mit dem Gefühl der Liebe den Modus der Beziehung an, selbst wenn dies bedeutet, als Mensch für Tiere überflüssig zu werden, Susan Leigh Star (Hg.): *Ecologies of Knowledge. Work and Politics in Science and Technology*, Albany 1995, 3.

53 Lucy Suchman: *Human-Machine Reconfigurations. Plans and Situated Actions*, Cambridge 2007, 285.

54 Puig de la Bellacasa: *Matters of Care*, 4.

55 Ebd., 5.

56 In Anspielung auf den Satz des Films *Space is the Place*, der nahezu synonym zu ihm verwendet wird.

57 In Anspielung auf Keeling: *Queer Times, Black Futures*, 54.

die die Möglichkeit Schwarzen Lebens innerhalb der kontaminierten Zone der Zong[58] heraufbeschwört. Die Darstellung des Bodens als Infrastruktur erlaubt, den Atlantik als eine lebendige Umwelt zu imaginieren. Samen wirken so als eine Agrarpoetik des Meeres – ähnlich den Algen, die sich an die Ketten haften und damit einen möglichen Anfang nach dem Ende der Welt markieren. Glissant schreibt: «[T]he entire ocean, the entire sea gently collapsing in the end to the pleasures of sand, make one vast beginning whose time is marked by balls and chains gone green.»[59] Jene grün gewordenen Ketten bilden buchstäblich die Anfänge neuen Lebens, dessen Zeitlichkeit sich nach den Algen richtet. Durch die – so mit Keeling – anhaltende Beschäftigung mit den zeitlichen Kontexten, in denen z. B. Algen existieren, könne eine Ethik gefördert werden, durch die die gerechte, antirassistische Welt, die mitten in unserer besteht, verankert werden kann.[60]

Die afro-futuristische Poetik des Schwarzen Atlantis, das sich mit den Algen als Unterwassergarten imaginieren lässt,[61] ist nach Keeling bereits existierender Teil unserer Gegenwart. Nur braucht es – ähnlich dem infrastrukturellen Ansatz nach Star – eine Ethik des *surfacing*, die weder von sich behauptet, neutral zu sein,[62] noch in die mit Kolonialismus verstrickten Ideen der Moderne wie lineare Zeit investiert.[63] Deswegen, so möchte ich ergänzen, lohnt es sich, mit der zeitlichen Struktur des *surfacing* von Sämlingen zu denken. Die Explosion, die mit dem Ausbrechen eines Sämlings aus der Erde einhergeht, verweist auf die Turbulenz, die als Sturm der Beziehungen zwischen Wasser, Luft, Bakterien, Insekten usw. Momente des Friedens evoziert, weil Leben entsteht, wo Tod vermutet wird. Übertragen auf die Frage der Dekolonisierung, die Glissant, dessen Worte ich hier aufgreife, interessiert, ist Turbulenz oder – nach Frantz Fanon – Explosion kein apokalyptisches Moment, das sich bereits vollzogen hat. Mit den Zyklen des Aufkeimens lässt sich Dekolonisierung, wie es auch Keeling im Anschluss an Fanon formuliert, als nicht endender Kampf beschreiben.[64] In der Zwischenzeit ereigneten sich aber auf durchaus turbulente Weise Momente des Friedens. Zu diesen gelte es sich ins Verhältnis zu setzen – so als wäre Dekolonisierung bereits erreicht,[65] als wäre die Infrastruktur der Sorge intakt.

## VI. Agropoetics of the Farm

> Here is a strange and bitter crop.[66]
> Watermelon's wildlings, the riches of a plant
> in the midst of a struggle.[67]

Diaw spielt mit ihrer Arbeit nicht nur auf die Kulturtechnik versklavter Frauen an, die allen Widerständen zum Trotz und im Glauben an ihre Souveränität am Zielort ihrer Verschiffung Samen in ihr Haar flochten.[68] Sie weist auch auf Erzählungen hin, die die Geschichte des *slave garden* als eine Praxis des

58 Zong ist der Name des Schiffes, das für die koloniale Praxis steht, Afrikaner_innen über Bord zu werfen, um Versicherungsgeld für die Fracht zu kassieren, Ian Baucom: *Specters of the Atlantic. Finance Capital, Slavery, and the Philosophy of History*, Durham, London 2005, 8 ff.; James Walvin: *The Zong. A Massacre, the Law and the End of Slavery*, New Haven 2011.

59 Glissant: *Poetics of Relation*, 6.

60 Keeling: *Queer Times, Black Futures*, 49 f.

61 Ayesha Hameed: Black Atlantis. The Plantationocene, in: MAP Office (Hg.): *Our Ocean Guide*, Venedig 2017, 205–213.

62 Puig de la Bellacasa betont im Anschluss an Star, dass Neutralität allein deswegen nicht geboten sei, weil gefragt werden müsse, für wen etwas an die Oberfläche gebracht würde, Puig de la Bellacasa: Encountering Bioinfrastructure, 171, 176.

63 Aníbal Quijano: *Kolonialität der Macht, Eurozentrismus und Lateinamerika*, Wien, Berlin 2016, 47 f.

64 Keeling: *Queer Times, Black Futures*, 76 f.; dies.: *The Witch's Flight. The Cinematic, the Black Femme, and the Image of Common Sense*, Durham, London 2007, 35 f.

65 Für Kara Keeling ist die rhetorische Figur ‹*as if*› zentral, um dekoloniale Möglichkeitsbedingungen in der Gegenwart auszuloten, dies.: Queer Times, Black Futures, Vortrag v. 1.12.2020, Medien/Denken, ifm kolloquium, Ruhr-Universität Bochum.

66 In Anlehnung an Billie Holiday: *Strange Fruit*, 10inch-Shellack-Single, Commodore Records 1939.

67 In Anspielung auf Mined Soil, Regie: Filipa César, Olivier Marboeuf, 2013–15.

68 Leah Penniman: *Farming While Black. Soul Fire Farm's Practical Guide to Liberation on the Land*, White River Junction, London 2018.

Widerstands entfalten.[69] In Anlehnung an Alice Walkers *In Search of Our Mothers' Gardens* knüpft Diaw an die Praxis versklavter Frauen an, Gärtnern als Kommunikationspraxis zu nutzen. Walker berichtet über ihre eigene Mutter:

> And yet, it is to my mother – and all our mothers who were not famous – that I went in search of the secret if what has fed that muzzled and often mutilated, but vibrant, creative spirit that the black woman has inherited, and that pops out in wild and unlikely places to this day.[70]

Im Anschluss an diese ‹wilden und unwahrscheinlichen Orte›, an denen der kreative Geist des Schwarzen weiblichen Erbes auftaucht, möchte ich mit den Wassermelonen-Sämlingen als Agrarpoetik gegenwärtiger *plantationocenes* schließen.

Wie eingangs erwähnt, handelt es sich bei den Sämlingen, die in Diaws Arbeit aus den Erdhügeln sprießen, um die der Wassermelone. Die Wassermelone trägt seit dem transatlantischen Kulturpflanzentransfer eine lange Geschichte der antischwarzen Gewalt in sich. Es waren vor allem die fotografisch als übertriebenes Grinsen inszenierten Wassermelonenscheiben, die im Gefolge des US-Bürgerkriegs die Segregation verstärkten, welche von der in Aussicht gestellten Abschaffung der Sklaverei bedroht war. Die Wassermelone diente als Instrument, um den Schwarzen Körper mit einem begrenzten Spektrum Schwarzer Gefühle zu assoziieren. Fotografien, die versklavte Menschen mithilfe des durch die Wassermelone verstärkten Lächelns als glücklich darstellten, sollten die Gewalt der Sklaverei rechtfertigen. In *The Melon Story* des Studiofotografen Charles H. Gallup z. B. wird die komische Übertreibung als Mittel zur Konstruktion einer engen Verbindung zwischen der Darbietung sozialer Identität und dem Ausdruck von Heiterkeit[71] durch die Idee ergänzt, dass Schwarze lieber Wassermelonen stehlen würden, als sie selbst anzubauen. Tatsächlich vernachlässigt diese Art der Darstellung, dass die Wassermelone in *slave gardens* als Stätten der Ermächtigung angebaut wurde.[72] Wenn Diaw den Keimling der Wassermelone in der Gegenwart der mediterranen *plantationocene* thematisiert, erinnert sie den Sklav_innengarten als einen Ort, der unwahrscheinlich erscheint, aber angesichts der Brutalitäten der Sklaverei nicht unmöglich war. Dasselbe gilt hier für den Samen als solchen: Als Wildpflanze sprießt die Wassermelone heute an unwirtlichen Orten wie Mülldeponien.[73] Der in Diaws Arbeit ausgelegten Spur der Samen zu folgen, ermöglicht es, sich mit den kontaminierten Zonen der Sklaverei in Vergangenheit und Gegenwart zu verbinden und dennoch die Möglichkeit des Lebens anzuerkennen. Die Wassermelone verstehe ich daher als Argarpoetik, auch weil der verseuchte Boden, auf dem die wilde Wassermelone wächst, nicht extrahierbar ist.[74] Ebenso ist die wilde Wassermelone aufgrund ihres bitteren Geschmacks kaum essbar. Wie die Meeresalge ist auch die Wassermelone dem landwirtschaftlichen Extraktivismus gegenüber gleichgültig und kann als eine Infrastruktur der Sorge verstanden werden, da sie giftige Standorte in lebenswerte Umgebungen verwandelt, von denen aus Schwarzes

69 Begleitheft zur Ausstellung *Soil Is an Inscribed Body. On Sovereignty and Agropoetics*, Berlin 2020, 9.

70 Alice Walker: In Search of Our Mothers' Gardens, in: Angelyn Mitchell (Hg.): *Within the Circle. An Anthology of African American Literary Criticism from the Harlem Renaissance to the Present*, Durham, London 1994, 401–409, hier 406.

71 Tanya Sheehan: Looking Pleasant, Feeling White: The Social Politics of the Photographic Smile, in: Elspeth H. Brown, Thy Phu (Hg.): *Feeling Photography*, Durham, London 2014, 127–157, hier 137.

72 Shana Klein: *The Fruits of Empire. Art, Food, and the Politics of Race in the Age of Expansion*, Oakland 2020, 99.

73 Manfred A. Fischer, Karl Oswald, Wolfgang Adler: *Exkursionsflora für Österreich, Liechtenstein und Südtirol*, Linz 2008.

74 Filipa César verweist auf Amílcar Cabral, dem es in dem Sinne um ein Konzept des Unterminierens geht, dass die verseuchten Ressourcen nicht ausgebeutet werden können. «This undermined soil implies a drive towards the ingestion of the toxic, a disruptive gesture towards a particular system, the self-destruction of an oppressed and violated body, the transformation of the desired and disputed land into a toxic and impregnable body. The invisible grid encloses a geometry of danger – an activated ground under. *The riches of a land in the midst of a struggle become a poisoned resource, impossible to exploit. A mined soil, an opaque science.*» Filipa César: Mapping Agropoetics of Liberation, in: Elena Agudio, Marleen Boschen, Lorenzo Sandoval (Hg.): *Agropoetics Reader*, Berlin 2020, 39–66, hier 63.

**Abb. 2** Binta Diaw: *Paysage Corporel III*, 2018 (Orig. in Farbe)

Leben jenseits der Geschichtlichkeit von Kolonialismus und Kapitalismus möglich werden kann.

Es geht also – um zum Schluss zu kommen – um Sorge als Gleichgültigkeit gegenüber dem sich innerhalb des Anthropozän-Diskurses rezentrierenden *anthropos*. Das Meer, weil es immer noch ein unheimlicher Archivar ist,[75] der durch Kommunikations- oder Sensortechnologien nicht richtig entschlüsselt werden kann, verhält sich wie Erde, «coming from the margins of science».[76] Beide bilden Infrastrukturen der Sorge, die – und das ist wichtig – nicht im Gegensatz zu menschlichen Formen der Sorge verstanden werden dürfen, da, wie Bellacasa es ausdrückt, ‹wir› auch mehr als Menschen sind: «*we* are soil, [...] *we are our residues*».[77]

Mir scheint, als würde Binta Diaw mit der Fotoserie *Paysage Corpore*, die zusammen mit *Chorus of Soil* in Mailand ausgestellt wurde, andeuten wollen, dass der menschliche Körper Erde, Sand und Wüste sei. Doch sind sie als solche nicht nur die *residues*, die Hinterlassenschaften des kolonialkapitalistischen Ausbeutungssystems, sondern – in die Harmonie einer Landschaftsmalerei gebracht – der spekulative Ort Schwarzens Lebens: *as if the other world were here now*.[78]

**75** Jessica Lehman: Blue History, in: *The New Inquiry*, 6.2.2017, thenewinquiry.com/blue-history (17.8.2020).

**76** Puig de la Bellacasa: Encountering Bioinfrastructure, 163.

**77** Ebd., 172.

**78** Keeling: Queer Times, Black Futures.

# BILDSTRECKE

NAVILD ACOSTA / FANNIE SOSA

# Black Power Naps

Vorgestellt von ELENA MEILICKE

Nach dem gewaltsamen Tod von George Floyd im Sommer 2020 ist «I can't breathe» zum Protestruf von Black Lives Matter und das Atmen zu einer politischen Sache geworden. Das Performanceprojekt «Black Power Naps» politisiert ein weiteres physiologisches Grundbedürfnis: den Schlaf. Ausgangspunkt sind Studien aus den USA, die zeigen, dass BIPOC weniger und schlechter schlafen als *weiße* Menschen; es gibt, analog zum Wohlstandsgefälle, einen regelrechten *sleep gap*, ein Schlafgefälle.[1] Die Künstler_innen Navild Acosta und Fannie Sosa sehen Kontinuitäten zur Geschichte der Sklaverei, als Schlafentzug ein Instrument der Unterdrückung war, und verweisen auf die totale Erschöpfung, die Folge von alltäglich erlebtem Rassismus und einem auf Dauer gestellten Kampf ums ökonomische Überleben ist: «A state of constant fatigue is still used to break our will.»[2] Dagegen stellt «Black Power Naps» die Forderung nach «rest as reparations»[3] und einer gesellschaftlichen Umverteilung von freier Zeit. Mit ihren Performances schaffen Acosta und Sosa (Zeit-)Räume und Situationen, die BIPOC zu Ruhe und Muße einladen. Sie setzen den Müßiggang als Grundbaustein einer politischen Praxis, die unmittelbar an Audre Lordes radikalen Begriff von *self care* anknüpft: «Caring for myself is not self-indulgence, it is self-preservation, and that is an act of political warfare.»[4]

Der *power nap* – leistungssteigernde und systemstabilisierende Selbsttechnik par excellence – erfährt im Namen «Black Power Naps» eine Umwertung, die gerade nicht auf Fortführung des Status quo, sondern auf Veränderung gesellschaftlicher Verhältnisse zielt. Im Aufrufen von *Black Power* schreibt sich das Projekt explizit in die Tradition Schwarzer Widerstandsbewegungen ein, stellt aber zugleich deren Strategien und Rhetoriken zur Diskussion und erweitert das Arsenal der Protestformen und -subjekte: Queere und weibliche Performer_innen, sanft gebettet und umhüllt von opulenten Stoffen, eingetaucht in farbiges Licht, setzen ein anderes, weniger maskulinistisches Zeichen des Protests als etwa die gereckten Fäuste von Athleten bei Olympia 1968. Und während der *wokeness*-Diskurs von heute auf systemischen Rassismus mit einem Appell zu fortgesetzter Wachsamkeit reagiert – «Stay woke!» –, fragt «Black Power Naps»: «What can it even mean to be woke, when black folks and other folks of racialised colour cannot access sleep?»[5] «Black Power Naps» hält fest an der Schläfrigkeit als Versprechen und behauptet das politische Potenzial von Tagträumereien und Nichtstun.

1 Vgl. Brian Resnick: The Racial Inequality of Sleep, in: *The Atlantic*, 27.10.2015, theatlantic.com/health/archive/2015/10/the-sleep-gap-and-racial-inequality/412405/ (9.2.2021).
2 Vgl. blackpowernaps.black/ (9.2.2021).
3 Janine Francois: Rest as Reparations, in: *Black Power Naps Magazine*, Nr. 2, 2019, blackpowernaps.black/Publications (9.2.2021).
4 Audre Lorde: A Burst of Light: Living with Cancer, in: dies.: *A Burst of Light and Other Essays*, Mineola, New York 2017, 40–133, hier 130.
5 Fannie Sosa zit. n. Agnish Ray: Siestas Negras. A Conversation with Niv Acosta and Fannie Sosa, in: *Schön! Magazine*, 28.6.2018, schonmagazine.com/siestas-negras-a-conversation-with-niv-acosta-and-fannie-sosa/ (9.2.2021).

# Black Power Naps

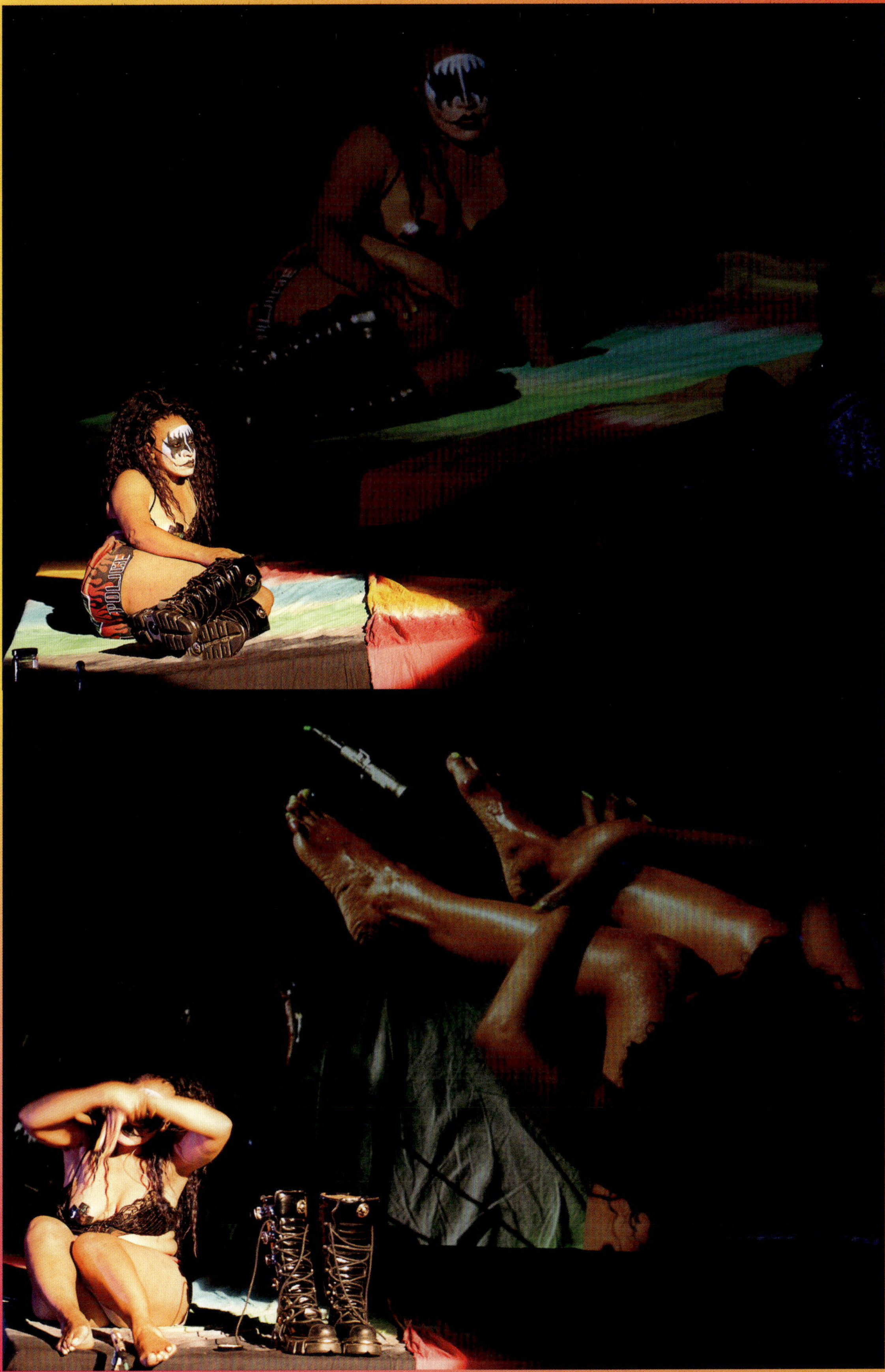
POLICE

TUFF
WET
PUSS

# LABORGESPRÄCH

**Abb. 1** Eingangsbereich der ada_kantine in der Akademie der Arbeit, Mertonstr. 30, Frankfurt am Main, geöffnet freitags, samstags & sonntags 13.00–15.00 Uhr. Foto: Marc Behrens

ELEONORA HERDER und TIM SCHUSTER im Gespräch mit
INGA BENDUKAT / PHRIES KÜNSTLER und JANA MANGOLD

# WIDERSPRÜCHE DER KANTINE

## Über alternative Formen der Bühne und Versammlung

Die freischaffende Performancegruppe andpartnersincrime (Frankfurt/M., Barcelona, Warschau) hat 2020 die solidarische Nachbarschaftsküche ada_kantine im Frankfurter Stadtteil Bockenheim mitgegründet. In der ehemaligen Großküche der Akademie der Arbeit wird jedes Wochenende ein warmes vegetarisches Mittagessen mit Vor- und Nachspeise auf Spendenbasis von ehrenamtlichen adaist_innen serviert. Doch die ada_kantine ist nicht nur ein solidarisches Küchenprojekt. Seit Sommer 2020 werden dort außerdem Diskussionen, Vortragsreihen, Kinovorführungen im Hof und Workshops zu solidarisch organisierter Reproduktionsarbeit veranstaltet und alternative Formen der Versammlung jenseits von kapitalistischen Verwertungslogiken geprobt. Mit den durch die COVID-19-Pandemie bedingten Schließungen von Kulturinstitutionen änderten sich nicht nur die gewohnten Produktionsbedingungen von andpartnersincrime; auch die ada_kantine verlegte ihren Schwerpunkt hauptsächlich auf die kulinarische Versorgung der Gäste. Inga Bendukat, Phries Künstler und Jana Mangold sprachen mit Eleonora Herder (Regisseurin und Dramaturgin) und Tim Schuster (Dramaturg) von andpartnersincrime über das schwierige Verhältnis von Ehrenamt und künstlerischer Intervention, die Kantine als Bühne, Infrastrukturen der Versammlung und über politische (Selbst-)Organisation.

**Phries Künstler** **Gemeinsam mit sozialintegrativen und stadtteilpolitischen Initiativen habt ihr als Performancegruppe andpartnersincrime im Juli 2020 die ada_kantine eröffnet. In der ehemaligen Kantine der Akademie der Arbeit wird seitdem jedes Wochenende von Freitag bis Sonntag Essen von freiwilligen Helfer_innen gekocht und zu einem solidarischen Preis angeboten. Vor allem wohnungslose Personen oder Menschen mit einem geringen Einkommen nehmen das Angebot wahr. Wie ist es zu dieser Idee gekommen und was für ein Projekt habt ihr dort geschaffen?**

**Tim Schuster** Ich kann kurz etwas zum Hintergrund sagen, denn tatsächlich waren verschiedene Initiativen an dem Projekt beteiligt. Einige von ihnen engagieren sich schon seit über zehn Jahren für die Nach- oder Zwischennutzung des ehemaligen Campus der Goethe-Universität in Bockenheim in Frankfurt am Main.[1] Im Zuge dieser Aktivitäten wurde die ehemalige Akademie der Arbeit auf dem Campus als ein Wohnprojekt für Wohngruppen ausgeschrieben. Ende 2019 wurde nach jahrelangen Auseinandersetzungen mit der Stadt eine Besichtigung organisiert, um über die Möglichkeiten einer Zwischennutzung zu entscheiden. In diesem Zusammenhang sind wir mit Annette Mönich vom Bockenheimer Stadtteilbüro und ein paar anderen Leuten in die Akademie der Arbeit reingegangen und haben uns das Gebäude angeschaut. Wir wussten schon vom Hörensagen, dass es dort eine große Küche gibt, aber als wir die dann gesehen haben, ist uns ziemlich schnell klar geworden, dass wir unbedingt ein Projekt starten müssen, in dessen Zentrum diese Küche steht.

So entstanden die Idee und der Wunsch, eine Art Stadtteilkantine in Bockenheim aufzubauen, da einige der beteiligten Initiativen bereits Erfahrung mit Küchenprojekten und ‹Küche für alle› (Küfa) hatten. Die Stadt bzw. die städtische Gesellschaft, der das Gebäude gehört, hat sich dann noch etwas geziert, da sie uns ausgerechnet die Küche nicht zur Zwischennutzung freigeben wollte. Zum Glück hat sich aber gezeigt, dass die unterschiedlichen miteinander vernetzten Gruppen[2] genug Expertise mitbrachten, um ein Konzept für eine Stadtteilkantine zu entwerfen. Das war alles noch vor Corona; im März 2020 ist natürlich alles erst einmal zum Erliegen gekommen. Aber gleichzeitig hat sich relativ schnell gezeigt, dass durch die Pandemie unser Projekt eine ganz andere Notwendigkeit bekommen hat.

Ich möchte also betonen, dass so ein Projekt nicht aus dem Nichts entsteht. Aus meiner Sicht sind die vorhandene Expertise im Stadtteil extrem wichtig sowie die Initiativen, die an den Themen seit Langem dran sind.

**Eleonora Herder [Lela]** Das kann man gar nicht genug betonen. In der Presse wurde das Projekt oft so dargestellt, dass es eine spontane Aktion von irgendwelchen Bürger_innen sei, die ihre Lockdown-Situation nicht mehr ertragen haben. Dabei steckt dahinter jahrelange stadtteilpolitische Arbeit.

**Jana Mangold Die Akademie der Arbeit in Frankfurt ist ja ein besonderer Ort, an dem ihr das Projekt umsetzt. Inwiefern spielt die Geschichte des Gebäudes eine Rolle für eure Arbeit? Und inwiefern war diese Küche, die euch bei der Begehung gleich beeindruckt hat, etwas Besonderes?**

**T.S.** Die Akademie der Arbeit ist eine Einrichtung, die es tatsächlich fast so lange gibt wie die Universität in Frankfurt. Die Uni Frankfurt ist ja erst mit dem Ersten Weltkrieg entstanden, um 1914, und im Sinne einer Bürgeruni. Anfang der 1920er Jahre wurde die Akademie der Arbeit als ein Teil, der gesondert in der Universität existiert, eröffnet, um Menschen aus der Arbeiter_innenklasse, die keinen Hochschulzugang haben, den Zugang zur Universität zu

1 Der Campus Bockenheim diente seit seiner Gründung Anfang des 20. Jahrhunderts als Hauptstandort der Universität Frankfurt. Ab 2001 wurde die Universität auf andere Gelände verlagert. Seither wird in der Stadt über neue Nutzungsformen der Fläche und ihrer Gebäude gerungen, vgl. die Darstellung auf der Webseite des Offenen Haus der Kulturen: *offenes-haus-der-kulturen.de/index.php/campus/der-campus* (7.1.2021).

2 Die beteiligten Initiativen und Institutionen sind: Über den Tellerrand e. V., Project Shelter, das autonome, unkommerzielle Zentrum Exzess, IsraAID Germany e. V., Offenes Haus der Kulturen, Recht auf Stadt und ShoutOutLoud.

ermöglichen bzw. zu erleichtern. Die Akademie – von Anfang an getragen von den Gewerkschaften – sollte zukünftige Gewerkschaftsfunktionäre ausbilden, aber eben auch Menschen, die sich in der Gesellschaft für Ideale wie eine größere soziale Egalität einsetzen. Während des Nationalsozialismus musste sie schließen und wurde dann neu eröffnet als Institution, die nach dem Krieg eine andere, demokratische und egalitäre Gesellschaft möglich machen sollte. – Das Ganze war also sehr stark von einem sozialdemokratischen Impetus getragen, teilweise auch mit sozialistischen Einflüssen, aber eher sozialdemokratisch geprägt. Die Tradition dieser Bildungseinrichtung, zumindest vom Anspruch her, Menschen eine Form der Selbstbildung zu ermöglichen, war für unser Projekt zumindest eine Referenz.[3] Wir haben uns von Anfang an gerne darauf bezogen. Und das ist vielleicht auch so ein Punkt, auf den wir als Künstler_innengruppe einen Akzent gelegt haben: gegenseitiges Lernen miteinander und voneinander, vielleicht auch mit dem Anspruch, eine andere Art von Gesellschaft dabei zu erzeugen.
**E.H.** Und die Küche ist einfach eine professionelle Großküche. Das war die Mensa der Akademie der Arbeit.

**J.M. Wie kam es dazu, dass ihr als Performancegruppe mit eingestiegen seid? Wie seid ihr mit eurer künstlerischen Praxis in die ada_kantine reingegangen?**
**E.H.** Wir wollten – auch schon vor der Pandemie – das ganze Jahr 2020 unter das Thema ‹Versammlung› stellen und in verschiedenen Formaten künstlerisch dazu forschen. Durch die Pandemie schien es dann so, dass das in als ‹kulturell› gelabelten Räumen nicht möglich sein würde. Und dann haben wir quasi unser Interesse, aber letztlich auch die ganzen Gelder, die schon akquiriert waren für diese Forschung, zur ada_kantine verschoben.

Am Anfang haben wir die Gestaltung übernommen und die ada_kantine gestrichen, das Corporate Design entwickelt und die Räume eingerichtet. Da haben wir einfach bei andpartnersincrime mehr Expertise, als dass vielleicht die anderen aktivistischen Gruppen haben. Erst im Prozess haben wir dann immer mehr Aufgaben übernommen und auch eigene Schwerpunkte miteingebracht.

**Inga Bendukat Wenn du sagst, dass ihr euch erst nach und nach mehr im Projekt eingebracht habt, würdest du dann auch sagen, dass ihr eine tragende Säule für die ganze Ausrichtung des Projekts geworden seid, oder würde die ada_kantine als soziales Projekt auch ohne euch funktionieren?**
**E.H.** Ich glaube, das Projekt ist erst einmal als soziales Projekt gestartet und hat sich nicht primär als kulturelles Projekt verstanden. Über die Gestaltung waren wir am Anfang jedoch sehr präsent als andpartnersincrime. Und dann haben wir auch den Diskurs geprägt mit der Frage: «Wie sprechen wir über dieses Projekt?», also auch in der Außendarstellung, in den Gesprächen mit den Medien usw. Das ist dann kulminiert in der ‹Akademie›, die wir als Veranstaltungsreihe in der ada_kantine initiiert haben und zu der wir unterschiedliche

**3** Vgl. Otto Antrick: *Die Akademie der Arbeit an der Universität Frankfurt-M. Idee – Werden – Gestalt*, Darmstadt 1966.

Menschen eingeladen haben, die einen Vortrag zum Thema «Nach dem Ende der Versammlung» gehalten haben.[4] Die Akademie der Versammlung war gewissermaßen der Auftakt. Danach fanden mehrere solcher Diskursformate und kulturellen Veranstaltungen statt, wodurch die ada_kantine im September auch ein Ort für Kunst und Diskurs wurde. Jetzt ist das wieder extrem in den Hintergrund gerückt. Wir sind gerade wirklich in einem Modus von Notsituationsverwaltung: hauptsächlich möglichst viele Menschen satt kriegen. Letztlich versuchen wir gerade, wie eine perfekte Tafel oder soziale Einrichtung zu funktionieren. – Meinen Frust darüber hört ihr, glaube ich, schon raus.

**J.M. Also Essensausgabe ist noch weiterhin möglich, obwohl mit dem zweiten COVID-19-bedingten Lockdown zum Jahresende 2020 die Gastronomie schließen musste? Wie passt euer Konzept der sozialen Küche und der künstlerischen Auseinandersetzung da hinein?**

**T.S.** Ja, die Versorgung ist möglich. Wir hatten ja auch im Sommer und Herbst schon die Corona-Situation, insofern mussten wir von Anfang an eben auf die Abstände achten und konnten unseren Essensraum drinnen nicht vollständig ausnutzen. Die Situation verschärfte sich natürlich durch den zweiten Lockdown ab November. Wir haben uns dann darauf berufen, dass wir kein Restaurant sind, dass wir analog zu sozialen Trägern agieren und dass wir ein Hilfsangebot aufrechterhalten wollen oder auch müssen. Über viele Kontakte zu den Gesundheitsämtern haben wir erreicht, dass wir eine Sondergenehmigung bekamen und offen bleiben konnten.

**E.H.** Sich stärker darauf berufen zu müssen, dass wir eine Hilfseinrichtung sind, hat dann zur ganz pragmatischen Konsequenz geführt, dass wir die Erklärung unseres solidarischen Preisverfahrens von der Webseite runtergenommen haben. Das war eigentlich ein Grundbestandteil des Konzepts: In diesem Raum kommen unterschiedliche Menschen zusammen, und eine Person zahlt 10 oder 15 Euro für ihr Mittagsmenü und finanziert damit wirklich direkt für die Person, mit der sie am Tisch sitzt, das Essen mit. Und das mussten wir hauptsächlich aus Darstellungsgründen, aber auch weil es in der Praxis jetzt nicht mehr so ist und um die Genehmigung für den Weiterbetrieb zu bekommen, aus der Außendarstellung rausnehmen. Ansonsten wären wir ja ein Restaurant für die Nachbarschaft gewesen.

**P.K. War das vor allem eine taktische Entscheidung? Und habt ihr die als solche auch diskutiert oder war das etwas – wie das manchmal so ist –, das einfach so passierte?**

**E.H.** Eher Letzteres bzw. beides. Es war vom Orga-Kernteam erst einmal eine taktische Entscheidung. Mittlerweile sind 200 Menschen in diesem Projekt ehrenamtlich engagiert, wovon nie alle bei den Plena sitzen oder sich Protokolle durchlesen. Und es kommen auch jede Woche neue Menschen dazu, die dann direkt in das Projekt einsteigen und gar nicht mehr die Erfahrung haben

4 Die Akademie ist ein öffentliches Forschungsformat und Teil des Langzeitprojekts «Nach dem Ende der Versammlung», in dem sich andpartnersincrime mit Formen der Versammlung auseinandersetzt. Sie stellt das diskursive und kulturelle Programm der ada_kantine dar. Das Akademie-Programm wird von *andpartnersincrime* zusammen mit der AG Programm der ada_kantine koordiniert und findet in Kooperation mit dem Künstlerhaus Mousonturm statt. Finanziell gefördert wird das Programm vom Kulturamt der Stadt Frankfurt und durch das Reload-Stipendium der Kulturstiftung des Bundes. Vgl. Eigenbeschreibung «about» auf *andpartnersincrime.org/nach-dem-ende-der-versammlung-i-die-akademie* (6.1.2021).

von dem, was wir eigentlich mal waren oder sein wollten. Manchmal erinnern wir im Plenum daran, dass wir uns gerade in einem Ausnahmezustand befinden und wir eigentlich etwas anderes sind, aber mittlerweile haben wir mindestens 50, 60 Menschen, die jedes Wochenende aktiv sind, die diese Erinnerung gar nicht haben, sondern letztlich gerade bei einer Art Tafel mithelfen. Das Selbstverständnis der Gruppe verschiebt sich wirklich permanent, weil wir einen Zugang von im Schnitt fünf neuen Menschen pro Woche haben.

**P.K. Könnt ihr genauer ausführen, was euch in eurem Anspruch eigentlich von einer Tafel unterscheiden würde?**

**T.S.** Also zunächst einmal richten wir uns ausdrücklich nicht nur an Wohnungslose oder sogenannte ‹bedürftige› Menschen, sondern wir sind explizit eine Kantine, die sich an alle richtet. Und wir richten uns darüber hinaus, da wir ein solidarisches Preissystem haben, auch an Menschen, die sich woanders kein Essen leisten können. Wir versuchen ganz gezielt – was nicht immer ganz einfach ist oder sich manchmal doch einschleicht –, Kategorien wie ‹obdachlos› und ‹Bedürftige› zu vermeiden. Unser Anspruch war von Anfang an, eine solidarische Nachbarschaftskantine zu sein. Und das versuchen wir auch jetzt im Alltag immer noch aufrechtzuerhalten.

Bei der Unterscheidung, wer jetzt eigentlich die Nachbar_innen sind und wer die anderen, wird es manchmal wirklich interessant. Es ist eigentlich schön, dass man das gar nicht immer so genau unterscheiden kann. Und das ist wiederum ein Hauptunterschied, glaube ich, zu den sogenannten Hilfseinrichtungen,

**Abb. 2** Speiseaufzug in der Akademie der Arbeit. Foto: Marc Behrens

wo relativ klar definiert ist, wer dort Essen bekommt und wer nicht. Wobei man da auch nicht weiß, ob jemand da ist, weil er oder sie irgendwie gar kein Geld hat, keine Wohnung hat, auf der Straße lebt. Oder ist jemand aus anderen Gründen da, und wo sind da die Unterscheidungen? Wie will man die ziehen? Schwer zu sagen.

**E.H.** Ich glaube schon, dass sich das feststellen lässt. Weil viele der Tafelangebote über Essensmarken oder Ähnliches funktionieren. Das heißt, da braucht es erst einmal eine Form von Selektion und Vorkategorisierung. Dieses Segregieren von sozialen Zuständen, das ist es, wogegen wir versucht haben vorzugehen.

**J.M. Inwiefern macht da auch das Arrangement vor Ort einen Unterschied? Ich denke da an die Beobachtungen von Erving Goffman in einer Hotelküche auf den Shetland-Inseln: Da herrscht eine andere Form der Verständigung und Kommunikation als im Hotelrestaurant.[5] Während in der Küche alle gleich sind und aus derselben Schüssel essen, vom Management bis zum Spüljungen, tritt vorne im Restaurant – man könnte es als Vorderbühne bezeichnen[6] – der Manager jedoch unbedingt als Manager auf. Das Servicepersonal trägt dazu bei, dass sich die Gäste als sozial distinguiert oder eben als diejenigen, die bedient werden, fühlen können. Wo würde sich eurer Meinung nach die ada_kantine in einer solchen Konstellation einordnen? Trifft man sich da in der Küche oder im Restaurant? Und wenn man sich im Restaurant trifft, wäre die Frage, wie ihr dann mit dieser automatischen Eintragung eines sozialen Unterschieds umgeht.**

**E.H.** Ich weiß gar nicht, ob sich Goffman noch eignet, um irgendwelche Formen von sozialen Räumen aus unserer Jetztzeit zu verstehen. Diese Aufteilung von Räumen in Vorder- und Hinterbühne sehe ich nicht. Eher, dass wir permanent die Hinterbühne inszenieren.

Wo trifft man sich in der ada_kantine? Schon im Restaurant. Aber diese Grenzen verschwimmen. Also sie sind nicht so klar, weil es wirklich immer wieder Gäste gibt, die dann plötzlich auch Teil vom Service sind, spülen oder einfach mitarbeiten. Es gibt aber auch ganz häufig adaist_innen, die mittendrin aussteigen und sagen: «So jetzt setze ich mich hierhin und esse.» Und dann sind die Räumlichkeiten auch nicht im Sinne einer Trennung von Küche und Restaurant angelegt – gerade dadurch, dass wir den Speisesaal haben und auch im Hinterhof servieren, rennen alle permanent auch durch die Küche – was aus hygienischen Gründen auch schwierig ist –, aber insofern gibt es diesen Backstage-Bereich nicht, in dem etwas für vorne produziert wird.

**T.S.** Ich würde da ein bisschen widersprechen. Nicht nur, dass ich Goffman immer noch ganz toll und seine Erklärungen wertvoll finde, auch wenn sich die Dinge geändert haben. Sondern es ist auch ein ganz schönes Beispiel. Denn es stimmt, man kann sehr leicht Teil dieses Küchenteams werden, indem man zum Plenum kommt und sich in eine Küchenschicht für das Wochenende einträgt. Ansonsten hängt aber schon an der Küche ein Schild:

**5** Vgl. Erving Goffman: *The Presentation of Self in Everyday Life*, New York u. a. 1964 [1959], 116–119.

**6** Vgl. ebd., 107.

«Stopp, Zugang nur für Küchenteam». Das hat (a) ganz banale Gründe, die mit Hygiene zu tun haben und mit Gesundheitszeugnissen, die man braucht, um in der Küche zu arbeiten. Es ist aber (b) auch eine Grenze, die zwischen Küche und Außenbereich besteht. Die Gäste sind im Außenbereich und das Team ist in der Küche. Man kann natürlich als Gast ohne große reale Hürden Teil des Teams werden. Aber im Alltag ist es schon so, dass es den Außenbereich gibt, und der funktioniert auch ein bisschen wie eine Bühne, und die Leute, die im Service beschäftigt sind, achten darauf, entsprechend aufzutreten. Gäste, die kommen, müssen aufgrund der Pandemie die Kontaktformulare ausfüllen und werden dann an die Tische gebracht. Dann gibt es ganz klar ausgezeichnetes Personal, das auch das Hausrecht hat. Was natürlich dann auch schon heißt, es gibt sowas wie den Restaurantbereich, der vielleicht eine andere Form der Öffentlichkeit ist, als es die Küche ist. Also diese Trennung ist schon noch vorhanden.
**E.H.** Ja, stimmt, Tim hat recht. Es gibt diese ganzen Eintrittsrituale und die implizieren zwei unterschiedliche Gruppen von Gästen und Service. Aber dass es einen Bereich gibt, in dem darauf geachtet wird, wie man auftritt, dem würde ich widersprechen.

**J.M. Wäre das ein Ziel, die Eintrittsrituale und die Trennung der beiden Gruppen so weit wie möglich zurückzudrängen? Wenn es diese ganzen Corona-Einschränkungen im Moment nicht gäbe?**
**E.H.** Für mich schon.
**T.S.** Ja. Als utopischen Horizont für das Projekt würde ich das genauso sehen. Dass letztlich stärker ununterscheidbar wird, wer hier eigentlich Gast ist und wer hier arbeitet und wer hilft. Im Prinzip ja. Aber man stößt auch schnell auf gewisse Widersprüche, die dann auftauchen, weil es natürlich eine Offenheit gibt, wenn man sagt, jede_r ist als Gast willkommen. Gleichzeitig gibt es aber auch so grundlegende Dinge wie ein Selbstverständnis, eine Hausordnung und Regeln. Wir können durch die Offenheit des Projektes nicht voraussetzen, dass jede_r, der_die kommt, diese Offenheit auch mitträgt. Es kommt auch zu Vorfällen, wo eingegriffen und auf die Hausregeln hingewiesen werden muss. Es gibt auf jeden Fall immer wieder Widersprüche zwischen dem, was passiert, und dem, was wir eigentlich erreichen wollen.

**P.K. Neben dem Aspekt der Akademie, der für euch sehr wichtig war, ist es aber ein Projekt, das sich sehr ums Essen und um die Küche dreht. Welche neue Dimension bringt diese Fokussierung auf Essen bzw. Essen und Küche in eure künstlerische/kulturelle Praxis ein? Hat es einen besonderen Stellenwert darin bekommen?**
**E.H.** Ich fürchte, dass ich jetzt Dinge sage, die in unseren theoretischen Überlegungen häufig vorkamen, die aber vielleicht ein bisschen verklären, dass wahrscheinlich ein großer Teil der Entwicklung des Projektes einfach Zufall war

oder aus dem Moment heraus entstanden ist. Also wir wollten zum Thema Versammlung forschen, in diesem Zusammenhang haben wir uns mit der Sichtbarmachung von Reproduktionsarbeit und natürlich Fragen zu Körperlichkeit, Hunger und körperlichen Bedürfnissen auseinandergesetzt.[7] Versammlungen, die uns interessiert haben – die Versammlungen und Platzbesetzungen von 2011 bis 2013, angefangen 2011 mit den Occupy-Protesten in den USA, die Besetzung des Tahrir-Platzes in Kairo als Auslöser des sogenannten Arabischen Frühlings und schließlich 2013 die Besetzung des Taksim-Platzes in Istanbul –, sind Versammlungen gewesen, bei denen die Menschen nicht nur Forderungen stellten, sondern bei denen *Alternativen gelebt* worden sind. Die Menschen haben auf den Plätzen ganz pragmatisch alltägliches Leben performt: Da wurde miteinander im Plenum diskutiert, aber eben auch gekocht, geputzt, teilweise auf den Plätzen sogar geschlafen. Insofern passte das gemeinsame Kochen und Essen, das Füreinander-Sorge-Tragen einfach gut und war nicht weit weg von den Diskursen, mit denen wir uns eh beschäftigten.[8] Die Idee, eine Kantine zu bespielen und ein ‹Küfa›-Projekt zu machen, war der Konsens von allen Beteiligten, nicht primär eine Setzung von uns.

**T.S.** Zu ergänzen wäre, dass die Infrastruktur der Versammlung ein Punkt war, der uns sehr stark interessiert hat. Das Thema wurde durch die ada_kantine dann noch mal wichtiger für uns und ich glaube, dass sich die ada_kantine und unsere künstlerische Praxis gegenseitig beeinflusst haben. Wir haben versucht, dieses Kantinenprojekt mitzugestalten, aber dieses Kantinenprojekt hat auch ein Stück weit uns mitgestaltet – platt gesagt.

**J.M. Wie kam es denn, dass ihr ausgerechnet 2020 zum Thema der Versammlung arbeiten wolltet? Hat das auch etwas mit dem ehemaligen Campus Bockenheim zu tun, dessen umstrittener Umzug ebenso wie die Frage der Nachnutzung zu verschiedenen Versammlungen und Demonstrationen im Stadtteil[9] geführt hat? Oder stehen für euch die angesprochenen Platzversammlungen im Weltgeschehen eher im Mittelpunkt des Interesses?**

**E.H.** Für mich waren besonders die Platzbesetzungen in Spanien und Griechenland 2011 sehr prägend, die in beiden Ländern zur Gründung von neuen linken Parteien geführt haben. Das Vorhaben, zur Versammlung zu forschen, hat mit der Frage danach zu tun, wie sich andere Formen von Begegnungsräumen bauen und wie sich Theorie und Theater verknüpfen lassen. Der Titel unserer Akademie-Veranstaltung «Nach dem Ende der Versammlung» war allerdings Corona-bedingt.

**T.S.** Es gibt einen Bezug zu Bockenheim, gewiss. Aber die Verknüpfung mit diesem Projekt kam dann tatsächlich auch noch mal woanders her: Wir interessieren uns beide sehr stark für ortsspezifisches Theater, und das führt immer auch zu der Frage, was eigentlich eine Versammlung ist. Im klassischen Theater handelt es sich um einen anderen Rahmen der Versammlung, die eine scheinbar gesetzte Trennung von klar definierten Schauspieler_innen und

**7** Wichtige Lektüren hierzu waren: Michael Hardt, Antonio Negri: *Assembly. Die neue demokratische Ordnung*, Frankfurt/M., New York 2018; Silvia Federici: *Aufstand aus der Küche. Reproduktionsarbeit im globalen Kapitalismus und die unvollendete feministische Revolution*, Münster 2020; Oliver Marchart: *Conflictual Aesthetics. Artistic Activism and the Public Sphere*, Berlin 2019; Shannon Jackson: *Social Works. Performing Art, Supporting Publics*, New York u. a. 2011.

**8** Vgl. auch die Vorträge von Alexis J. Passadakis: «Ernährungssouveränität – die ada_kantine als ernährungspolitischer Ort», *vimeo.com/454360780* (6.1.2021), und von Felix Bröcker: «Die Künstler*innen Kantine – Gemeinsam Essen in Kunst, Küche und Kommune», *vimeo.com/454341379* (6.1.2021).

**9** Vgl. *zukunft-bockenheim.de/startseite/* und *zukunft-bockenheim.de/campus-bockenheim* (13.1.2021).

**10** Max Czollek: *Gegenwartsbewältigung*, München 2020, 17 f.

Zuschauer_innen bedeutet. Wenn man ortsspezifisch arbeitet, gibt es hingegen immer die Frage, wer eigentlich gerade Teil der Versammlung ist und wer Zuschauer_in. Wer ist zufällige Zuschauer_in, wer ist absichtliche Zuschauer_in? Das sind schon Fragen, die dann immer mitspielen, und von da aus kommt eine implizite Beschäftigung mit dem Thema Versammlung. Und in diesem Jahr hatten wir uns einfach vorgenommen, diese Fragen noch mal explizit zum Thema zu machen.

**I.B. Da sprichst du etwas an, das ich mich in Bezug auf euer Projekt auch gefragt habe: Inwiefern versammeln sich in der ada_kantine Menschen, die eigentlich aus dem Theater ausgeschlossen sind? Vor allem, weil – das habt ihr ja nun schon viel beschrieben – dort andere Menschen zusammenkommen, die sich sonst nicht im Theater begegnen. Gleichzeitig musste ich auch an Max Czolleks eher abwertenden Begriff des «Integrationstheaters» denken. Er schreibt: «Integrationstheater unterscheidet zwischen ‹uns›, die schon hier sind, und ‹den Anderen›, die erst dazukommen. Da diese Unterscheidung auf einer willkürlichen Grenzziehung beruht, bedarf sie der fortlaufenden Inszenierung.»[10] Bedeutet das nicht, dass eine Differenz zwischen dem *Wir* und dem *Die* bestehen bleibt, selbst wenn die sogenannten Anderen mit in die Theaterhäuser geholt werden oder teilnehmen können? Wie geht ihr mit dieser Gefahr um, über die möglichen Fallstricke eines Integrationstheaters in eurem Projekt zu fallen?**

**Abb. 3** Speisekarte zur Eröffnung der ada_kantine im Juli 2020. Foto: Marc Behrens

**E.H.** Wir reden jetzt spezifisch über das Format der Akademie, oder? Ich würde gerne ganz schnell so ein paar intuitive, emotionale Dinge darauf antworten und danach können wir vielleicht noch mal theoretischer werden. Also erst einmal merke ich, dass ich mich immer dagegen sträube, wenn es heißt, Menschen werden aus den Theatern oder aus den bürgerlichen Kulturinstitutionen ausgeschlossen. Und mein Vorschlag ist, es vielleicht anders zu denken: Die haben einfach gar keinen Bock darauf. Was wäre, wenn wir es so herum denken? Denn so nehme ich das viel stärker wahr. Ein Großteil der Menschen außerhalb der Kulturinstitutionen, mit denen ich zu tun habe, ‹scheißt› einfach ‹drauf›. Um's vielleicht einmal so zu formulieren. Tim hat vorhin gesagt, vielleicht habe dieses Projekt uns stärker geprägt, als wir das Projekt geprägt haben. Ich würde das auf jeden Fall stark für mich behaupten. Mich hat es extrem geprägt in dem Sinne, dass es wirklich ein Vorher und ein Nachher gibt. Mich wird dieses Projekt noch lange begleiten, auch als Realität, in der ich aktiv bin, in die ich einen Großteil meiner Zeit reinstecke. Ich gehe fast gar nicht mehr ins Theater. Weil es so weit weg ist von dem, was mich im Moment irgendwie wachhält. Und ich erlebe das nicht so, dass ich den Menschen, denen ich in der ada_kantine begegne, nahelegen möchte, dass sie doch bitte meine städtischen Kulturinstitutionen besuchen, sondern eher so denke, dass die ada_kantine einfach ein sehr anderer Ort ist.

**I.B. Nein, so war meine Frage gar nicht gemeint. Ich meinte, wenn wir die ada_kantine und die Akademie als einen Theaterort verstehen, der auch über das Frankfurter Künstlerhaus Mousonturm beworben wurde, welches wiederum ein klar definiertes Publikum hat, dann kommt dort einfach ein anderes Publikum zusammen. Wie verändert diese Zusammensetzung von Menschen das Verhältnis im Raum? Aber auch, was sind die Fallstricke darin? Also gibt es vielleicht auch den Fallstrick des Paternalismus von eurer Seite in der Veranstaltung der Akademie?**

**E.H.** Ja, ja, den gibt's. Und der ist uns auch vorgeworfen worden von anderen Aktivist_innen aus dem Projekt, die nämlich z. B. die Akademie total abgelehnt haben. Aber bei dem Symposium «Nach dem Ende der Versammlung» in der ada_kantine, bei dem du, Inga, auch einen Vortrag gehalten hast, warst du in meinen Augen die *Andere*. Du und nicht der Wohnungslose, der neben dir saß und irgendwie eingeschlafen ist. Nur, um es noch mal umzudrehen.

**Abb. 4** Sitzecke im Speisesaal der ada_kantine. Foto: Marc Behrens

**I.B. Aber das heißt, ihr baut einen anderen Theaterraum mit allen zusammen?**

**E.H.** Es ist kein Theaterraum. Wir gehen da vielleicht mit unserem Nachdenken über Theater rein, aber es ist kein Theaterraum und wird es auch nie werden. Egal, wie oft wir dort die Akademie veranstalten.

**T.S.** Ich fände es schon interessant zu fragen, ob es mal ein Theaterraum werden könnte. Oder ob es manchmal einer ist. Aber ich will dir gar nicht widersprechen, Lela. Ich würde es nur von einer anderen Seite noch mal versuchen. Ich frage mich gerade, ob – in dem Moment, wo wir da die Akademie gemacht haben, oder vielleicht auch noch in anderen Momenten – wir den Ort nicht doch zu einer, vielleicht anderen, Art von Bühne machen. Mir fällt es jetzt auch noch schwer, diese andere Bühne zu definieren. Ich finde es auch interessant, erst einmal darüber nachzudenken: Wer guckt jetzt von welcher Perspektive auf was? Deswegen fand ich, was Lela gerade gesagt hat, ganz spannend: Wer ist hier die Andere oder wer ist ausgestellt? Es hat natürlich immer auch etwas Grenzwertiges, in der ada_kantine diese Akademie zu veranstalten. Also Leute kommen dahin, um zu essen, und man rahmt das jetzt als etwas, wo Leute zugucken und einen Vortrag hören. Das ist ja auch eine bestimmte Setzung. Gleichzeitig finde ich aber auch, dass diese Setzung gar nicht so stark war – weil einfach Leute da waren, ihre Zeitung gelesen, ihr Essen geholt und bekommen haben und eingeschlafen sind und was auch immer man halt so tut in dieser Kantine. Ich hoffe, es ist uns gelungen, dass es in dem Moment praktisch mehrere Bühnen gleichzeitig waren. Oder dass dadurch, dass man's überhaupt erst einmal als Bühne rahmt, eine andere Wahrnehmung voneinander oder von den Dingen entsteht. Wir haben am Ende des Akademie-Wochenendes einen Runden Tisch gemacht. Da haben z. B. auch einige von den Menschen, die sonst als Gäste da waren, teilgenommen und sich zu Wort gemeldet. Das sind die schönen Momente, wo durch Input, den wir explizit reingeben in diesen Ort, ein Nachdenkprozess zwischen den unterschiedlichen Gästen stattfindet. Ich glaube, es hat auch etwas ausgelöst. Es sind Gespräche entstanden, die immer noch fortgeführt werden.

**E.H.** Was wir jetzt noch nicht direkt angesprochen haben, ist der Riesenunterschied, der dadurch entsteht, dass diese Kantine sich nicht eingliedern lässt in die gängige Projektarbeit. Sie funktioniert nicht in den Rhythmen, wie sonst Kunst funktioniert. Das geht jetzt, weil wir in diesem Viertel sind. Auch, weil wir in einer Krise sind, wie wir im Theater weitermachen möchten. Da ist jetzt plötzlich dieses Lebens- oder Langzeitprojekt entstanden, das die ada_kantine ist. Aber in den zwei oder vier, fünf Monaten Projektarbeit, die sonst am Theater stattfinden, kriegt man so ein Projekt nicht unter. Daher wird sich die ada_kantine immer beißen mit den üblichen Kunstinstitutionen, egal wie sehr die versuchen, sich zu öffnen. Und da entsteht dann die Frage vielleicht nicht nach Repräsentation, aber schon nach Solidarität. Denn das Interesse und die Solidarität mit den Gruppen, mit denen sich für Förderanträge verbündet wird, hört meistens mit der Premiere auf. Und zwar nicht aus Bosheit, sondern einfach, weil das Projekt dann abgerechnet ist. Es ist vorbei. Das nächste muss her! Die Kapazitäten für ein Fortsetzen des Projekts sind nicht gegeben. Und ich glaube, das ist ein fundamentales strukturelles Thema.

**I.B. Lasst uns die ada_kantine aber dennoch für einen Moment als Theaterraum denken, was würde das bedeuten?**
**T.S.** Wie kann man die ada_kantine tatsächlich noch mal stärker als Bühne verstehen? Also an den Tagen des Akademie-Symposiums war das Schwierige gar nicht die Frage: Ist das jetzt ein theaternahes oder theaterfernes Publikum? Sondern die Eigendynamik des Ortes. Das haben wir vielleicht unterschätzt. Dass das eine Kantine ist, die zwischen 13 und 15 Uhr 150 Essen auf den Tisch stellt. Damit müsste man stärker arbeiten. Also die Abläufe und die Leute, die in der Kantine so da sind, bewusst auf die Bühne holen. Es gibt Millionen Formen, die das dann annehmen könnte. Aber eine noch stärkere Verzahnung oder bewusste Nutzung dieses Raumes als Bühnenraum fände ich eigentlich ganz spannend.

**I.B. Und das geht auch weg vom Theater als finaler Aufführung, hin zu etwas, das sich immer im Probenprozess befindet, oder? Also immer im Entstehen ist, in einem Prozess, in dem ständig alles neu miteinander verhandelt werden muss.**
**E.H.** Ja, wobei ich diese punktuellen Momente gut finde, in denen alles kulminiert, also in denen es dann solche Präsentationen wie beim Symposium gibt. Denn dann kommen ja andere Gäste und nehmen die ada_kantine noch mal anders wahr. Das kann so einem Projekt sehr gut tun. Also auch für die ganzen Ehrenamtlichen, die mitmachen. Das ist ja etwas, was ein Verein vielleicht in ein Fest übersetzen würde. Der Unterschied einer solchen Setzung ist, dass dann plötzlich Leute kommen, die sonst nicht Teil dieser Versammlung sind – also die Versammlung der ada_kantine, meine ich jetzt, die aus den schon erwähnten zwei Gruppen von Ehrenamtlichen und Gästen besteht. In dem Moment, wo dann ein Event stattfindet, kommt noch eine dritte Gruppe neu dazu, die dann vielleicht stärker als Publikum agiert und von außen auf die ada_kantine guckt. Ich würde sagen, es braucht diese Zuschauer_innen ab und zu. Das ist diese Form von Anerkennung, von der Judith Butler in *Anmerkungen zu einer performativen Theorie der Versammlung* spricht. In diesem Sinne sind die Platzversammlungen nicht nur performativ, weil die sich in der Öffentlichkeit versammelnden Körper durch ihr Erscheinen gewisse Forderungen stellen, sondern auch weil es die Medien gibt, die den Schauplatz des Geschehens durch ihre Berichterstattung erweitern. Durch die öffentliche Wahrnehmung in den Medien findet das situative Geschehen auch über den lokalen Ort hinaus statt. Diese Wahrnehmung von außen ist vielleicht das theatrale Moment daran.[11]

11 Vgl. Judith Butler: *Anmerkungen zu einer performativen Theorie der Versammlung*, Berlin 2016, 91–132.

**I.B. Ich habe von Probenprozessen gesprochen, weil ihr es in eurem Ankündigungstext so nennt: «Nach dem Ende der Versammlung ist es an der Zeit, die Versammlung zu proben.» Und deswegen hatte ich gedacht, dass es in diesem gemeinsamen Lernen voneinander oder dem Moment der Selbstbildung, den Tim vorhin genannt hat, quasi so ein Moment des ständigen Probens gibt.**

**E.H.** Aber das ist die ada_kantine ja ohnehin. Die ist ja in einem dauernden Probezustand.

**T.S.** Dieser Zustand zwischen Probe und Aufführung ist spannend – auch im Sinne von Brechts Lehrstück. Daraus ergibt sich die Frage, wie Probe nicht als Gegenstück zur Aufführung gesehen werden kann, sondern die Probe auch als eine Art der Aufführung. Das müsste über die Alltagsroutine, 150 Essen zu kochen, bereitzustellen und zu servieren, hinausgehen. Und es dürfte auch nicht ‹Kantine-Spielen› sein. Brecht spricht von der ausgestellten Geste. Heruntergebrochen kann man das als ein Bewusstwerden dessen, was man tut, verstehen. Und zwar dadurch, dass man das, was man tut, auch gleichzeitig als eine Art Aufführung rahmt. Immer mal wieder. Dann wird eine Bühne geschaffen für die Dinge, die man sonst tut und die dadurch noch mal eine andere Form kriegen, eine andere Sichtbarkeit, aber auch eine andere Art, das eigene Tun zu reflektieren. Und da braucht's schon sowas wie Zuschauer_innen. Man könnte Brechts Lehrstücke zwar auch als ein Theater ohne Zuschauer_innen verstehen. Aber ich glaube es ist ein Theater, wo die Ausführenden gleichzeitig auch ihre eigenen Zuschauer_innen sind. Dieses Denken, sich gemeinsam als eine Inszenierung zu begreifen, ist für mich wahnsinnig spannend.

**Abb. 5** Im Hof der ada_kantine. Foto: Marc Behrens

**I.B. Ich möchte noch auf das Denken der Commons bei Silvia Federici zu sprechen kommen: im Sinne einer Form der kooperativen Beziehung, die auf einer gleichberechtigteren Verteilung von Reproduktions- und Sorgearbeit aufbaut.[12] Inwiefern wird in der ada_kantine eine solche Form der Commons als andere Form der Beziehungsweisen und der Arbeitsteilung ermöglicht?**

**E.H.** Es muss vielleicht noch mal betont werden, dass in der ada_kantine sehr viele Menschen aktiv sind und sehr viele unterschiedliche Anliegen dort miteinander verhandelt werden. So gibt es etwa die Leute aus dem Exzess, einem selbstverwalteten, autonomen Kulturzentrum in Frankfurt, die sehr stark eine Form von politischer Reproduktionsarbeit leisten und die sich auch für diese Aspekte der Sichtbarmachung von Reproduktionsarbeit interessieren. Einer der Sätze, die wir am Anfang in unseren Pressemitteilungen benutzt haben, war: «Durch den Lockdown ist uns noch klarer geworden, wie wichtig die Sorgetragenden in dieser Gesellschaft sind und wie schnell sie wegbrechen.» Insofern ist das Thema in unserem Selbstverständnis auf jeden Fall enthalten. Wir haben aber mittlerweile ganz viele klassische Ehrenamtliche mit ‹Mutter-Theresa-Syndrom›, die in dem Projekt hauptsächlich ‹sich selbst feiern›. Das ist auch eine bestimmte Generation und eine bestimmte Sozialisierung, die sich da zeigt. Sie sind aber mittlerweile auch ein wichtiger Teil des Projekts. Daher ist es auch schwierig, immer nur das Utopisch-Politische aus dem Projekt herauszulesen. In der Praxis sieht man, dass diejenigen, die von morgens bis abends da stehen, die ‹klassischen, deutschen Ehrenamtlichen› sind. Ich fände interessant, wenn wir über Reproduktionsarbeit reden, in so einem Projekt auch darüber nachzudenken, wer eigentlich die Care-Arbeit dieser Versammlung macht. Also nicht die offensichtliche im Sinne von: Wer kocht, wer putzt, wer besorgt die Lebensmittel? Sondern: Wer stellt die Infrastruktur tagtäglich her, damit diese Versammlung überhaupt funktionieren kann? Und das ist auch in der ada_kantine eine komplett unsichtbare Arbeit, die kaum wertgeschätzt wird, die aber mit einem wahnsinnigen Aufwand verbunden ist. Diese Form von *care work* geht eher in die Richtung von Management. Ich fände es erstens spannend, Management verstärkt als Care-Arbeit zu verstehen, weil das dann vielleicht auch gesellschaftlich anders wahrgenommen werden würde, und zweitens interessiert mich explizit das Unsichtbare an diesen Arbeitsprozessen.

**T.S.** Wenn du, Inga, Commons nach Federici ansprichst, so ist das zum einen eine große Stärke des Projektes, dass da wirklich sehr kollektiv in einer großen Gruppe zusammen eine klare Infrastruktur der Versorgung hergestellt wird. Ein paar Dutzend Menschen sind damit beschäftigt, gemeinsam zu kochen, zu putzen, Aufgaben immer wieder neu aufzuteilen und die Frage zu stellen, wer eigentlich was übernimmt. Das wird basisdemokratisch ausgehandelt Woche für Woche, sprich auch mit einer gewissen Alltäglichkeit. Und dieser kollektive Aushandlungsprozess wird auch sichtbar gemacht. Wo ich mir zum anderen noch Gedanken mache und glaube, dass da Luft nach oben wäre oder es

**12** Vgl. Silvia Federici: Der Feminismus und die Politik der Commons [2010], in: dies.: *Aufstand aus der Küche*, 87–105, und den Vortrag von Inga Bendukat: Von common grounds und Solidarität als Praxis: Tragt die Theater in die Küchen!, vgl. vimeo.com/454336443 (6.1.2021).

noch radikaler werden würde, ist das Schaffen einer Verbindung zwischen dem Alltagsleben der Beteiligten und dem Moment, dass ich klar von meinem restlichen Leben abgespalten in diesem Projekt aktiv bin im Sinne einer ehrenamtlichen oder humanitären, sozialen Aufgabe. Natürlich sind wir schon voll und ganz damit beschäftigt, dass alle sich die Zeit freischaufeln und das gemeinsam aushandeln. Aber wäre es nicht möglich oder überhaupt wünschenswert, dass da noch eine stärkere Verzahnung zwischen dieser klar eingrenzbaren Handlung des Kochens und einem persönlichen Alltagsleben stattfindet? Also ich gehe zum Essen dann doch in der Regel nach Hause. In die ada_kantine gehe ich, um im Projekt zu arbeiten. Also es gibt noch nicht die Verzahnung, weder mit meinem persönlichen Leben noch in meiner Lebensweise, mit dem Projekt. Ich lebe in einer Paarbeziehung in einer Zweieinhalb-Zimmer-Wohnung und das auch weiterhin, und ziehe wegen meines Engagements nicht in ein Wohnprojekt. Und darüber hinaus könnte oder müsste die Frage nach dem Politischen oder die politische Reflexion in diesem Projekt noch stärker sein. Also die Verzahnung zwischen der Handlung des Kochens, des politischen Reflektierens und der ‹privaten› Alltagspraxis könnte stärker sein, diese Bereiche sind vielleicht noch zu sehr voneinander getrennt.

**P.K. Ihr sprecht viele Dilemmas an, die auch in kritischer sozialwissenschaftlicher Forschung in Bezug auf die wohlfahrtsstaatlichen Umstrukturierungen der letzten 30 Jahre diskutiert werden. Zum Beispiel dass es mit Problemen einhergeht, wenn anstelle staatlicher Unterstützungsleistungen existenzsichernde Hilfen immer mehr durch ehrenamtliche und zivilgesellschaftliche Strukturen übernommen werden: weil das häufig dazu führt, dass eine moralische Hierarchie entsteht zwischen denen, die helfen und dabei ja auch etwas gewinnen, nämlich persönliche Aufwertung – aber immer auch zurückgehen in ihre anderen, normalen Leben –, und denjenigen, die als ‹Hilfsbedürftige› bezeichnet werden – wobei genau diese Bezeichnung ja schon Teil des Problems ist. In Bezug auf Tafeln kann man letztendlich sagen, dass es für die ‹Hilfsbedürftigen› eigentlich keine wirkliche Möglichkeit gibt, aus der Position der Bittstellenden, die für die gewährten Almosen dankbar sein sollen, rauszukommen. Euch habe ich jetzt so verstanden, dass euch diese Problematik bewusst ist und dass ihr trotzdem an dem utopischen Potenzial, dass es anders sein könnte, festhaltet. Stimmt das?**

**E.H.** Gut, dass du das nochmal sagst, weil es etwas ist, was ich betonen möchte. Ich habe immer noch eine Fantasie und wir haben das auch mit anderen Aktivist_innen aus dem Projekt besprochen, dass wir irgendwann mit unseren Gästen zusammen eine Demonstration organisieren wollen. Da gab es mehrere Anlässe, aber einer der letzten war, dass wir einen Antrag gestellt haben bei der Stadt, damit sie die Nebenkosten des Gebäudes übernimmt. Das Sozialdezernat hatte uns die Übernahme dieser Kosten unter der Bedingung zugesagt, dass ab dem Moment der Kostenübernahme die Gäste jeweils einen

Euro oder 50 Cent für das Essen zahlen sollen. Das haben wir abgelehnt, weil wir diese blöde Erziehungsmaßnahme nicht akzeptieren wollten. Und von dieser Diskussion ausgehend hatten wir die Überlegung, dass wir eine große Suppenküche vor dem Sozialdezernat veranstalten und den Menschen, die dort arbeiten, zusammen mit unseren Gästen der ada_kantine gratis Suppe austeilen. Das wäre so eine Form von Performance, auf die ich große Lust gehabt hätte – die natürlich dann auch wieder Menschen ausstellt, aber nicht in dem Sinne, dass wir diese ‹ästhetisch ach so interessanten› Obdachlosen nehmen und mit denen eine Performance machen, sondern dass wir uns gemeinsam gegen eine städtische Maßnahme wehren, die wir einfach zum Kotzen finden. Ich sehe in dieser Akademie oder auch als Performancekünstlerin eine Möglichkeit, Empowerment-Formate zu kreieren, und zwar nicht für irgendeine Randgruppe, die wir als Künstler_innen als solche beschreiben, sondern für uns alle zusammen, die wir dieses Projekt machen. Das wäre etwas, wo ich total gerne hinkommen würde, wenn wir endlich mit der Pandemie-Bewältigung durch sind.

# DEBATTE

Zuzanna Czebatul: *Coloring Quarantine Nr. 14*

«Coloring Quarantine» ist ein Projekt der Exile Gallery (Wien) und entstand in Reaktion auf den Lockdown im Frühjahr 2020. Alle Bilder sind im Netz zugänglich und können zum Ausmalen ausgedruckt werden: exilegallery.org/exhibitions/coloring-quarantine/

# ZUM VERHÄLTNIS VON SICHTBARKEIT, SORGE UND UNGLEICHHEIT IN DER PANDEMIE

GABRIELE DIETZE / ENCARNACIÓN GUTIÉRREZ RODRÍGUEZ / LEANDER SCHOLZ und VANESSA E. THOMPSON im Gespräch mit MAJA FIGGE / JANA MANGOLD / STEPHAN TRINKAUS und BRIGITTE WEINGART

Wissenschaft steht nicht jenseits gesellschaftlicher Sorgeverhältnisse. Sie ist nicht nur strukturiert von ihnen, sondern selbst ein Bereich des öffentlichen sozialen Lebens, aus dem Sorgearbeit scheinbar ausgegliedert wird. Das betrifft mehr als das, was man die Vereinbarkeit von Beruf und Familie nennt, sind diese beiden Kategorien doch schon Ergebnisse grundlegender gesellschaftlicher und vergeschlechtlichter Sorgebeziehungen. Traditionelle Vorstellungen von wissenschaftlicher Objektivität und Neutralität partizipieren an dieser Aufteilung der Sorgearbeit, ebenso wie die Verfügbarkeit von Kinderbetreuung oder billigen, meist migrantischen Arbeitskräften im Haushalt die Möglichkeiten und Formen wissenschaftlicher Praxis mitbestimmen. Die Trennung zwischen Wissenschaft und Sorge war immer schon ein – wenn auch sehr wirkmächtiges – Phantasma: Wissenschaft funktioniert auch in Beziehungen der Sorge, der Übernahme von Verantwortung für ihre Gegenstände und die Mitforschenden, der Teilnahme und des Teilens.

Wissenschaftler_innen sind derzeit im *double bind* einer Praxis gefangen, in der die Sorge um Forschungsverhältnisse gegen die ausgegliederte Sorge um nichtwissenschaftliche Beziehungen ausgespielt wird. Das war vor Corona schon so, ist aber unter den Bedingungen der Pandemie sichtbarer und auch schärfer geworden. Zeit also, das Verhältnis von Sorge und (Medien-)Wissenschaft genauer zu betrachten und die Erfahrungen des letzten Jahres in der (Dis-)Kontinuität unserer Sorgeverhältnisse zu verstehen: das Löchrigwerden der Grenzen zwischen privatem und öffentlichem Raum in unseren allgegenwärtigen Zoom-Kacheln, das Eindringen der Diskurse der Virologie und Epidemiologie in unsere ‹privatesten› Praktiken etc. In der Hoffnung, dass diese Situation vielleicht auch eine Transformation der Sorge ermöglicht, eine Neuverhandlung ihrer Transversalität, hat die ZfM-Redaktion Anfang Dezember 2020 Expert_innen dazu eingeladen, sich über ihre Perspektiven auf das Thema auszutauschen: die Kulturwissenschaftlerin Gabriele Dietze, die die medialen Care-Diskurse im Gender-Blog der ZfM analysiert, die seit Langem mit dem Zusammenhang von Sorgearbeit und Migration befasste Soziologin Encarnación Gutiérrez Rodríguez, den Philosophen und Autor Leander Scholz, der sich für die politischen Implikationen familiärer Sorgepraktiken interessiert, und die Sozialwissenschaftlerin Vanessa E. Thompson, deren Arbeiten im Feld von Rassismus, Dekolonialisierung und Schwarzem Aktivismus einen erweiterten Care-Begriff voraussetzen.

**Maja Figge Zum Einstieg in unser Gespräch möchten wir gern die seit der Pandemie vielbemühte Metapher des Brennglases aufgreifen, also die Rede von «Corona als Brennglas»[1]: Was hat sich, würdet ihr sagen, aus eurer wissenschaftlichen, fachlichen Perspektive, aber eben auch aus der persönlichen und sozialen – mit COVID-19 konkret und darüber hinaus auch im Diskurs über Care verändert? Gab es überhaupt eine Verschiebung? Oder ist das nicht so eindeutig? Ist das als Verhärtung zu beschreiben oder ist da vielleicht auch eine Öffnung erkennbar?**

**Leander Scholz** Ich habe viel mit anderen darüber diskutiert, was eigentlich neu ist unter Corona-Bedingungen. Mir fallen viele Kleinigkeiten ein, aber was gesamtgesellschaftlich neu ist, lässt sich schwer sagen. Ich habe den Eindruck, dass die Pandemie bestimmte Dinge sichtbar gemacht hat, die schon vorher da waren. Dazu gehört eben auch die Sorgearbeit, weil Sorgearbeit speziell sowohl ältere Menschen als auch Kinder angeht und weil bestimmte Einrichtungen wie Schulen und Kitas ausgefallen sind. Für mich persönlich hat das deutlich gemacht, wie wichtig die familiären Beziehungen sind. In der Situation, wo die staatliche Infrastruktur nicht da war, war plötzlich die Familie auf eine ganz andere Weise präsent. Da wurden Dinge sichtbar, die die ganze Zeit da sind, weil all diese Arbeit immer geleistet wird, ob das jetzt Pflegerinnen und Pfleger im Dienstleistungssinne sind oder ob es im privaten Bereich geschieht.

**Encarnación Gutiérrez Rodríguez** Was die Pandemie noch einmal ganz deutlich zeigt, sind die globalen wie die lokalen Ungleichheiten und ihre Verstärkung: die Feminisierung, die Rassifizierung und das Outsourcen der Arbeit. Hier im Norden und im urbanen Kontext, in dem ich mich bewege, und auch in der Wissenschaft hat die Pandemie mich als Lehrende in eine andere Position versetzt. Wenn man alle Veranstaltungen online macht, dann stellt sich für mich die Frage, wie ich in der Lehre soziale Beziehungen und den Gedanken von ‹gemeinsamem Lernen›, oder überhaupt des Gemeinsamen, aufrechterhalte. Dieses Gemeinsame kann sich in der Situation, in der wir gerade stecken, sehr schnell vaporisieren und das hat natürlich auch Konsequenzen für politisches Handeln. Ganz konkret auch in der Lehre: Was bedeutet es, wenn nach der Pandemiekrise Online-Lehre zum Grundstein in der Lehre wird? Was bedeutet das für die Prekarisierung einer großen Gruppe von Kolleg_innen, die unter diesen Bedingungen arbeitet? Was bedeutet es auch für uns oder die Generationen, die nach uns kommen? Und was bedeutet es überhaupt für die Wissenschaft und die Universität als Ort der Begegnung, des Sich-Kennenlernens? Was bedeutet es für diese Kommunikation, die Formen des Hinterfragens, der kritischen Auseinandersetzung und der eventuellen politischen Transformation? Die rechtsextreme Ecke – Gabriele wird sicher noch darüber sprechen – ist da ziemlich flink und organisiert. Was bedeutet das für ganz viele Länder und ganz viele Orte auch innerhalb Europas, wenn man sich beispielsweise die Situation in Spanien anschaut, wo die Haushalte mit sehr wenig auskommen müssen, die Kurzarbeit nicht funktioniert etc.? Aber was bedeutet das auch für die Akkumulation des Kapitals? Das Finanzkapital steht ja eigentlich ganz gut da. Das stellt uns vor viele, viele Fragen, über die wir nachdenken müssen.

**Gabriele Dietze** Danke, Encarnación, dass du zu Recht diese Querverbindung angesprochen hast. Was mich besonders irritiert, ist die Usurpation des Freiheitsbegriffs durch die Corona-Leugner_innen oder die sogenannten Querdenker_innen. Ein früher progressiv verstandener Begriff wird jetzt zum Lackmustest oder zur Scheideflüssigkeit für das richtige rechtspopulistische Bewusstsein. Diese

Umdeutung des Freiheitsbegriffs hat große Auswirkungen, z. B. auf die Universität: Mit diesen Klagen über eine sogenannte *cancel culture* wird ja behauptet, dass eine rechte Freiheit des Ausdrucks durch unsere Wissenschaftlichkeit behindert würde. Abgesehen davon: Wenn man Corona-Probleme über einen Freiheitsbegriff diskutiert, stellt man praktisch Care in Abwesenheit. Jede_r, die_der über Freiheit und Corona diskutiert, thematisiert die Selbstsorge, also dass es *mein Ich* oder *meine Familie* ist, die entscheiden muss, wie sie leben will und die links und rechts keine Verantwortlichkeiten hat. Insofern wird der Freiheitsbegriff oft pervertiert und die Dimension der ‹Freiheit der Anderen› als Grenze der eigenen Freiheit unterschlagen.

**Vanessa E. Thompson** Ich würde dem zustimmen, dass sich nicht so viel geändert, sondern eher verschärft hat, bzw. ich glaube auch, wie Encarnación gesagt hat, dass es zu einer brutalen Verschärfung der intersektionalen Ungleichheiten gekommen ist. Weil gerade mehrfach marginalisierte, prekarisierte Gruppen, die schon vorher den Konditionen frühzeitiger Tode ausgesetzt waren, also beispielsweise rassifizierte, deprivilegierte Gruppierungen – unter anderem in den USA, aber auch in Europa –, massiv von sogenannten *underlying health-conditions* betroffen sind. Das hat viel mit Umwelt-Rassismus, mit den Krankenversicherungssystemen, also bestimmten Care-Strukturen zu tun. All diese Gruppen, die vorher schon in ihrer Lebenserwartung und ihren Alltagspraktiken davon betroffen waren, sind in der Pandemie noch vulnerabler geworden. Es ist sehr deutlich geworden, wie diese Kategorie von *essential, essential worker* zusammenläuft mit der Vulnerabilität oder der Nähe zu frühzeitigen Toden, auch auf globaler Ebene. Die Gruppen, deren Arbeit grundlegend ist für das Funktionieren der Gesellschaft, sind gleichzeitig die Exponiertesten in Bezug auf die Gefahr durch diese Pandemie. Und diese Verschärfung hat Proteste evoziert, weil wir gesehen haben, dass Gruppierungen, die sowieso schon vulnerabel sind, dann auch noch poliziert werden.[2] Was auch vorher schon so war, aber selbst in dieser Situation sind gerade das die kriminalisierten Gruppen.

Wir haben auch schon transnationale Protestformationen gesehen und entsprechende Losungen gehört: «Die Pandemie macht uns nicht alle gleich». Aber ich finde, dass trotzdem nur bestimmte Ungleichheiten sichtbar geworden sind. Da kann uns eine intersektionale Perspektive helfen: Es wurde wenig über die illegalisierten Sexarbeitenden gesprochen, es wurde wenig über mehrfach marginalisierte Positionen gesprochen in diesem Ausdifferenzieren der Ungleichheiten durch die Pandemie. Und da ist es auch wichtig zu gucken, wie diese intersektionalen Aufmerksamkeitsökonomien eigentlich verlaufen. Auf welche Gruppierung wird diesbezüglich geschaut, sich Sorgen gemacht, und was wird verhandelt? In Bezug auf die Universität ist es, glaube ich, ganz ähnlich. Ich hatte das Gefühl, dass viel darüber gesprochen wird, was für Formen der Mehrarbeit, die natürlich auch vergeschlechtlicht ist, weiter in den Haushalt gedrängt werden, aber dann oft entlang der heterosexuellen, *weißen* Dimensionen, und dass nicht gefragt wird, was eigentlich mit denjenigen von uns ist, die sich nicht in ein *weißes*, bürgerliches, heterosexuelles Privates zurückziehen und im Homeoffice arbeiten können, das natürlich auch entlang von Ungleichheitsdimensionen verläuft. Oder was ist mit Studierenden, die sich realiter ganz massiv Sorgen machen müssen über ihre Eltern, wenn diese nicht zu Hause arbeiten können, oder sich um sie kümmern und unterstützen müssen/wollen. Oder mehrfach marginalisierte Studierende, die von heute auf morgen nicht mehr wissen, wie sie ihre Miete bezahlen können, etc. Bezogen auf die Uni-Diskurse hat mir die Verhandlung dessen gefehlt, was es eigentlich bedeutet, die Universität als eine solidarische Institution zu denken.

**L.S.** Ja, vielleicht, ich denke aber, dass man auch differenzieren muss. Wir sprechen hier über eine globale Perspektive, aber wenn man das politisch-ökonomisch betrachtet, gerade was die Frage der Gesundheitsversorgung angeht, ist es ja doch von Land zu Land sehr unterschiedlich. Man konnte beobachten, dass die Länder, die ein sehr stark neoliberalisiertes Gesundheitssystem haben, viel mehr gelitten haben. Gerade die USA und auch Großbritannien stehen eben doch ganz anders da als die kontinentaleuropäischen und auch asiatischen Nationen. Das macht nicht alle gleich, das ist sowieso klar, aber es ist auch unterschiedlich bewältigt worden. Gerade was Care angeht, finde ich, hat sich die Politik sehr viel Mühe gegeben, die Nicht-Überlastung des Gesundheitssystems zu gewährleisten. Das finde ich bemerkenswert. So ging es in Deutschland um einen relativ gleichen Zugang zur Gesundheitsversorgung. Es gibt auch Länder mit privilegierten Zugängen, wo jemand mit Geld die bessere Versorgung bekommt. Hier ist es eben nicht so gewesen und das ist ein Unterschied. Mein Eindruck ist, dass die politische Verschiebung zwischen der Zeit vor der Krise und heute darin besteht, dass der sogenannte neoliberale Diskurs, gerade was die Daseinsfürsorge des Staates angeht, doch einen starken Knacks bekommen hat. Ich glaube, es gibt keine Partei, die sich jetzt noch trauen würde, das Gesundheitssystem weiter zu privatisieren. Auch die globalen Lieferketten, also die Versorgungssicherheit war natürlich eine große Frage. Ich würde aber darauf bestehen, dass es unterschiedliche Gesellschaften gibt, die die Krise unterschiedlich bewältigt haben, und dass hier die Gesundheitsfürsorge bislang, soweit ich das beobachten kann, relativ gleichmäßig zugänglich gemacht wurde. Das hat mich schon beeindruckt, was man bereit ist, dafür zu zahlen. Das ist ja keine geringe Summe.

**E.G.R.** Wenn ich noch mal zurückgehen kann auf das, was Vanessa benannt hat, nämlich die Prekarisierung und die unterschiedliche Ausdifferenzierung der Bereiche von Care: Wir haben das Gesundheitssystem im Sinne der aktuellen Versorgung in den Krankenhäusern – und da steht natürlich Deutschland anders da als Spanien oder Großbritannien, wo der National Health Service (NHS) ziemlich abgebaut wurde. Und wo auch einige der Gesundheitsarbeiter_innen, also die Krankenschwestern, das Pflegepersonal, bis hin zu den Ärzt_innen, prekarisiert arbeiten, outgesourct werden, also nicht direkt eingestellt werden von den Krankenhäusern. Diese Arbeitskräfte waren und sind mehrheitlich rassifizierte Personen, viele Migrantinnen aus Afrika z. B., die als Krankenschwestern eingestellt wurden. Einige von ihnen sind gestorben bei dieser Pandemie. Auch in Spanien zeigt sich genau diese Austeritätspolitik: Abbau des Gesundheitssystems, Nichtverlängerung von Arbeitsverträgen, Nichteinstellung von neuem Personal.

Wenn wir uns Deutschland anschauen, dann sehen wir gerade im Bereich der Altersheime und des Pflegebereichs, ein Bereich, das mehrheitlich von einer feminisierten, rassifizierten und migrantisierten Arbeitskraft bedient wird, dass es da nicht so gut aussieht. Die Arbeiter_innen dort – und die sind sehr lange gewerkschaftlich organisiert und haben viele Streiks durchgeführt in den letzten Jahren – haben darauf hingewiesen, dass ihre Bezahlung weder ihrer Qualifizierung entspricht noch der Zeit, die es erfordert, Personen zu pflegen. Dieser Bereich ist in den letzten Jahren nicht weiter ausgebaut worden: weder auf der Ebene des Personals noch auf der Ebene der Infrastruktur.

Ich sehe nicht, dass der Diskurs sich gewandelt hat. Ich wünsche mir, dass gesehen wird, dass wir vielleicht woanders investieren sollten, aber das passiert noch nicht. Neben vielen anderen Fragen, die aufgeworfen werden, geht es dabei auch um das Altern, was Altern bedeutet, wie die Gesellschaft damit umgeht.

**V.E.T.** Mir ging es nicht darum zu sagen, dass in Deutschland dieselbe Situation herrscht wie in den USA oder Großbritannien. Das ist selbstverständlich nicht so. Es ist dennoch wichtig zu sehen, dass auch in Deutschland oder in kontinentaleuropäischen Kontexten diese intersektionalen Ungleichheiten wirken, wenn auch kontextuell. Und das sehen wir daran, wer diese Arbeit eigentlich leistet: dass es, wie Encarnación gerade ausgeführt hat, hauptsächlich feminisierte, migrantisierte oder auch rassifizierte Arbeiter_innen sind – auch in Deutschland oder Frankreich. In Frankreich wurde es nicht statistisch erfasst, aber auch da waren die sogenannten ‹Banlieues›, was ja vor allem rassifizierte verarmte Stadtteile sind, sehr stark von Toden wie auch schweren Verläufen durch Corona geprägt, und auch in Deutschland haben wir sogenannte ‹vergessene Hotspots›, Camps, Geflüchtetenheime, migrantisierte Arbeitsbereiche. Es gibt jetzt eine Kampagne in Berlin, ‹Legalisierung jetzt›, in der illegalisierte Migrant_innen, besonders Haushaltsarbeiter_innen, und Unterstützer_innen sich zusammengetan haben.[3] Sie haben keinen Zugang zu dem, von dem wir denken, dass es in Deutschland so gut funktioniert, nämlich zum Gesundheitswesen oder zum Wohnungsmarkt. Das ist natürlich anders als in den USA, aber es ist nicht so, dass es intersektionale Ausschlussprozesse nicht auch in kontinentaleuropäischen Kontexten gibt. Und ich glaube, da ist es wichtig, wenn wir über Care sprechen, noch mal zu sagen, von wo aus wir das denken und was es heißt, die Stimmen ernst zu nehmen, die außerhalb dieser Versorgungsstrukturen stehen und gleichzeitig damit beschäftigt sind, diese, oft unter sehr prekären Bedingungen, aufrechtzuerhalten.

**L.S.** Ganz kurz dazu: Dass es soziale Ungerechtigkeiten gibt, war auch vor der Corona-Pandemie schon so, und dass Ungleichheiten durch bestimmte Bedingungen verschärft werden, ist klar. Aber ich habe in Deutschland nicht gesehen, und das würde ich doch noch mal gerne wiederholen, dass unter bestimmten Migrant_innen mehr Todesfälle als bei Nicht-Migrant_innen vorgekommen sind, wie es in New York war. Oder dass es im Zusammenhang von bestimmten Stadtvierteln und sozialem Status signifikante Unterschiede gab. Zumindest gibt es darüber keine Daten, die ich kenne. Ich glaube schon, dass das Gesundheitssystem in Deutschland eben doch unabhängig vom Geldbeutel für alle offensteht. Man kann an den Toten in Deutschland nicht abzählen, welche ethnische Herkunft oder migrantische Herkunft sie haben. Das kann man nicht alles über einen Kamm scheren.

**V.E.T.** Das hat ja auch niemand gemacht. Es geht nur darum, auch auf die intersektionalen Ungleichheiten in den hiesigen Kontexten zu schauen, nicht darum zu sagen: «Das ist genau dasselbe wie in den USA». Natürlich ist die Gesundheitspolitik und auch die Dimension sowie die Geschichte des Rassismus eine andere. Wir haben aber auch in Deutschland im Sommer gesehen, dass Rassismus ein Thema ist. Es gab auch hier migrantisierte Personen, die sich fragen mussten: «Wenn es hier eng wird: Welche Körper werden behandelt und welche nicht?» Und bevor diese Debatte überhaupt anfangen konnte, wurde sie zum Schweigen gebracht und damit die Erfahrungen, die Menschen mit dem Rassismus im Gesundheitssystem gemacht haben.

**Brigitte Weingart Ist die Frage, wem die Privilegien, die das noch nicht komplett neoliberal ausverkaufte deutsche Gesundheitssystem zur Verfügung stellt, eigentlich zugutekommen, denn präsent genug? Das ist ja auch eine Medienfrage: Welche Fälle, welche Probleme kommen vor und ist z.B. das, was du gerade beschrieben hast, Vanessa, in derselben Weise präsent, wie die von Leander wiedergegebene Erfolgsgeschichte des deutschen Gesundheitssystems? Über die faktische Ungleichheit sind**

**Philip Hinge:** ***Coloring Quarantine Nr. 154***

**wir uns wahrscheinlich tendenziell einig, aber wie wird deren Corona-bedingte Sichtbarkeit zum Ausgangspunkt für Transformationen? Kann man das schon irgendwo ablesen?**

**L.S.** Es gab in Deutschland Pläne, sehr viele Krankenhäuser zu schließen; diese Pläne sind jetzt erst einmal verschwunden. Das ist ein ganz konkreter Effekt dieser Pandemie. Und soweit ich die Gesundheitspolitiker_innen der verschiedenen maßgeblichen Parteien kenne, wird sich jetzt keine_r hinstellen und Privatisierungen fordern, im Gegenteil, die Daseinsvorsorge des Staates wird verstärkt, die Bereitstellung von Medikamenten wird verstärkt; das sind ganz konkrete Vorhaben gegen die Abhängigkeit von bestimmten Märkten und Lieferketten. Ich sage ja nicht, dass alles prima ist im deutschen Gesundheitssystem; es gibt aber bestimmte Elemente, die durch diese Pandemie in eine eher kommunale und nicht nur privatwirtschaftliche Richtung gehen. Wenn es eine Lehre gibt, was zumindest das Gesundheitssystem im ganz klassischen politischen Sinne angeht, dann die, dass ein weniger privatisiertes Gesundheitssystem höhere Chancen für die gesamte Bevölkerung bietet, diese Pandemie einigermaßen zu überstehen. Das wird auf jeden Fall Konsequenzen haben, auch für die EU-Politik. Ob das weltweit gilt, wage ich zu bezweifeln. Es ist ja gar keine Frage, dass es hier um recht reiche Nationen geht, die sich das eben auch leisten können.

**E.G.R.** Ich denke, was die Pandemie auch zeigt, sind die globalen geografischen Verschränkungen. Ich glaube, wir können Deutschland nicht ohne die EU diskutieren oder ohne die Verschränkung mit anderen Regionen der Welt. Deswegen ist die Frage, ob das Gesundheitssystem auch sozialstaatlich organisiert ist. Es stellt sich dann aber die Frage, warum das gerade nicht verfolgt wird, warum es eher zu Austeritätspolitiken, zu Einsparungen im Staatshaushalt kommt und wie das zusammenhängt mit den unterschiedlichen Zirkulationen von Finanzkapital und den damit verbundenen Effekten. Wir können das, was im Gesundheitssystem passiert ist, nicht unabhängig von der Finanzkrise 2007/2008 in Europa diskutieren, und daher finde ich es schwierig zu sagen: Hier ist es wunderbar und woanders sieht es nicht so gut aus. Stattdessen muss man diese Verschränkung denken und das Ganze nicht nur auf der lokalen Ebene sehen. Um noch mal auf die intersektionalen Formen von Gewalt zurückzukommen, die in der Pandemie deutlich werden: Ein anderes Beispiel ist die Fleischindustrie, in der Tagelöhner_innen, also Vertragsarbeiter_innen aus Osteuropa für Mindestlöhne arbeiten und in miserablen Wohnverhältnissen leben. Verabschiedet worden ist jetzt, dass diese Arbeitsverhältnisse in großen Betrieben beendet werden sollen, in kleinen Betrieben nicht. Das wird aber nicht thematisiert.

Mit dem Care-Bereich in den privaten Haushalten, der zum Teil in der Schweiz, in Österreich und in Deutschland von Frauen aus Osteuropa gestemmt wird, ist es ähnlich. In Form einer zirkulären Migration im Rahmen von Touristenvisa verbringen sie drei Monate bei ihren Arbeitgeber_innen,[4] dann fahren sie wieder weg, um drei Monate später zurückzukommen. Für diese Frauen hat die Corona-Pandemie bedeutet, dass einige von ihnen nicht nach Hause und andere nicht zu ihrem Arbeitsplatz zurückgehen konnten. Dies bedeutet wiederum, dass einige von ihnen festsaßen und nicht zu ihren Familien zurückkehren konnten. In Spanien gibt es zurzeit große Auseinandersetzungen darum, wie die Corona-Krise vor allem die migrantisierte Bevölkerung trifft. Einige Migrant_innenorganisationen und Haushaltsarbeiter_innengewerkschaften organisieren zurzeit eine Legalisierungskampagne.[5] Auch hier in Deutschland findet dies statt. In Spanien ist es möglich sich zu legalisieren, wenn man nachweisen kann, dass die Person einer entlohnten Vollzeitbeschäftigung im Privathaushalt für den Zeitrahmen von drei Jahren nachgegangen ist. Wenn die Person jedoch über ein befristetes Arbeitsvisum verfügt, riskiert sie bei Verlust des Arbeitsplatzes den Aufenthaltsstatus. Dies führt zu einer Prekarisierung nicht nur auf der Ebene des Beschäftigungsverhältnisses, sondern auch auf der Ebene des Aufenthaltsrechts. Doch insgesamt verschärft die Corona-Krise die Prekarisierung der Arbeit für den größten Teil der Bevölkerung. Viele Menschen sind in Kurzarbeit beschäftigt und machen sich Sorgen über ihre berufliche Zukunft. Viele Menschen müssen sich auch Sorgen über die Verlängerung ihrer Aufenthaltserlaubnis, ihres Visums oder die Bewilligung ihres Asylantrags machen. Für die Gruppen, die bereits unter diesen prekären Arbeitsbedingungen arbeiten, also migrantisierte, feminisierte, rassifizierte Menschen, arme Menschen, ist die Situation schwierig. Wenn die Person irregulär beschäftigt ist, z. B. als Putzfrau oder als Pflegerin, und das ist auch hier in Deutschland der Fall, ist das Angebot, auf Kurzarbeit zu gehen oder irgendeine Form staatlicher Unterstützung zu bekommen, kaum vorhanden. Was bedeutet das konkret hier in Europa, wenn diese Möglichkeiten, das eigene Leben zu erhalten, nicht gegeben sind?

**G.D.** Mir scheint noch eine andere Dimension wichtig. Encarnación, was du sagst, ist völlig richtig, aber ich erinnere mich, wie zutiefst verblüfft ich war, dass wir aus dem ersten Lockdown[6] mit antirassistischen Massendemonstrationen in Solidarität mit George Floyd und der Black-Lives-Matter-Bewegung herausgekommen sind. Das war eine ausgesprochen seltsame Kombination. So gesehen hatte die Corona-Epidemie wohl ein Bedürfnis nach sozialer Gerechtigkeit erzeugt. In den Vereinigten Staaten hat die Black-Lives-Matter-Bewegung, darauf hat Vanessa hingewiesen, als Metapher einer gesellschaftspolitischen Sorge eine gewisse Anerkennung des historisch fortdauernden Rassismus in der *weißen* amerikanischen Bevölkerung nach sich gezogen. Wie nachhaltig das ist, ist eine andere Sache. Ähnliches passierte auch in Deutschland. Ohne Pandemie in den Fleischfabriken hätten wir die dortigen unmenschlichen Arbeitsbedingungen der osteuropäischen Arbeiter_innen, obwohl weitgehend bekannt, nicht als unerträglich anerkannt und keine Gesetzesänderungen gehabt. Corona hat auf bestimmten Ebenen eine ethische Sensibilität angeregt. Es scheint also möglich, durch dieses gesellschaftliche Todesbewusstsein eine gewisse Kommunalität für soziale Ungerechtigkeit zu erzeugen.

**B.W. Eine meiner Fragen für heute war, wie differenziert man mit diesem Care-Begriff überhaupt arbeiten kann. Er lässt sich ja einerseits ganz eng fassen und ruft im Alltagsverständnis so etwas wie Pflegearbeit auf, daran gekoppelt die traditionelle vergeschlechtlichte Hausarbeit, die Reproduktionsarbeit etc. Andererseits laufen seit Jahren über die Idee der Gouvernementalität und der Selbstsorge Achtsamkeitsdiskurse unter dem Care-Begriff. Und jetzt sind wir damit konfrontiert, dass die Pandemie uns die Vernetztheit, die globale Interdependenz von Care-Konstellationen und vor allem von sozialen Ungerechtigkeiten vor Augen führt. Was taugt dieser Begriff überhaupt noch, wenn er so breit gefasst wird?**

**In unserem Gespräch zeichnet sich schon ab, dass gerade diese Verschachtelungen aufschlussreich sind. Wir sollten uns vielleicht fragen, wie Mikropolitiken von Care mit diesen globalen Interdependenzen so in Zusammenhang gebracht werden können, dass sie politisierbar werden. Eine Politisierung, die sich offenbar eingestellt hat, war ja die gerade von Gabriele benannte: das Zusammentreffen von Corona und Rassismus in der Frage des Atmen-Könnens, aber auch die Isolation, die offenbar dazu beigetragen hat, dass es ein Begehren nach Demonstrationen gab, danach, sich mit anderen zu treffen, um ein politisches Kollektiv zu erleben (was es,**

**Stichwort ‹Hygiene-Demos›, leider auch in anderen Ausprägungen gab). Das scheint ja ein Symptom zu sein, aber wie kriegt man das alles unter diesen einen Begriff?**

**L.S.** Vielleicht erst mal ganz generell: Care-Arbeit ist ja schon länger im Fokus, das ist nichts Neues. Ich würde Care auch nicht ganz so weit fassen wie ihr. Das hat meines Erachtens mit der Krise des Arbeitsbegriffs zu tun: In der Finanzkrise 2007 bis 2011 sind mehr Industriejobs als Dienstleistungsjobs verloren gegangen, vor allem in den USA, und das hatte den interessanten Nebeneffekt, dass tatsächlich auch viel über Männer und Fürsorge gesprochen wurde, weil eben zahlenmäßig mehr Männer arbeitslos geworden sind, die dann gezwungen waren, zu Hause zu bleiben und vielleicht auch unfreiwillig Hausarbeit zu übernehmen.

Über Care-Arbeit wurde natürlich schon seit Aristoteles nachgedacht. Aber ich denke, die Krise des industriellen oder des rein an Produktion ausgerichteten Arbeitsbegriffs hat auch mit dem Aufstieg von Dienstleistung zu tun, ob das jetzt privat oder professionell ist, gewerblich, beruflich oder eben einfach Kinderbetreuung. Ich glaube, dass unsere Gesellschaft überhaupt gar keinen Begriff von dieser Art von Arbeit hat, weil unser Arbeitsbegriff mit seiner Unterscheidung zwischen produktiver und reproduktiver Arbeit sehr stark an den Bedingungen des 19. Jahrhunderts ausgerichtet ist. Das, was wir als Berufsarbeit oder Arbeit im echten Sinne begreifen, ist natürlich bestimmten Arbeitsformen geschuldet, die dominant waren. Wir werten andere Arbeitsformen ab, weil sie nicht so präsent sind. Das Hauptproblem ist aber, das überhaupt erst einmal zu beschreiben. Wenn man die Geschichte der politischen Philosophie anschaut, dann gehört die Hausarbeit von Aristoteles bis Hannah Arendt zu den niedrigsten Tätigkeiten. Das ändert sich auch im 20. Jahrhundert nicht. Es gibt auch noch gar nicht so lange eine philosophische Reflexion darüber, was das für ein Subjekt ist, das dahintersteht. Das ist tatsächlich eine große Aufgabe, das neu zu denken und einen anderen Arbeitsbegriff zu entwickeln, weil das ganz eng auch mit unserem Freiheitsbegriff zusammenhängt. Die ganze europäische Philosophie ist am autonomen Subjekt ausgerichtet, und da werden solche verletzlichen Verbindungen wie Vater – Kind, Mutter – Kind oder andere Sorge-Beziehungen ethisch nicht reflektiert. Außer der christlichen Caritas-Lehre gibt es da extrem wenig, was solche Beziehungen überhaupt erfasst.

**Stephan Trinkaus Wenn ich das richtig verstehe, wundert es dich nicht, dass sich die Corona-Demonstrationen – wie Gabriele vorhin konstatiert hat – auf den Freiheitsbegriff beziehen, weil der tatsächlich mit einer Vorstellung von menschlicher Handlungsfähigkeit und Arbeit zu tun hat, der in Spannung steht zu dem, was du mit Care meinst?**

**L.S.** Ich glaube, die sogenannten Querdenker_innen sind schwer einzuschätzen; es ist nicht einfach, das schon als Bewegung zu beschreiben. Da muss man auch ein bisschen Distanz haben, weil das eine sehr, sehr heterogene Bewegung ist und der Freiheitsbegriff da ein sehr liberaler ist, der sich aus der Angst vor einem totalitären Staat speist. Die behaupten, wie es ja leider auch manche Linke machen, die das eben als problematische Biopolitik beschreiben, der Staat werde jetzt totalitär. Das ist eigentlich ein anarcho-liberaler Freiheitsbegriff, den die ‹Querdenker_innen› in Anspruch nehmen. Nein, das passt nicht zu dem, was ich eben gesagt habe. Was ich kritisiere, ist eine liberale Tradition, die von Kant bis zur Gegenwart reicht und auch Teile des Feminismus bestimmt, deren einziges Ideal das emanzipatorisch-autonome Individuum ist und die andere Aspekte des Lebens komplett ausblendet, nämlich die Verbundenheit und die Gebundenheit. Es gibt extrem wenig in der Philosophiegeschichte zu Beziehungen zwischen Kindern und Eltern oder zu Beziehungen zwischen Kranken und Gesunden, woraus sich ethische Entscheidungen begründen. Wenn Hannah Arendt über politischen Aktionismus spricht, dann ist das für sie eine heroische Tätigkeit, die findet auf einer Bühne statt, die ist sichtbar – und Care-Arbeit ist eben privat, oft nicht sichtbar, der Öffentlichkeit entzogen. Sie ist anstrengend, wiederholt sich immer, sagt Hannah Arendt, das ist furchtbar, sie macht dumpf und stumpf. Das ist eine ganz lange Geschichte von Vorurteilen, und ich glaube, dass diese Art von Arbeit und auch die Art des Egos, das diese Arbeit vollzieht, und die Selbstbilder, die damit einhergehen, wirklich ganz anders funktionieren als ein beruflicher oder öffentlicher Erfolg, wo man immer eine Art von Applaus auf einer Bühne bekommt. Es ist interessant, das erst einmal zu beschreiben – und die Gesellschaft kommt jetzt darauf, weil bestimmte Formen der Arbeit sowieso gerade in der Krise sind und wir uns nicht mehr nur über Berufsarbeit definieren können.

**E.G.R.** Das stimmt, solange man sich auf die okzidentale Philosophietradition bezieht und auf die griechische Antike, wo bestimmte Männer sprechen durften in der Polis. Man musste ja auch Besitz haben und das konnte nur ein Mann, der von Frauen und von der versklavten Bevölkerung bedient wurde. Der Feminismus hat allerdings schon sehr früh etwas anderes gezeigt, z. B. wenn Silvia Federici über die Haushaltsarbeit schreibt und Alexandra Kollontai, aber auch Sylvia Pankhurst darüber berichten, was es bedeutet als Frau für die Reproduktionsarbeit zuständig zu sein, oder Sojourner Truth, die über die versklavte Arbeit und die Position der Schwarzen Frau in der Plantagenökonomie spricht. Diese Theoretikerinnen thematisieren die andere Seite der europäischen Moderne, nämlich den Kolonialismus und die Plantagenökonomien, die die Industrialisierungen und die Idee des bürgerlichen autonomen Individuums ermöglichten.

Es gibt zudem viele Traditionen, die eigentlich ganz anders denken als wir, ‹wir› Europäer_innen. Dabei geht es weniger um Care, sondern eher um planetarische Kosmologien, um vielfache Verbindungen zwischen verschiedenen Spezies und unsere Beziehung zum Planeten. In diesen Debatten werden Beziehungen anders gedacht. Das erweitert den Bezug auf Care. Denn es geht nicht nur um interpersonelle Beziehungen, die mit emotionaler Arbeit im Sinne von persönlicher Aufmerksamkeit und Fürsorge einhergehen. Vielmehr geht es hier um planetarische Fragen im dem Sinne, wie sich der Mensch in Beziehung und Verantwortung zu seiner Umwelt setzt. Es geht hier eher darum, uns in Beziehung zu unserer kolonialen Geschichte, der Herstellung globaler heteronormativer, rassifizierter, ableistischer und vergeschlechtlichter Ungleichheiten zu setzen; das Nord-Süd- und Ost-West-Verhältnis, die geopolitischen Verschränkungen, die daraus erwachsen, zu denken. Aber es geht auch um unsere Beziehung zum Planeten. Wir leben nicht von, sondern mit dem Planeten, mit den Pflanzen, mit den Flüssen, mit den Insekten. Und ich glaube wir sind an einem Punkt – und mit ‹wir› meine ich die *weißen* Europäer_innen, die so aussehen wie ich –, an dem die unendliche kapitalistische Wertschöpfung, der Extraktivismusdrang und die Verdinglichung unserer kollektiven Ressourcen und Arbeit durch individuelle Kapitalmaximierung so nicht mehr weitergehen kann.

In dieser Debatte ist für mich die Frage nach der gesellschaftlichen Organisation der Haushaltsarbeit zentral.[7] Das, was diese Arbeit ausmacht, Putzen und Waschen und Kochen usw., wird als Routine-Arbeit angesehen, und gesellschaftlich wird diese Arbeit als minderwertig betrachtet. Diese Arbeit ist jedoch konstitutiv für die Herstellung und Bewahrung des Lebens. Sie ermöglicht die Herstellung des Lebens. Und wenn wir als Gesellschaft dies nicht begreifen, verstehen wir auch nicht, dass diese Arbeit unmittelbar an der Produktion unserer sozialen, affektiven und planetarischen Beziehungen beteiligt ist. Diese unmittelbare Arbeit als den zentralen Angelpunkt unserer Beziehungen zu denken, nicht nur in der Fürsorge für die_den anderen, sondern in der Form eines kollektiven, aufeinander angewiesenen und voneinander abhängigen Lebens,[8] ist zentral für das gesellschaftliche Zusammenleben oder für das Streben nach Konvivialität.[9] Diese Interdependenzen, diese Abhängigkeiten, in denen wir leben und existieren, werden gerade sehr sichtbar. Darin liegen die Grenzen der Projekte, die so stark auf eine liberale Logik des unabhängigen autonomen Subjekts setzen. Das ist jetzt keine Gegenrede, sondern ein Nachdenken über die Narrative, in denen wir uns bewegen. Und übrigens spielen die Medien da eine wesentliche Rolle.

**G.D.** Die Überlegung, Care-Arbeit zu einem Vitalzentrum von Konvivialität zu machen, finde ich absolut wichtig, möchte aber dafür plädieren, das immer im Zusammenhang mit der vorhergehenden Vergeschlechtlichung von Care-Arbeit zu diskutieren. Care ist eine feminisierte, eine als feminisiert gedachte Praxis, die die geschlechtsspezifische Arbeitsteilung als Habitus nicht herausfordert. Deswegen kann man auf Care als revolutionäres oder wenigstens evolutionäres Prinzip unter dem Gesichtspunkt von Geschlechter-Gerechtigkeit nicht setzen, wenn man, wie gesagt, nicht gleichzeitig die Feminisierung von Care-Arbeit herausfordert. Im Zusammenhang von Vanessas Argumentation wollte ich noch einmal auf Maria Lugones' Überlegungen zur *coloniality of gender* hinweisen, wo sie darauf aufmerksam macht, dass der Kolonialisierungsprozess in bestimmten anthropologischen Zusammenhängen gleichzeitig ein Domestizierungs- und Unterwerfungsprozess von indigenen Frauen unter indigene Männer gewesen ist.[10] Das finde ich wichtig, weil es zu denaturalisieren hilft.

**S.T. Bezogen auf das, was Encarnación eben eingeführt hat, stellt sich die Frage, ob Sorge oder Care etwas beitragen kann zu einer Kollektivität oder Konvivialität, die über das Menschliche hinausgeht. Also gibt es Sorge für etwas, das uns so wenig ähnlich ist, dass wir uns in keiner Weise damit identifizieren können? Kann man diese Verbindungen mit Sorge bzw. Care denken? Das scheinen mir wichtige Fragen, gerade was die Gegenstände der Wissenschaft, auch der Medienwissenschaft, betrifft.**

**L.S.** Natürlich gibt es in allen Kulturen auch Gegengeschichten – zum Glück. Auch in der europäischen natürlich, das ist ja nicht nur ein außereuropäisches Phänomen. So gibt es mit der christlichen Caritas-Lehre eine ganze Tradition, die das Politische nicht als Bühne, sondern als Nächstenliebe, als Sorge um die_den Nächste_n denkt; das ist eine komplett andere Tradition als die der Aufklärung. Und das ist seit der Antike – ich kann nur für die europäische Geschichte sprechen, weil ich die anderen einfach nicht ausreichend kenne – auch immer gegendert, und natürlich hängt Autonomie dann mit Männlichkeit zusammen. Aber eben auch mit einer Männlichkeit, die einer bestimmten Art von Arbeit, nämlich der notwendigen Reproduktion und Ernährungsarbeit, enthoben war. Deswegen ist ja das, was sich gerade abzeichnet, so ein großer Umbruch.

Die International Labour Organisation (ILO) hat die Einbeziehung von Vätern in die Familienarbeit im Sinne von *active fatherhood* als den vermutlich größten gesellschaftlichen Umbruch für das 21. Jahrhundert beschrieben, zumindest in den Industrieländern. Das produziert dann tatsächlich auch andere Formen von Subjektivität.

Das ist es, was mich interessiert, weil natürlich die ganze Vorstellung, dass ich rausgehe, das Haus verlasse – als großer Akt, der als Eintritt in das Politische beschrieben wird –, eine ganz andere Form von Selbstentwurf ist, die von einem

Publikum produziert wird, als die Familienarbeit. Das weiß jede_r, die_der sich länger mal um ein kleines Kind oder einen anderen Menschen gekümmert hat. Es gibt kein Publikum, vor dem diese Leistung dann erbracht wird. Und ich bin mir sicher, dass das auch eine Übung für bestimmte Tugenden ist. Es gibt Tugenden, die werden im Haus erworben, und das sind andere als die, die außerhalb des Hauses wichtig sind. Ich glaube tatsächlich, dass es große gesellschaftliche Veränderungen bringen würde, wenn es eine signifikante Teilhabe von Männern und Frauen an dieser gemeinsam getätigten Familienarbeit gibt. Insofern würde ich sagen: Natürlich sind das ganz zentrale Genderfragen.

**B.W. Nun hat unter COVID-19 die klassische Geschlechter-Arbeitsteilung einen Aufschwung erfahren, also wir sind mal kurz in die 1950er Jahre zurückgebeamt worden …**
**L.S.** Also das gilt nicht für alle, das muss ich jetzt mal sagen. Ich habe zu Hause Homeschooling gemacht, deswegen kann ich das nicht so allgemein akzeptieren.

**B.W. Ja, natürlich, aber haben wir es nicht auch verstärkt mit Backlash-Phänomenen zu tun, oder jedenfalls noch nicht mit der Situation, die du gerade in Aussicht gestellt hast? Im selben Maße vielleicht, wie die Einsicht in globale *interconnectedness*, die durch die Pandemie beflügelt wurde, noch nicht das Sensorium für nachhaltiges Konsumieren ausgeprägt hat oder für die alltäglichen Interventionsmöglichkeiten gegen soziale Ungerechtigkeit?**
**L.S.** Nein, dass es dieses Phänomen gab, will ich gar nicht bestreiten.

**B.W. Ich hake hier auch deshalb ein, weil ich mich frage, ob diese Transformationen tatsächlich so präsent sind, wie wir sie vor Augen haben. Das sind ja Themen und Veränderungen, die *wir* sehen wollen. Oder trügt mich der Eindruck, dass z. B. über migrantische Care-Arbeiter_innen im ersten Lockdown und auch jetzt in der *Tagesschau* herzlich wenig zu sehen war?**
**V.E.T.** Jetzt hast du eine weitere wichtige Frage gestellt. Ich wollte aber noch mal zurückkommen zu der nach dem Care-Begriff und danach, was der leisten kann und was nicht: Ich würde auch sagen, dass es total wichtig ist, an feministische Genealogien anzuknüpfen, weil die ja schon ganz lange diese, auch Arendt'sche, Trennung der Bereiche der Notwendigkeit und der Freiheit hinterfragt haben und damit auch die Trennung zwischen dem Öffentlichen und dem Privaten etc. Gewisse Feminismen denken nicht erst seit María Puig de la Bellacasa eine Beziehung zur *non-human world* als eine Form von Care,[11] also die ökologischen Feminismen oder indigene und antikoloniale Bewegungen, für die das kolonialkapitalistische Projekt immer auch eines war, das die Erde zerstört. Ich würde z. B. sagen, Fanons *The Wretched Of The Earth* bezieht sich nicht nur darauf, dass Kolonialismus *non-humans* produziert oder gewisse Menschen zu Nicht-Menschen erklärt, sondern auch die Erde *wretched*: Wir haben es da mit Projekten der Ausbeutung zu tun, der Überausbeutung, die Menschen entmenschlichen, aber auch die Erde zerstören. Da gibt es eine lange Genealogie, das in Frage zu stellen, zu kritisieren, herauszufordern und auch über Alternativen nachzudenken, und ich denke, dass der Care-Begriff hier Potenzial hat. Nicht in dem Sinne, dass er willkürlich oder beliebig werden soll. Ich würde es ähnlich sehen wie Encarnación: Es geht darum, ihn um gewisse Konfigurationen entwerteter Arbeit zu spinnen. Es gab die Kampagne ‹wages for housework›,[12] aber auch die intersektionalen Feministinnen, die die Leerstellen der Kampagne kritisiert haben, wie die ‹Black Women for Wages for Housework› (BWfWfH), und darauf hingewiesen haben, dass es auch um diejenigen gehen

Anne Meerpohl: *Coloring Quarantine Nr. 16*

muss, die im System der Plantagenökonomien die Hausarbeit für andere machen mussten, um diejenigen, die mittellos sind oder von der Gesellschaft als ‹unwürdig› stigmatisiert und kriminalisiert werden.[13]

Als jemand, die zu staatlicher Kriminalisierung und Polizieren arbeitet, frage ich mich aber auch, inwiefern mit dem Wandel der Arbeit viele der sogenannten ‹entwerteten› Bevölkerungsgruppen nicht mehr für Ausbeutung und Überausbeutung gebraucht werden. Ich denke an die sogenannten *surplus-populations*, meist rassifiziert und arm gehalten, und daran, wie sich eine gewisse Entwertung der Arbeit dadurch artikuliert, dass es gar nicht mehr darum geht, die Arbeitskraft bestimmter Gruppen (womöglich doppelt oder intersektional) auszubeuten, sondern dass diese eigentlich ‹überflüssig› gemacht, kriminalisiert und sterben gelassen werden – wie die Menschen, die auf dem Mittelmeer «ertrunken gemacht» werden oder sogar durch Pushbacks direkt in den Tod geführt werden, oder in die Lager in Libyen und andere mörderische Kontexte. Was hieße es also, in Bezug auf Care über Arbeit hinauszudenken?

Ein anderer Gedanke betrifft den Freiheitsbegriff, QAnon und die Corona-leugnerischen Bewegungen. Ich frage mich, was das für ein Freiheitsbegriff ist, mit dem da gearbeitet wird? Ich weiß nicht, ob ich sagen würde, dass der liberale Freiheitsbegriff immer per se progressiv war. Aus der postkolonialen oder Schwarzen radikalen Theorie gibt es eine starke Kritik an diesem liberalen Freiheitsbegriff, der einhergeht mit der systematischen Entmenschlichung und Ausbeutung eines Großteils der Bevölkerung der Welt. Wir haben auf jeden Fall ein Problem mit diesen Bewegungen, aber ich frage mich: Wird hier wirklich etwas Progressives vereinnahmt?

Und zu der Frage der Medien: Über welche Erfahrungen sprechen wir eigentlich und welche Erfahrungen werden in der Pandemie repräsentiert? Wenn es um Hotspots geht, dann geht es selten um die Lager, die in Antira-Politkreisen als die vergessenen Hotspots bezeichnet werden, oder darum, dass die Menschen dort unter Massenquarantäne gestellt und teilweise poliziert werden, die Lager nicht verlassen dürfen. Das findet alles gerade statt und auch schon seit Anfang des Jahres 2020. Deshalb ist es jetzt so wichtig (wie vor der Pandemie auch schon) zu gucken, welche Geschichten und Erfahrungen eigentlich repräsentiert werden und wer aus diesen Anerkennungsökonomien herausfällt, und Solidarität von dort aus zu praktizieren. Was kann unsere Aufgabe sein als Wissenschaftler_innen und Personen, die in Sorgeverhältnissen zueinander, aber auch mit der Welt stehen und zu denken versuchen? Was muss fortgesetzt oder vielleicht auch anders gemacht, gedacht werden? Diese Pandemie stellt uns vor neue Herausforderungen.

**Jana Mangold Was die Selbstreflexion als Wissenschaftler_innen angeht, so haben wir uns in der Vorbereitung gefragt: Ist es eigentlich in Ordnung, angesichts all dieser Problematiken, die sich um die Frage derjenigen, die jetzt besonders verletzlich sind und um die sich gekümmert werden muss, drehen, über die Vereinbarkeit von Beruf und Familie zu sprechen? Ich fand es sehr aufschlussreich, dass es in unserer Diskussion sofort nicht mehr um diesen häuslichen Kontext ging, dass sehr schnell klar wurde, die gravierenden Fragen dieser Care-Debatte liegen tatsächlich stärker in den Verschränkungen, in diesem Bezogensein aufeinander, welches aber politisch oder ökonomisch immer wieder unterdrückt wird.**

**L.S.** So sympathisch mir es ist, den Care-Begriff so auszuweiten, so finde ich es doch auch problematisch, ihn auf alles zu beziehen. Das hat auch mit der Karriere des Sorge-Begriffs zu tun: Ökologische Sorge um die Erde, Sorge um die Natur, Sorge um den Mitmenschen – kann man natürlich alles machen, aber ich würde das nicht nur deswegen kritisch sehen, weil es schwammiger wird, sondern vor allem deswegen, weil mit der Sorge ja auch ein bestimmtes Regime einhergeht. Sorge hat damit zu tun, dass es um andere Maßnahmen geht als in einer symmetrischeren Begegnung. Man kann z. B. sehen, dass im Zusammenhang der ökologischen Fragen mehr kuratorische und regulatorische als beispielsweise normative oder andere Maßnahmen des klassischen Politikbereiches getroffen werden. Das heißt, die Sorge produziert ihr eigenes politisches Verhältnis – und wenn die Sorge das Oberleitmotiv wäre für alles Politische, dann wäre ich besorgt, um es mal so auszudrücken: weil die Sorge natürlich immer ein bestimmtes Verhältnis darstellt, das auch eine Entgrenzung der_dem anderen gegenüber produziert. Und das fände ich, so sehr ich eben für eine Ethik der Sorge plädiert habe, schwierig. Denn dann unterschätzte man doch, dass die Sorge eben auch andere Zugriffsmodelle auf die_den andere_n impliziert, die ihre eigenen Probleme mitbringen. Mit der Sorge ist nicht alles gut. Man übernimmt z. B. extrem viel Verantwortung für jemand anderen. Eine Sorge ist meist um jemanden, die_der eben nicht in dem Maße zur Selbstsorge fähig ist, und das kann leicht auch Paternalisierung bedeuten. Wenn ich sage, ich stelle die Natur unter die Sorge, stelle das und das unter die Sorge, dann sehe ich mich als denjenigen, der das produziert. Umgekehrt gibt es ja auch Philosophien, die das gemacht haben und eine Position derer_dessen bezogen haben, die_der sich sorgt. Das ist dann eben nicht mehr Demokratie, das ist auch nicht mehr Austausch, Zirkulation oder Wettkampf oder all diese anderen Modelle, sondern das ist dann eben der_die, der_die die Macht über alles hat. Eine sorgende Person hat sehr viel Macht.

**S.T. Aber nicht die, die sorgen, haben am meisten Macht, sondern die, um die sich am meisten gesorgt wird. Das haben wir doch auch in der Pandemie erlebt. Sorge ist ein nicht auflösbares, zugleich reziprokes und asymmetrisches Verhältnis. Die Frage ist, wie man Sorge denkt. Wenn man Sorge als ‹Sorge für jemanden› denkt und als ein paternalistisches Herrschaftsverhältnis, dann versteht man, glaube ich, schon die Beziehung zwischen Mutter und Kind falsch. Das ist ja nicht einfach ein einseitiges Verhältnis, in dem das eine über das andere Macht hätte. Dass Sorge auch beherrschend sein kann, ist etwas anderes, aber grundsätzlich kann man sich Sorge nur als ein reziprokes Verhältnis, als einen relationalen Prozess vorstellen, würde ich sagen.**

**L.S.** Ja klar, alle Verhältnisse sind in irgendeiner Art und Weise dialektisch und natürlich haben die Kinder in der Eltern-Kind-Beziehung sehr viel Macht. Das ist mir alles klar. Aber ich würde trotzdem sagen, dass die Sorge eine bestimmte Art von Zugriff produziert, der zwar nicht souverän ist, aber eben auch nicht reziprok wie z. B. das Anerkennungsverhältnis.

**S.T. Aber Sorge ist ja eben kein Anerkennungsverhältnis – sondern das Andere der Anerkennung.**

**L.S.** Ja, das meine ich. Jedes Verhältnis *kann* in eine bestimmte Richtung ausarten. Aber mir ist wichtig, sich zu überlegen, dass Sorge eben eine andere Art von Relation als ‹Ich und Du›, als das Anerkennungsverhältnis, als politische Demokratie bedeutet und dass man sich das klarmachen muss, wenn man die Sorge auf alle Naturverhältnisse ausdehnt.

**E.G.R.** Was ich spannend an der Diskussion gerade finde, ist, dass wir immer in Übersetzungen arbeiten. Und der Begriff ‹Sorge› hat im Deutschen ja auch etwas mit ‹worrying› im Englischen zu tun, während der spanische Begriff ‹cuidado› eher mit Achtsamkeit zu tun hat, mit achten. Was ‹care› im Englischen angeht, bin ich jetzt etymologisch nicht so aufgestellt, aber so wie das zumindest umgangssprachlich verwendet wird, geht es ja um *caring*, und ich weiß nicht, ob das gleichzusetzen ist mit *worrying*. Das deutsche ‹Sorge› und Formulierungen wie ‹er sorgt sich› oder ‹es wird gesorgt› setzen ja schon so eine Form von autonomem Handeln voraus, was noch mal dieses Dialektische produziert oder diese_n andere_n, zu der_dem man in Beziehung steht, die_den man zugleich auch negiert, um sich selber zu konstituieren. Während wir ‹cuidado› eher relational denken: Da ist alles miteinander verbunden und man ist eher auf der Ebene, sagen wir mal: der *actor-network theory* (ANT), nämlich das eine kann ohne das andere gar nicht existieren.

Und wenn wir so weit gehen würden, dass wir das auch im Sinne von Kosmologien auffassen, so wie Vanessa vorhin ja indigene Narrative, indigene Formen der Auseinandersetzung mit unserem Kosmos, mit unserem Planeten erwähnt hat, dann ist es ja nicht so, dass ich über den Fluss verfüge, sondern der Fluss verfügt auch über mich. Zoe Todd, eine Métis aus Edmonton, Alberta, in Kanada, hat eine sehr gute Kritik auch an Latour und dem Konzept des Anthropozäns formuliert, in der sie darüber spricht, wie wichtig dieser Fluss in Edmonton für die Métis war. Fluss bedeutet, mit ihm, mit den Fischen zusammenzuleben. Der Ort, an dem sie lebte, war Teil ihres Seins und des Seins ihrer Community und so weiter.[14] Das hört sich alles sehr romantisiert an, aber ich finde, das ist eine ganz andere Form zu sprechen, mich in der Welt zu denken. Und in Lateinamerika thematisieren die Kämpfe der Frauen des Amazonas und die feministische Auseinandersetzung um Territorium – Land – Körper Politiken der kolonialen heteropatriarchalen kapitalistischen Extraktion gerade diesen Blick.[15]

Care hat also auf der einen Seite eine Dimension, die mit Arbeit zu tun hat, mit konkreter Arbeit, da geht es um die Materialität von Care. Es gibt aber auch die Seite der Care-Ethik. In meiner Studie zu Haushaltsarbeit habe ich gerade die dekoloniale Care-Ethik thematisiert. Dabei ging es mir nicht nur darum, die Care-Ethik auf der konkreten Ebene der Pflege- und Betreuungsarbeit in der Familie, in personellen Beziehungen oder in Pflege- und Betreuungseinrichtungen in den Fokus zu bekommen. Vielmehr ging es mir um Care als Siedepunkt gesellschaftlicher Verhältnisse wie Rassismus, Kolonialität, das Geschlechterverhältnis und Kapitalismus. Im Sinne von Amaya Perez Orozco, einer feministischen Ökonomin aus Madrid, geht es um das Verhältnis von Kapital und Care. Mit der Radikalisierung des Widerspruchs zwischen Arbeit und Kapital macht Perez Orozco deutlich, dass Care-Arbeit kein partikulärer Arbeitsbereich im Kapitalismus ist.[16] Vielmehr steht Care als zentrale Drehachse für die Organisation von Arbeit in der gegenwärtigen Gesellschaft. Zugleich verweist Care im Sinne von Precarias a la Deriva[17] auf das Kontinuum von Produktions- und Reproduktionsarbeit. Care bedeutet ja nicht nur Arbeit im Sinne der entlohnten Arbeit, sondern die Tätigkeit, die *vita activa* im Grunde genommen, die im Zentrum unseres Daseins steht. Und das wäre natürlich eine radikale Wendung in der Form, wie wir uns in Beziehung zu dem Ort, an dem wir leben, und der Welt, in der wir leben, denken.

**V.E.T.** Ich würde widersprechen, dass Ethiken oder Politiken von Care nicht demokratisch sein können. Und Anerkennung hat nie für alle funktioniert, das hat Fanon eindrücklich in seiner Kritik an Hegel gezeigt. Wie Encarnación gerade ausgeführt hat: Es geht um Formen des Zueinander-in-Beziehung-Seins und Politiken der Angewiesenheit, die natürlich auch demokratisch sind, und ich würde das schon auch als *ethics of care* bezeichnen. Ich muss in Bezug auf Haushaltsarbeit überlegen, weil in abolitionistischen Kreisen auch über Care als das gesprochen wird, was z. B. Harriet Tubman gemacht hat, wenn sie Menschen auf der Plantage zur Flucht verholfen und darüber gesagt hat: «I go to prepare a place for you», was auch ihre letzten Worte waren. Oder wie Assa Traoré, die Schwester von Adama Traoré, der in Paris von der Polizei getötet wurde, die für Gerechtigkeit kämpft. Oft sind damit auch ganz materielle Fragen von Arbeit verbunden, sich um Angehörige kümmern, auch um die Kinder, von kriminalisierten oder getöteten Menschen. Da frage ich mich schon, ob wir das nicht vielleicht verknüpfen können mit Care als Zueinander-in-Beziehung-Sein, auch als Form des Aufeinander-Aufpassens. Das sind aber für mich noch offene Fragen, weil es nicht darum gehen kann, den Begriff inflationär zu verwenden, sondern unterschiedliche Traditionen der Care-Politiken ernst zu nehmen in unserem Nachdenken über Care. Ethiken und Politiken von Care als Form des Miteinander-in- und -zu-der-Welt-Seins sind ganz grundlegende Formen, Prozesse der Ermöglichung, die hoffentlich auf Alternativen anderer Gesellschaftsformationen und eine andere Beziehung zur Welt verweisen als die, die immer nur über Biopolitik mit Nekropolitik funktionieren oder die uns dahin gebracht haben, wo wir jetzt sind. Da würde ich nicht einfach sagen, dass Care-Politiken nicht demokratisch sind, sondern eher anzweifeln, inwiefern bisherige Lebensweisen es eigentlich sind oder inwiefern wir uns die ganze Zeit schon in der Krise der Demokratie befinden.

**B.W. Ich komme nicht umhin zu glauben, dass ihr da auf *common ground* seid und dass es eher um diese Begriffsfrage geht, oder Leander?**

**L.S.** Ja, ich verstehe das alles. Ich kann auch das Ansinnen gut verstehen. Ich kann auch die Geschichte mit dem Fluss und den Fischen verstehen. Das hat Heidegger auch schon über den Rhein gesagt. Da gibt es ganz ähnliche Ausführungen über das In-der-Welt-Sein. Das gibt es von allen politischen Richtungen. Das hat auch immer eine romantische Note. Aber was für mich problematisch ist, warum ich eben doch skeptisch bleiben würde, den Care-Begriff in so eine große politische Dimension zu heben, ist, dass für meinen Geschmack da viel zu wenig Konflikt und Streit und Abgrenzung vorkommt. Also das, was Politik eben auch ausmacht, was essentiell für sie ist. Ich glaube, dass Care eine Art von Nähe-Beziehung voraussetzt. Ich bin Kommunitarist, also ich habe kein Problem damit, Gemeinschaft auch von starken Idealen her zu denken. Aber wenn die Sorge-Arbeit die gesamte politische Sphäre erreichen würde, dann bliebe zu wenig übrig für den Streit. Was das In-der-Welt-Sein angeht, das ist ja nun einmal leider für jede_n etwas anderes, oder für sehr viele etwas anderes, und es ist nicht so leicht, sich darauf zu einigen. Das kann man abstrakt natürlich super sagen, auch die Beziehung zwischen Menschen und Nicht-Menschen, wie etwa in der ANT. Aber auch in der ANT gibt es überhaupt keinen wirklichen Konflikt. Die Sorge wäre mir zu harmonisch, und um die Harmonie durchzusetzen, bedarf es dann eben doch sehr starker politischer Mittel.

**S.T. Aber ich dachte, du hast Sorge und Familie zusammengedacht, und da würdest du sagen, geht es nur um Harmonie und nicht um Konflikt?**

**L.S.** Doch, aber das ist ein Nähe-Verhältnis, und mir ging es ja darum, Sorge-Elemente in die politische Sphäre einzubringen.[18] Also bestimmte Tugenden, die man aus der Sorge-Arbeit oder aus dem Sozialen Jahr lernen kann, in die politische Sphäre einzubringen. Ich würde aber nicht die politische Sphäre insgesamt als Sorge-Verhältnis beschreiben. Das wäre für mich ein Unterschied ums Ganze, etwas, das man nicht vermischen sollte.

**B.W. In diesem Zusammenhang, in dem sich unsere Diskussion so stark auf den Begriff der Sorge konzentriert hat, fände ich es schön, wenn wir dich, Gabriele, noch mal hören**

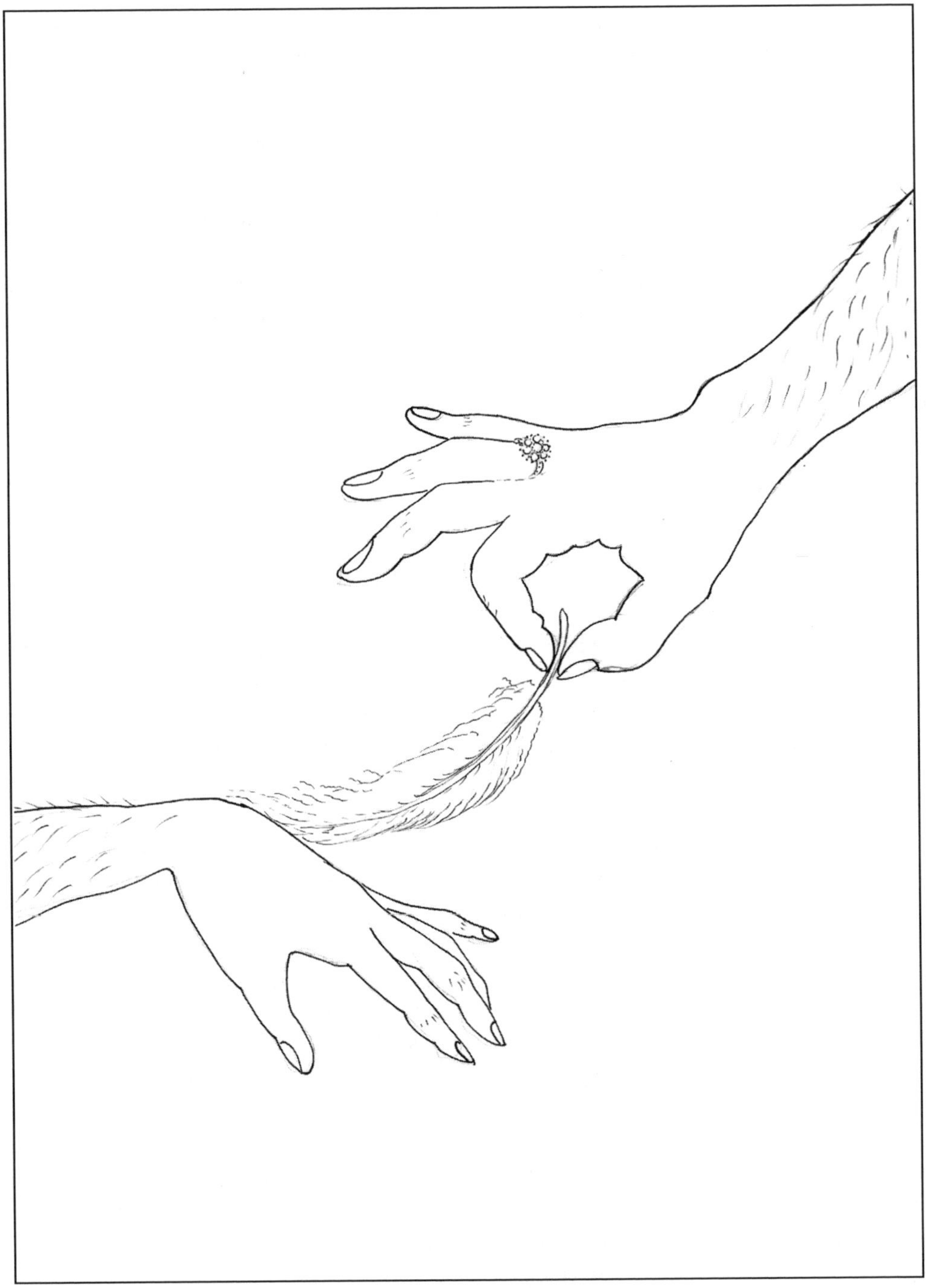

Kinke Kooi: *Coloring Quarantine Nr. 28*

**könnten zu einem Aspekt von Sorge oder von Care, bei dem klar wird, dass der Begriff tatsächlich unheimlich wird, nämlich im Zusammenhang mit dem, was du als ‹Care-Rassismus› identifiziert hast.**

**G.D.** Zunächst muss ich korrigieren: *Care racism* ist nicht mein Begriff, sondern den habe ich von zwei schwedischen Rechtspopulismus-Forscherinnen übernommen, Maja Sager und Diana Mulinari, die die Schwedendemokraten untersucht haben.[19] Schweden hat sich ja sehr lange migrationsfreundlich aufgestellt und musste sich nach dem Anwachsen des Rechtspopulismus erst mal vertraut machen mit dem Argument, dass Migration unwillkommen ist. In diesem Zusammenhang ist Sager und Mulinari aufgefallen, dass es eine Argumentation gibt, mit der Sorge um das Eigene den Ausschluss des Fremden (der Migrant_innen) zu rechtfertigen. Man kann auch bei rechtsradikalen *aryan brotherhoods* in den USA Aussagen finden, die Sara Ahmed so wunderbar zitiert hat: «[…] it's not hate, it's love».[20] Da findet eine Umkehrung des Sorge-Verständnisses statt. Prinzipiell beinhaltet das Care-Konzept natürlich auch – Leander hat von Nähe-Beziehungen gesprochen – die Möglichkeit von Gruppenegoismus.

Zur Ausweitung des Care-Begriffs: Ich finde es wichtig, Versorgung und Sorge auseinanderzuhalten. Wenn z. B. Vanessa über das Leute-ertrinken-Machen gesprochen hat, dann geht es um eine andere Form von Bezüglichkeit, die ich eher unter ‹das Leben der_des anderen für wertvoll halten› verbuchen würde. Ihr kennt ja sicher die Überlegungen, dass Unbetrauerbarkeit aufgehoben werden muss oder die Vulnerabilität Menschen zu Menschen macht und deswegen eine Verantwortung oder eine Zugewandtheit entstehen sollte. Darin finde ich eine andere Art und Weise des politischen oder philosophischen Denkens als das, was sich hinter dem Care-Begriff versammelt. Ich schreibe öfter zusammen mit zwei Kolleginnen, Elahe Hashemi Yekani und Beatrice Michaelis, und wir haben überlegt, ob man nicht eine Kategorie wie *ethical desire*, also ethisches Begehren, praktisch und politisch entwickeln sollte. Das wäre ein Alternativbegriff zu einer Ausweitung des Care-Begriffs, der auf die Verantwortung gegenüber den Leben aller Menschen zielt.

**B.W.** ***Ethical desire*** **– das scheint mir auch den Geist, von dem dieses Gespräch getrieben war, ganz gut zu erfassen und deshalb kein schlechtes, wenn auch sicher vorläufiges Schlusswort zu sein.**

**1** Vgl. dazu auch das Statement von Thomas Waitz im Panel «Corona: Krise, Care und Kapitalismus» auf der Jahrestagung der Gesellschaft für Medienwissenschaft am 30.9.2020.

**2** Vgl. Vanessa E. Thompson: «Hey, Sie da!» Postkolonial-feministische Kritik der Polizei am Beispiel von Racial Profiling, in: Daniel Loick (Hg.): *Kritik der Polizei*, Frankfurt / M. 2018, 197–219; dies., Heike Mauer: Polizieren als intersektional-rassistisches Verhältnis. Vanessa E. Thompson im Interview, in: Blog Interdisziplinäre Geschlechterforschung, 7.7.2020, gender-blog.de/beitrag/polizieren-rassistisches-verhaeltnis (14.1.2021).

**3** Vgl. die Webseite der Kampagne, legalisierungjetzt.net/ (26.1.2021).

**4** Vgl. Huey Shy Chau: *Brokering Circular Labour Migration. A Mobile Ethnography of Migrant Care Workers' Journey to Switzerland*, Milton Park, New York 2020.

**5** Zu den Kampagnen siehe Sindihogar-Sindillar – Trade Union Organization for Household Workers, Barcelona (sindillar.org), SEDOAC, Madrid (sedoac.org) und mujeres supervivientes Sevilla (mujeressupervivientessevilla.org), International Women* Space, Berlin (iwspace.de/2020/11/iws-speech-25-november-2020) sowie Women in Exile, Germany (women-in-exile.net) und die bereits erwähnte ‹Legalisierung Jetzt›-Kampagne, vgl. Anm. 3.

**6** Siehe dazu Gabriele Dietze: Quarantine Culture. Corona-Fernseh-Serien, in: *Zeitschrift für Medienwissenschaft: Gender-Blog*, 30.7.2020, zfmedienwissenschaft.de/node/1537 (13.1.2021).

**7** Vgl. hierzu Encarnación Gutiérrez Rodríguez: *Migration, Domestic Work and Affect*, New York, London 2010.

**8** Vgl. hierzu Encarnación Gutiérrez Rodríguez: Political subjectivity, transversal mourning and a caring common: responding to deaths in the Mediterranean, *Critical African Studies*, 10:3, 345–360, 2018, doi.org/10.1080/21681392.2019.1610010.

**9** Vgl. hierzu Encarnación Gutiérrez Rodríguez: Creolising Conviviality: Thinking Relational Ontology and Decolonial Ethics through Ivan Illich and Édouard Glissant, in: Oscar Hemer, Maja Povrzanovic Frykma (Hg.): *Conviviality at the Crossroads*, London 2019, 105–124.

**10** Maria Lugones: The Coloniality of Gender, in: Wendy Harcourt (Hg.): *The Palgrave Handbook of Gender and Development*, London 2016, –33, doi.org/10.1007/978-1-137-38273-3_2.

**11** María Puig de la Bellacasa: *Matters of Care. Speculative Ethics in More Than Human Worlds*, Minneapolis 2017.

**12** Vgl. unter anderem Silvia Federici: *Wages Against Housework*, New York 1975; dies., Nicole Cox: Counter-Planning from the Kitchen, in: Silvia Federici: *Aufstand aus der Küche. Reproduktionsarbeit im globalen Kapitalismus und die unvollendete feministische Revolution*, Münster 2020, 106–127.

**13** Vgl. Arlen Austin, Beth Capper, Tracy Deutsch: Wages for Housework and Social Reproduction. A Microsyllabus, in: *Radical History Review*, 27.4.2020, radicalhistoryreview.org/abusablepast/wages-for-housework-and-social-reproduction-a-microsyllabus/ (14.1.2021).

**14** Zoe Todd: Fish, Kin, and Hope: tending to water violations in *amiskwaciwâskahikan* and Treaty Six Territory, in: *Afterall. A Journal of Art, Context and Inquiry*, Bd. 43, Nr. 1, 2017, 102–107.

**15** Vgl. Andrea Sempértegui: Indigenous Women's Activism, Ecofeminism, and Extractivism: Partial Connections in the Ecuadorian Amazon, in: *Politics & Gender*, Juli 2019, 1–28, doi.org/10.1017/S1743923X19000023.

**16** Amaya Perez Orozco: *Global Care Chains. Toward a Rights-based Global Care Regime*, Santo Domingo 2010.

**17** Vgl. Precarias a la Deriva: *A la Deriva. Por los circuitos de la precariedad femenina*, Madrid 2004.

**18** Vgl. Leander Scholz: *Zusammenleben. Über Kinder und Politik*, Berlin 2018.

**19** Maja Sager, Diana Mulinari: Safety for whom? Exploring femonationalism and care-racism in Sweden, in: *Women's Studies International Forum*, Bd. 68, Mai/Juni 2018, 149–156.

**20** Sara Ahmed: The Organisation of Hate, in: *Law and Critique*, Bd. 12, Nr. 3, 2001, 345–365, hier 345.

# WERKZEUGE

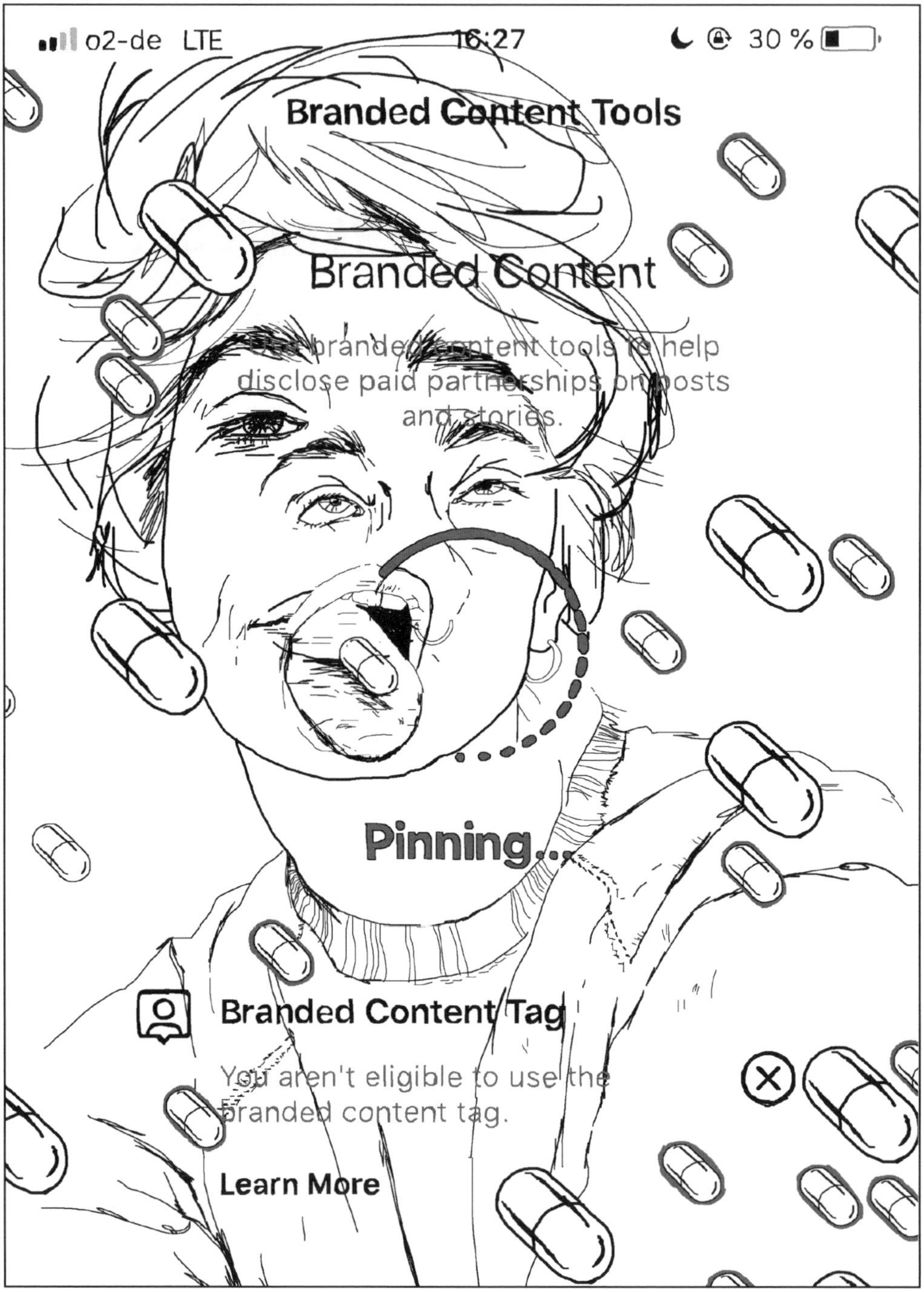


Fette Sans: *Coloring Quarantine Nr. 18*

# «DOING YOGA»
## Zwischen neoliberaler und transformativer Selbstsorge

von MAJA FIGGE

Das Erste, was ich nach der pandemiebedingt verfrühten Rückkehr von meiner Forschungsreise in Indien in den ersten Lockdown-Wochen im März vergangenen Jahres gemacht habe, war, eine Flatrate bei meinem Yogastudio in der Nachbar_innenschaft zu buchen, das bereits nach wenigen Tagen auf Zoom-Unterricht umgestellt hatte. Seither besuche ich wann immer möglich die Klassen, die eine Unterbrechung der ewigen Online-Videokonferenzen darstellen: Ohne Kamera, häufig mit geschlossenen Augen, folge ich der Stimme der Lehrerin, ihren Anleitungen, ihren Yoga-Floskeln,[1] den philosophischen Erklärungen wie auch den Ermutigungen, und singe gemeinsam mit den anderen in Zoom Anwesenden Mantren in den Bildschirm meines Laptops. Sie helfen mir, eine Perspektive auf die Situation zu gewinnen, Abstand zu nehmen, Verbundenheit und Vertrauen zu spüren und meinem vom Home-Office schmerzenden und erschöpften Körper etwas Erholung zu verschaffen. Yoga ist hier Bewältigungsstrategie, um mit der Überforderung (der Online-Lehre und des *social distancing*) umzugehen. Es scheint einer neoliberalen Optimierungslogik verpflichtet, der die Vorstellung eines Subjekts zugrunde liegt, das seine Ressourcen schützt, eigene Prioritäten setzt und zunehmend ‹achtsamer› und damit fokussierter wird.[2] Problematisch daran ist die Responsabilisierung des Individuums, weil diese die Fähigkeit zur kollektiven Kritik an den (Arbeits-) Bedingungen unterminiert.[3] In Erweiterung dieser eindeutigen Einschätzung möchte ich dafür argumentieren, dass die in der Yogapraxis gewonnene Distanzierung auch eine Voraussetzung zur Analyse dieser Bedingungen sein kann, ebenso wie mit Michel Foucault die «Sorge um sich» Voraussetzung einer Sorge um andere und die Welt ist.[4]

Ich übe seit etwa 15 Jahren Yoga, ungefähr zehn davon nach B. K. S. Iyengar, mit teils mehrjährigen Unterbrechungen der aktiven Praxis, aber aufgrund enger Beziehungen zu ausgebildeten Yogalehrer_innen in kontinuierlicher

1 Vgl. Farah Godrej: The Neoliberal Yogi and the Politics of Yoga, in: *Political Theory*, Jg. 45, Nr. 6, 2017, 1–29, hier 10, doi.org/10.1177/0090591716643604.

2 Vgl. Friedericke Hardering, Greta Wagner: Vom überforderten zum achtsamen Selbst? Zum Wandel der Subjektivität in der digitalen Arbeitswelt, in: Thomas Fuchs, Lukas Iwer, Stefano Micali (Hg.): *Das überforderte Selbst. Zeitdiagnosen einer beschleunigten Gesellschaft*, Berlin 2018, 258–275, hier 274.

3 Ebd., 275. Der globale Wirtschaftsfaktor Yoga wird hier aus Platzgründen nicht berücksichtigt.

4 Vgl. Michel Foucault: Die Ethik der Sorge um sich als Praxis der Freiheit (Gespräch mit Helmut Becker, Raul Fornet-Betancourt, Alfred Gomez-Müller, 20.1.1984), in: ders.: *Schriften in vier Bänden, Bd. IV: 1980–1988*, hg. v. Daniel Defert und François Ewald unter Mitarbeit von Jacques Lagrange, Frankfurt / M. 2005, 875–902, hier 886.

Auseinandersetzung darüber und damit. Ich würde behaupten, dass Yoga meine Haltung zum Leben verändert hat. Ich beziehe mich insbesondere auf die Konfrontation mit Scham und Angst sowie das Widerfahren von Glücksgefühlen im relativ geschützten Raum der Yogaklasse – und das über die Jahre erworbene (Körper-)Wissen, das mich die Verbundenheit der Welt lehrt und auf das ich überall und jederzeit zurückgreifen kann. Gleichzeitig scheint es mir notwendig, zwischen dem Üben von Yoga und dem Sprechen über Yoga zu unterscheiden.[5] So vermag der Verweis auf die eigene Yogapraxis im Kolleg_innenkreis auch dazu dienen, das Bild zu vermitteln, dass man sich nicht gehen lässt, sondern etwas für die Gesundheit, die Selbstdisziplin und damit den eigenen Erfolg tut. Ein willkommener Nebeneffekt ist die Gemeinschaftsbildung mit anderen Übenden, die Behauptung eines Insiderwissens, das der Distinktion dient. Auch ich habe davon Gebrauch gemacht. Und so mag ich nicht ausschließen, dass die eingangs skizzierten Subjektivierungsprozesse nicht auch in meiner Yogapraxis am Werk sind.

Gerade die an Hochschulen angebotenen Klassen, die ich als Pendlerin ausprobierte, bestätigten begründete Annahmen über die Aneignungen von Yoga im Westen als ein vor allem von jungen, dünnen, ‹gesunden›, bildungsbürgerlichen *weißen* cis-Frauen praktiziertes Fitnessangebot. Meist waren die Anwesenden 15 bis 20 Jahre jünger als ich, mit Körpern in einer von mir nie erreichten Form, die nach Anleitung, aber ohne Aufwärmen, die Haltungen einnahmen, als wäre dies ein Kinderspiel, während ich mich entweder quälte oder aussetzte, aus Angst, mich zu verletzen. Diese *body issues* waren auch der Grund, warum ich mich für Iyengar-Yoga entschied und damit für einen Rückgriff auf alle möglichen Hilfsmittel: Decken, Kissen, Klötze, Gurte, Stühle, Säulen, Wände – Tools also ebenso wie Infrastrukturen.[6] Unter Einbeziehung eines Wissens um die grundsätzliche Verletzlichkeit und Angewiesenheit sowie die Abwesenheit von ‹Gesundheit› wird der Körper – egal welcher Form, welchen Alters, welcher Kondition und Erkrankung – dabei unterstützt, zu üben. Außerdem mochte ich immer, dass wir zwar die Sanskrit-Namen der Asanas (*āsana* – Haltung) lernen, aber Yoga als etwas verstanden wird, dessen Genealogie zwar von Indien ausgeht, das jedoch als ein durch vielfältige Begegnungen verflochtenes, transkulturelles Phänomen beschrieben werden muss. So ist B. K. S. Iyengar einer der Gurus, die in der zweiten Hälfte des 20. Jahrhunderts zur großen Verbreitung von Yoga im Westen beigetragen haben.[7] Mit der Geschichte und Philosophie von Yoga habe ich mich damals nicht weiter beschäftigt:[8] vielleicht aus Abwehr des Verdachts kultureller Aneignung, ohne die eigene Verwicklung in dieses von post_kolonialen Machtbeziehungen durchzogene Gefüge – diesen *double bind* aus (neo-)kolonialen und (hindu-)nationalistischen Interessen und Auslegungen – ausreichend zu reflektieren.[9]

Gleichzeitig führte ich bereits zu Beginn meiner Beschäftigung mit Yoga Diskussionen darüber, ob Yoga nun neoliberale Selbstoptimierung sei oder eine solche gerade unterlaufe – festgemacht an der Frage des Übens, verstanden als

5 Verena Schnäbele arbeitet auf der Basis von Interviews mit Yoga-übenden heraus, dass sich die Beschreibungen der Erfahrung ähneln. Betont werden die Auseinandersetzung mit körperlichen Grenzen sowie das Verhältnis zwischen innen und außen. Vgl. Verena Schnäbele: The Useful Body: The Yogic Answer to Appearance Management in the Post Fordist Workplace, in: Beatrix Hauser (Hg.): *Traveling Yoga. Bodily Practice in Transcultural Perspective*, Cham 2013, 135–153, hier 152 f.

6 Vgl. Suzanne Newcombe: Spaces of Yoga: Towards a Non-Essentialist Understanding of Yoga: Historical and Contemporary Perspectives, in: Karl Baier, Philipp A. Maas, Karin Preisendanz (Hg.): *Yoga in Transformation*, Göttingen 2018, 551–573.

7 Zur transnationalen Genealogie des modernen auf Asanas basierenden Yoga vgl. Beatrix Hauser: Introduction. Transcultural Yoga(s). Analyzing a Traveling Subject, in: dies.: *Traveling Yoga*, 1–34; Elizabeth de Michelis: *A History of Modern Yoga. Patañjali and Western Esotericism*, London 2004; Marc Singleton: *Yoga Body. The Origins of Modern Posture Practice*, Oxford 2010. Auch das antike, auf dem indischen Subkontinent verortete Yoga wird in der rezenten Forschung als transkulturell, heterogen und synkretistisch angesehen, vgl. Godrej: The Neoliberal Yogi, 3.

8 Das moderne Yoga entstand im Dialog zwischen dem kolonialen Indien und den weltweiten Körperkulturbewegungen, die sich mit nationalistischen und antikolonialen Bestrebungen verbanden: «Indian yogis internalized the importance of physical fitness during the late colonial period, constructing ‹indigenous› exercises partially borrowed from imported fitness techniques, resulting in a ‹pan-Indian hub of physical culture revivalism.› The methods of postural yoga that became popular in India in the early to mid-twentieth century ‹would not have been considered yoga prior to this period of Indian history›.» Godrej: The Neoliberal Yogi, 4.

Einüben von Selbstdisziplin und Selbstbeherrschung (buchstäblich die Übersetzung des Begriffs ‹Yoga›[10]), die auf das Erreichen eines veränderten Bewusstseinszustands, «usually defined as ultimate union with the divine»,[11] ausgerichtet ist. Zwar zielt die Praxis – im Iyengar-Yoga wie in vielen anderen Yogarichtungen – auf einen Fortschritt, auf Heilung, auf Selbst-Realisierung und kann damit durchaus im Sinne neoliberaler Selbsttechnologien interpretiert werden.[12] Jedoch war es die wiederholende Einzigartigkeit jedes Übens, der Fokus auf das Jetzt, auf die eine Sache, den einen Atemzug oder den einzelnen Muskel – immer anders, jedes Mal neu –, gepaart mit der Anerkennung der eigenen, mit der Welt verbundenen Seele bei gleichzeitiger Zurücknahme des Egos, die mich – neben dem Spaß und der Bestärkung, die ich in Yogaklassen erfahren habe und weiter erfahre – fasziniert und zu der Einschätzung gebracht haben, dass Yoga auch ein Weg sein kann, den (selbst-)auferlegten neoliberalen Anforderungen zu entkommen und die Erfahrung des «doing Yoga»[13] für ein solidarisches In- und Mit-der-Welt-Sein zu öffnen, in Opposition zu Konkurrenz, Konsum, Erfolgsdruck, Selbstoptimierung und -vermarktung. Ein Anhaltspunkt dafür findet sich auch in der Yogaforschung, wenn etwa Verena Schnäbele auf Basis von Interviews zeigt, dass die Yoga-Übenden im Lauf ihrer Praxis der Differenz zwischen der durch Yoga erfahrenen Transformation und der gleich (prekär) bleibenden Arbeitsbedingungen zunehmend gewahr werden und in der Folge teilweise mikropolitische Widerstandspraktiken entwerfen.[14]

Vor diesem Hintergrund plädiere ich dafür, eine Ambivalenz zuzulassen: gegenüber den Behauptungen des ‹Authentischen› der uralten oder überzeitlichen indischen Yogakultur, gegenüber der (Ent-)Wendung, modernes Yoga sei eigentlich durch eine Aneignung europäischer Körpertechniken entstanden,[15] aber auch gegenüber der teilweise reflexhaft vorgetragenen Verurteilung des neoliberalen Achtsamkeitshypes, die die Möglichkeiten des Widerstands aus dem Blick verliert. Dabei beziehe ich mich auf Farah Godrej, die versucht, genau diese Ambivalenz anzuerkennen. Godrej zeigt, dass Yoga zahlreiche Ressourcen und Anschlusspunkte bereitstellt, um die neoliberale Subjektivierung herauszufordern und Praktiken des Widerstands zu entwerfen. Gegen die teilweise in Nordamerika in linken aktivistischen Kontexten[16] anzutreffende Behauptung einer ‹Authentizität› und ‹Ursprünglichkeit› von Yoga zeigt sie, dass erst eine spezifische Auslegung und Konstellation von Yogatexten und Praktiken die Möglichkeit birgt, Widerstand zu aktivieren.[17] Godrej verortet diese Möglichkeit im sukzessiven Rückzug von weltlichem Streben nach Konsum, Erfolg, Besitz wie von der materiellen Welt (inklusive des Körpers), wie er etwa im Grundlagentext, Patañjalis *Yōga-Sūtra*, beschrieben wird. Das Potenzial einer transformativen Selbstsorge entfalte der Rückzug allerdings erst, wenn er, wie etwa in der *Bhagavad-Gītā*, mit einer weltlichen Ethik verbunden werde, dem *karma yōga*, als ethisch uneigennützigem Handeln zum Wohl aller.[18] Godrej dient Mahatma Gandhis «Ascetic Activism»,[19] in welchem der Verzicht auf Bedürfnisse mit dem unermüdlichen

**9** Nach Shameem Black ist die Frage der kulturellen Aneignung «not a call for essentialism or exclusion, but instead an attempt to analyse the place of yoga within larger structures of material privilege, state power and dominant norms». Shameem Black: Decolonizing Yoga, in: Suzanne Newcombe, Karen O'Brien-Kop (Hg.): *The Routledge Handbook of Yoga and Meditation Studies*, Abingdon, New York 2021, 13–21, 16f.

**10** Godrej: The Neoliberal Yogi, 3.

**11** Ebd.

**12** Vgl. ebd., 10.

**13** Newcombe: Spaces of Yoga, 552.

**14** Vgl. Schnäbele: The Useful Body, 153.

**15** Vgl. einen *Spiegel*-Artikel, der versucht, westliche Überlegenheit zu generieren, indem er Yoga als Erfindung der westlichen Moderne deklariert. Ausgeblendet wird, dass diese nicht ausschließlich westlich und vor allem kolonial war: «Forscher enthüllen die wahre Herkunft der indischen Spiritualität: Die angeblich uralten Geisteslehren sind eine Erfindung der westlichen Moderne – und das gymnastische Yoga haben europäische Turner und Bodybuilder entwickelt.» Manfred Dworschak: Erlösung ohne Erlöser, in: *Der Spiegel*, Nr. 31, 2013, 96–101, hier 96.

**16** Dies gilt auch für hindu-nationalistische Auslegungen von Yoga, vgl. Suzanne Newcombe: The Revival of Yoga in Contemporary India, in: John Barton (Hg.): *Oxford Research Encyclopedias: Religion*, Oxford 2017, doi.org/10.1093/acrefore/9780199340378.013.253; Christopher Patrick Miller: Soft Power and Biopower: Narendra Modi's «Double Discourse» Concerning Yoga for Climate Change and Self-Care, in: *Journal of Dharma Studies*, Jg. 3, Nr. 1, 2020, 93–106.

**17** Godrej: The Neoliberal Yogi, 2.

**18** Vgl. ebd., 16–20.

**19** Veena Howard: *Gandhi's Ascetic Activism. Renunciation and Social Action*, Albany 2013.

Einsatz für politischen Wandel zusammengeht, als Beispiel für eine solche eklektische Kombination von Rückzug und selbstlosem, auf die Welt gerichtetem Handeln für einen yogischen politischen Aktivismus. Von der Bezugnahme auf und dem Praktizieren von Yoga in antikolonialen und postkolonialen Kontexten zieht sie eine Verbindungslinie zu aktuellen Praktiken, die das transformative und heilende Potenzial von Yoga in heutigen Kämpfen um soziale Gerechtigkeit einsetzen:

> If contemporary yoga is taught in ways that keep it loosely yoked to these philosophical precepts, it contains the potential for a counterhegemonic construction of subjectivity, one that would stand in opposition to the norms of consumption, self-optimization, self-investment, and depoliticization.[20]

Gegen komplexitätsreduzierende, vereindeutigende Lesarten von Yoga diese in der Theorie und selbstsorgenden Praxis liegenden transformativen und widerständigen Möglichkeiten stark zu machen (ohne existierende Machtverhältnisse aus den Augen zu verlieren), erscheint mir angesichts der ökonomischen und biopolitischen Indienstnahme von Yoga im Westen ebenso wie durch die derzeitige indische Regierung (auch während der Pandemie[21]) umso wichtiger.[22]

**20** Vgl. Godrej: The Neoliberal Yogi, 20.

**21** Vgl. Vidya Krishnan: Where Pseudoscience Is Spreading, in: *The Atlantic*, 18.8.2020, theatlantic.com/international/archive/2020/08/amitabh-bachchan-india-coronavirus/615310/ (7.12.2020).

**22** Wie das aussehen kann, lässt sich nachlesen in Beth Berila, Melanie Klein, Chelsea Jackson Roberts (Hg.): *Yoga, the Body, and Embodied Social Change. An Intersectional Feminist Analysis*, Lanham 2016, und im Online-Journal *Race and Yoga* (escholarship.org/uc/crg_raceandyoga).

# CYCLE OF LIFE
## Campus-Management-Systeme

von FELIX RACZKOWSKI

Die COVID-19-Pandemie hat im Frühjahr 2020 inmitten ebenso kurzfristiger wie massiver Umwälzungen des Hochschulbetriebs dazu geführt, dass häufig von einem ‹digitalen Semester› die Rede war. Mehr oder weniger intensive Bemühungen zur ‹Digitalisierung› der Universität gibt es unabhängig von dieser Krise aber bereits seit Längerem. Damit ist meistens die Nutzung digitaler Infrastrukturen wie E-Learning-Plattformen oder Videokonferenz-Software für die Lehre gemeint, womit in der aktuellen Debatte übersehen wird, dass wesentliche Bestandteile universitärer Arbeit bereits seit fast 20 Jahren mit digitalen Verfahren geleistet werden. Die Umsetzung der Bologna-Reformen ging für die Hochschulen mit einem derart erheblichen Verwaltungsaufwand einher, dass sie die Einführung digitaler Plattformen zur vorgeblich effizienteren Handhabung universitärer Bürokratie beförderte – die Stunde des Campus-Management-Systems (CMS).

Bei CMS handelt es sich um ein spezifisches Medium der Bürokratie, mit dem sämtliche Studierende und Lehrende, aber auch die meisten Verwaltungsangestellten an deutschen Universitäten Erfahrungen gesammelt haben, die gleichermaßen von Frustration und Erfolgserlebnissen geprägt sind. Die Aufgabe von CMS besteht darin, sämtliche Verwaltungsprozesse der Hochschullehre auf einer Plattform zu vereinen und auf diese Weise effizienter zu bearbeiten: Dazu gehören neben der Administration der Bologna-konformen Modularisierung von Studiengängen auch die Verwaltung von Prüfungsleistungen, die Berechnung von Kapazitäten, die Veröffentlichung von Vorlesungsverzeichnissen sowie die Organisation von Einschreibungen und Anmeldungen für Studiengänge und Veranstaltungen.

Erstens tritt an CMS das Paradoxon computergestützter Bürokratie zutage, da die Digitalisierung von Verwaltungsakten nie reibungslos verläuft. Es ist medienhistorisch aufschlussreich, wenn Joseph Vogl, Friedrich Balke und

Bernhard Siegert darauf hinweisen, dass es bei der Digitalisierung bürokratischer Prozesse immer auch um die Möglichkeitsbedingung des Computers in Form der Turingmaschine geht.[1] Turings Gedankenexperiment einer universellen Maschine, die in der Lage ist, Befehlsketten von Operationen des Schreibens, Löschens sowie Positionswechselns auszuführen, ist das Ergebnis einer prozessorientierten Perspektive auf den Akt des Rechnens, die sich auf das mechanische Befolgen von Vorschriften konzentriert.[2] Dass dieses mechanische Befolgen von Regeln nicht nur rechnende Menschen kennzeichnet (‹Computer› war zu Turings Zeiten eine Berufsbezeichnung), sondern auch Bürokrat_innen, ist eine naheliegende Vermutung. Der Computer würde nach dieser Lesart also der Bürokratie helfen, zu sich selbst zu kommen, indem er ihre streng regelgeleiteten Schreibprozesse automatisiert – CMS wären mithin die Idealform der Hochschulverwaltung. Dass dem nicht so ist, liegt an der womöglich trivialen Feststellung, dass bürokratische Effizienz fast ebenso sehr von den Ausnahmen, den informellen Absprachen und den kreativen Lösungen abhängt wie vom strikten Befolgen der Regeln.[3] Wenn es für einen reibungslosen Universitätsbetrieb notwendig ist, dass beispielsweise Leistungen in anderen Modulen als denjenigen angerechnet werden, in denen sie erbracht worden sind, oder ECTS-Werte angepasst werden, um die Anforderungen von Partnerinstitutionen zu erfüllen, sind CMS eher hinderlich. Die informelle und die informatische Ebene der Hochschulverwaltung kollidieren regelmäßig.

Der Grund für dieses Spannungsverhältnis ist, zweitens, in der Funktionslogik der CMS und ihrer Entstehung zu suchen. Die Umstellung universitärer Verwaltung auf CMS ist das Ergebnis eines *capturing*-Prozesses, womit nach dem Informatiker Philip Agre die Erfassung menschlichen Handelns in einer für Computersysteme zu verarbeitenden Form mit dem Ziel der späteren Modellierung bzw. Abbildung ebendieser Handlungen als Teil des Systems gemeint ist.[4] Während Agres Vorschlag der paradigmatischen Differenzierung zwischen *surveillance* und *capture* als zwei verschiedenen Problematisierungen von Privatheit in der Medienwissenschaft heute besonders im Kontext einer Kritik der Geschäftsmodelle von Social-Media-Plattformen rezipiert wird,[5] bezieht sich sein Konzept des *capturing* 1994 zunächst auf die Informationsinfrastruktur von Institutionen und Unternehmen. Diese werden durch *capturing* in die Lage versetzt, die Handlungen ihrer Mitarbeiter_innen sowie ihrer Kund_innen zu formalisieren und schließlich auch in der Struktur von Computersystemen abzubilden und damit zu standardisieren. Als typische Beispiele nennt Agre Buchhaltungssysteme oder IT in der Gastronomie: Die Nutzer_innen der Systeme sind mit einer Reihe diskreter Optionen konfrontiert, die jeweils eine für die Organisation relevante Handlung für den Computer erfassen (z. B. das Registrieren einer Bestellung). Eine derartige Infrastruktur ist das Ergebnis eines Prozesses der Erfassung, in dessen Verlauf menschliches Handeln in «grammars of action»,[6] also in diskrete, maschinenlesbare

1 Friedrich Balke, Bernhard Sieger, Joseph Vogl: Editorial, in: dies. (Hg.): *Archiv für Mediengeschichte*, Bd. 16: Medien der Bürokratie, 2016, 6.

2 Bettina Heintz: *Die Herrschaft der Regel. Zur Grundlagengeschichte des Computers*, Frankfurt / M., New York 1993, 77 f.

3 Der Soziologe Stefan Kühl untersucht dies in Bezug auf die Hochschullandschaft nach der Bologna-Reform, vgl. Stefan Kühl: Der bürokratische Teufelskreis. Zum Verhältnis von Formalität und Informalität an Hochschulen, in: *Forschung & Lehre*, Jg. 24, Nr. 3, 2017, 199–201. Auch Balke, Siegert und Vogl sprechen diese Dimension bürokratischer Arbeit an, vgl. Balke u. a.: Editorial, 6 f.

4 Philip E. Agre: Surveillance and Capture: Two Models of Privacy, in: *The Information Society. An International Journal*, Jg. 10, Nr. 2, 1994, 101–127.

5 Till A. Heilmann: Datenarbeit im «Capture»-Kapitalismus. Zur Ausweitung der Verwertungszone im Zeitalter informatischer Überwachung, in: *Zeitschrift für Medienwissenschaft*, Bd. 7, Nr. 13: Überwachung und Kontrolle, 2015, 35–48.

6 Agre: Surveillance and Capture, 107–113.

Schritte überführt wird. Agre stellt diese Verfahren in die Tradition früherer Rationalisierungen von Arbeitsabläufen wie der Gilbreth'schen Bewegungsstudien, womit *capturing* als Strategie der Unternehmensberatung bzw. des Consultings erkennbar wird.[7] Das Ziel besteht jeweils in der Effizienzsteigerung durch Rationalisierung und Strukturierung, wobei je verschiedene Medien eingesetzt werden.

Auch CMS sind als Resultat eines effizienzorientierten *capturing* zu verstehen, wenngleich in der einschlägigen Literatur der Wirtschaftsinformatik von «Prozessanalyse» die Rede ist.[8] Der bürokratische Prozess wird, ganz im Sinne der im ersten Punkt perspektivierten Genealogie, als natürliche Vorform von Anwendungssoftware verstanden. Sämtliche Akte der Studiengangs- und Prüfungsverwaltung können demnach als Prozess formuliert und für das CMS erfasst werden, wobei an deutschen Universitäten überwiegend lizensierte CMS mit angepasstem Funktionsumfang zum Einsatz kommen.[9] Für diese findet zwar kein eigenes *capturing* mehr statt, aber sie erfordern dennoch ein hohes Maß an Standardisierung bei Verwaltungsakten. Die Einführung von CMS wird an den Hochschulen jedoch nicht immer uneingeschränkt begrüßt, was in der Wirtschaftsinformatik mit Irritation zur Kenntnis genommen wird:

> Der Nutzen prozessorientierter Anwendungssysteme entfaltet sich erst dann, wenn die Prozesse der betreffenden Organisation vereinheitlicht sowie korrekt im AWS abgebildet wurden und schließlich von den Mitarbeitern bei der Benutzung des Systems eingehalten werden. Was zunächst fast selbstverständlich klingt, erweist sich in der Umsetzung an Hochschulen oft als große Herausforderung. Nicht selten beginnt erst mit dem Softwareeinführungsprojekt die erste Auseinandersetzung mit den Hochschulprozessen, wobei sich bei der Prozessaufnahme und -analyse dann ein großer Grad an Heterogenität in unterschiedlichen Bereichen (bspw. Fakultäten) zeigt und anschließende Versuche der Vereinheitlichung auf erhebliche Widerstände stoßen.[10]

Die «erheblichen Widerstände» erklären sich durch die bereits von Agre notierte und auch im obigen Zitat aufgegriffene Erfordernis der Subjektivierung durch das System. Ist das *capturing* einmal abgeschlossen und das System in Idealform implementiert, funktioniert die Organisation (die Hochschule) nur noch, wenn sich alle Beteiligten an die Vorgaben des Systems halten. Mit anderen Worten: *Capturing* verändert die Organisationen, in denen es eingesetzt wird, tiefgreifend und weitreichend. Das CMS figuriert seine Nutzer_innen, gleich ob es sich um Studierende, Verwaltungsmitarbeiter_innen oder Lehrende handelt, als regeltreue Bürokrat_innen.

Drittens und letztens wäre die Frage zu klären, welche Wissensbestände diese Veränderung mobilisiert. Aus medienwissenschaftlicher Perspektive ist die Vermutung naheliegend, dass mit der computergestützten Rationalisierung des CMS ein Beratungs- und Management-Wissen in grundlegende Abläufe des Hochschulbetriebs eingreift und diesen unabhängig von den

**7** Ebd., 108.

**8** Gunnar Auth charakterisiert den Prozess als «zeitlich-logische Abfolge von Tätigkeiten zur Erfüllung einer (betrieblichen) Aufgabe», die spezifische Mitarbeiter_innen und Organisationseinheiten involviert und die Nutzung von Wissen sowie von IT-Systemen voraussetzt. Der Prozess ist also bereits untrennbar mit der Informationstechnologie verbunden, mit deren Hilfe er weiter optimiert werden soll. Vgl. Gunnar Auth: Prozessorientierte Anforderungsanalyse für die Einführung integrierter Campus-Management-Systeme, in: Uwe Aßmann u. a. (Hg.): *Tagungsband Multikonferenz Software Engineering & Management 2015*, Bonn 2015, 446–461, hier 452.

**9** Einzelne Hochschulen entwickeln ihre eigenen CMS und lizensieren diese dann an andere Universitäten. Das an 37 Universitäten lizensierte System Campus Online ist z. B. eine Entwicklung der TU Graz.

**10** Auth: Prozessorientierte Anforderungsanalyse, 449.

bereits diskutierten konkreten (Dys-)Funktionen der Software bestimmt. Das Stichwort dieser Konstellation lautet ‹Lifecycle-Management›. In einem der frühesten CMS-Produkte des Softwarekonzerns SAP von 1999 spielt das sogenannte ‹Student-Lifecycle-Management› eine entscheidende Rolle. Der wesentliche *selling point* des Produktes von SAP, der inzwischen als Standard vieler CMS gilt, ist der Anspruch einer umfassenden horizontalen und vertikalen Integration der Software in die Verwaltung der Belange von Studierenden. Das bedeutet, dass nicht nur die operative Ebene der Verwaltung von Lehrveranstaltungen von den Programmen abgedeckt wird, sondern auch entscheidungsunterstützende Funktionen integriert sind, die Studieninteressierte bei der Wahl von Hochschule und Studienfach ansprechen, Studierende bei der Planung ihres Studiums unterstützen und Alumni an die Hochschule binden sollen. Das System soll also den gesamten ‹Lebenszyklus› der Studierenden abdecken. Das hier um den zentralen Lebensabschnitt des Studiums herum organisierte Lifecycle-Management ist ein illustres Konzept, das in der Wirtschaftswissenschaft ebenso verbreitet ist wie unter Ingenieur_innen und Unternehmensberater_innen. Es verspricht eine Management-Lösung, die den gesamten Lebenszyklus der Produkte eines Unternehmens von Entwicklung und Design bis hin zum Auslaufen der Produktion zentral verwaltet und damit effizienter gestaltet. Dabei hat sich der Begriff seit den 1980er Jahren mehrfach gewandelt und ausdifferenziert: Zunächst bezeichnete er das Datenmanagement in der Produktentwicklung, später die Lebenszyklen ganzer Produkte[11] und schließlich die strategische Handhabung von Kund_innenbeziehungen als ‹Customer Lifecycle Management›.[12] In der Begriffsgeschichte des Lifecycle-Managements ändert sich also, was jeweils verwaltet werden soll: erst Daten, dann Produkte, schließlich Kund_innen. Das grundlegende Prinzip des Lifecycle-Managements bleibt dabei die Zentralisierung und die Vereinheitlichung zuvor voneinander getrennter Produktionsschritte, bürokratischer Instanzen oder Lebensabschnitte. Diese Geste der Effizienzsteigerung markiert das Lifecycle-Management einerseits als Verfahren, in dem Computersysteme eine zentrale Rolle spielen und das mit informatischen Entwürfen wie dem *capturing* kompatibel ist. Andererseits suggeriert es eine Planbarkeit von Beziehungen (zu Kund_innen und Student_innen) und eine zeitliche Ordnung von konsekutiven Operationen, die zu heterogenen Institutionen wie Hochschulen in Konflikt stehen. Man kann daher das Lifecycle-Management als Grundlage von CMS kritisieren und als Bestätigung der seit den Bologna-Reformen befürchteten Neoliberalisierung der Hochschulen auffassen. Die Studierenden sind gleichzeitig Produkte, die sich mit bürokratischer Präzision selbst verwalten sollen, wie auch Kund_innen einer Institution, die dazu angehalten ist, ihre ‹Dienstleistung› für Computersysteme erfassbar zu machen. Dabei kann durchaus bezweifelt werden, dass sich die Studierenden über CMS an ihre Universität heranführen lassen oder sich nach dem Studium an diese gebunden fühlen. Das Studium selbst bekommt

**11** Antti Saaksvuori, Anselmi Immonen: *Product Lifecycle Management*, Berlin u. a. 2004, 1–6.

**12** Peter Breuer, Jesko Perrey: Kapital Kunde – mehr Markterfolg durch Customer Lifecycle Management, in: *Marketing Review St. Gallen*, Jg. 28, Nr. 1, 2011, 20–25.

durch CMS aber die zusätzliche Ebene eines kontinuierlichen Verwaltungsakts, dem im Konfliktfall (inkompatibler Module oder Prüfungsleistungen) auch die Inhalte unterzuordnen sind. Zugleich dokumentieren CMS allerdings auch die Widersprüche, die sich durch die Kombination von Hochschulbürokratie, digitalen Erfassungssystemen und unternehmerischer Optimierung ergeben. Die verschiedenen Widerstände in Bezug auf CMS lassen sich daher als Symptom des Umstands lesen, dass Hochschulen als Umgebungen und Institutionen weder vollständig digital erfassbar noch (im doppelten Sinne) widerspruchsfrei rationalisierbar sind.

**Norbert Witzgall:** ***Coloring Quarantine Nr. 161***

# SEO IN ACADEMIA?
## Autor-/Leser_innenschaft im Kontext algorithmischer Praktiken

von JANA HERWIG

Seit Roland Barthes und Michel Foucault in den späten 1960er Jahren ihre folgenreichen Thesen zum «Tod des Autors» bzw. zur Autor_innenfunktion von Diskursen aufgestellt haben, haben sich die Praktiken des Schreibens und Publizierens im Kontext von Digitalisierung und Vernetzung erheblich gewandelt. Manch frühe Annahme hat sich dabei als Binsenweisheit erwiesen, etwa die, dass ‹im Internet› alles von allen gesehen werde – praxeologisch ist es eher als glücklicher Umstand zu werten, wenn ins Netz gestellte Texte auch gefunden werden. Um die Wahrscheinlichkeit hierfür zu erhöhen, wenden Personen, die professionell online publizieren, Strategien der Textgestaltung und -aufbereitung an, die unter dem Kürzel SEO (*search engine optimization*) zusammengefasst werden. Diese sollen es dem dominierenden Typus der Crawler-basierten Suchmaschinen leichter machen, Inhalte zu finden und adäquat zu kategorisieren. Auch in der Wissenschaft ist diese Entwicklung mittlerweile zu spüren, begünstigt durch eine zunehmende Akzeptanz von Open-Access-Publishing, die steigende Nutzung von Online-Repositorien sowie den Marketing-Bestrebungen von Verlagen. Man kann diese Transformation aber auch anders beschreiben: als Erweiterung der Leser_innenschaft um nicht-menschliche Akteur_innen, nämlich die Programme der Suchmaschinen, die nun explizit miteinbezogen werden sollen. Wie sich Autor-/Leser_innenschaft im Kontext algorithmischer Praktiken reorganisiert, wird im Folgenden skizziert.

### Autor-/Leser_innenschaft reloaded

Barthes' «Tod des Autors» entsprach letztlich der Einsetzung von Leser_innenschaft an Stelle von Autor_innenschaft. Dazu musste zunächst das geniegläubig-patriarchale Verständnis des «Autors» als eines «Vaters», der dem Werk zeitlich vorausgeht, für dieses «denkt, leidet, lebt»,[1] liquidiert werden.

1 Roland Barthes: Der Tod des Autors [1968], in Fotis Jannidis u. a. (Hg.): *Texte zur Theorie der Autorschaft*, Stuttgart 2009, 185–193, hier 189.

Die «wahre Schrift» in der Lektüre, die Barthes stattdessen postulierte, war zugleich noch immer menschlich definiert, wenn auch als «Mensch ohne Geschichte, ohne Biographie, ohne Psychologie», als «der *Jemand*, der in einem einzigen Feld alle Spuren vereinigt, aus denen sich das Geschriebene zusammensetzt».[2] Barthes' Beschreibung einer solchen biografiefreien, zusammensetzenden Leseinstanz, die zugleich Schrift ist, die «unentwegt Sinn» bildet,[3] lässt sich nun überraschend gut übertragen auf die Vorgehensweise bestimmter Programme der Suchmaschinen, der sogenannten Crawler. Crawler sind per Programmierung damit beauftragt, im Web nach Content zu suchen, und treten dabei als nicht-menschliche Leser_innen in Erscheinung. Sie nehmen zunächst die Spur der Hyperlinks von Webseite zu Webseite auf, um so nach und nach in einer regelbasierten, algorithmischen Vorgehensweise das Web in seiner Gesamtheit zu erfassen.[4] Gefundene Seiten werden von den Crawlern ausgelesen, dabei aber nicht im Volltext auf die Suchmaschinen-Server übertragen, sondern indexiert, also in Schlagwörtern und Auszügen in den Index übertragen und bewertet. Jeder menschlichen Lektüre von Texten, die über eine Suchmaschine gefunden werden, geht also eine zusammensetzende Lektüre durch Nicht-Menschen voraus, die zugleich Schrift bzw. Schreiben ist. Webseiten, die von keinem Crawler je in einen Index übertragen wurden, können schlicht mit keiner Suchmaschine gefunden werden. Diese Tätigkeit der Crawler, bei der diese Spuren vereinigen und das Geschriebene zusammensetzen, indem sie es neu einschreiben, ist somit der entscheidende Prozess, um Texte im Netz sichtbar zu machen – Autor-/Leser_innenschaft *reloaded*.

## Nach ‹dem Autor›: Textimmanenz

Indem Foucault den «Autor» als Funktion bestimmte, mit der manche Diskurse ausgestattet seien, zeigte er auf, wie das «gewisse Vernunftwesen [...], das man Autor nennt», überhaupt erst konstruiert wird,[5] bevor es als Deutungshorizont von Texten verwendet werden kann. Als zentral definiert Foucault dabei die «klassifikatorische Funktion» des Autor_innennamens, d.h. dessen Fähigkeit, Texte zu gruppieren, abzugrenzen, einige auszuschließen und sie anderen gegenüberzustellen.[6] In den Lektüren bzw. Umschriften der Crawler sind Autor_innennamen jedoch vergleichsweise irrelevant: Stattdessen kreieren die Crawler ihren eigenen textimmanenten Deutungshorizont, indem sie die Häufigkeit und Position von Schlagwörtern im Text, Überschrift- und Absatzgestaltung, Bilderauszeichnungen, nur für den Crawler bereitgestellte Zusammenfassungen etc. heranziehen.[7] Selbst die bei sekundärer Schulbildung mutmaßlich gewährleistete Lesbarkeit spielt eine Rolle bei der Bewertung der Relevanz eines Texts[8] – und hier wie bei allen herangezogenen Aspekten ist es eine Rolle unbestimmten Grades, da das präzise Verfahren der Crawler, ihr Algorithmus, nicht offenliegt. Um später gefunden zu werden, müssen Texte

2 Ebd., 192.

3 Ebd., 191.

4 Eine algorithmische Vorgehensweise, die z. B. Google mit menschlichem Suchverhalten vergleicht: «ähnlich wie du beim Surfen im Internet», Google LLC: Verarbeitung von Informationen in der Google-Suche, in: *Google – Suche* o. J., google.com/intl/de/search/howsearchworks/crawling-indexing (11.10.2020).

5 Michel Foucault: Was ist ein Autor?, in: Jannidis u. a.: *Texte*, 198–229, hier 214.

6 Ebd., 210.

7 Vgl. z. B. Bing.com: Bing Webmaster Guidelines, in: *Microsoft Bing Webmaster Tools*, o. J., bing.com/webmaster/help/webmaster-guidelines-30fba23a (11.10.2020).

8 SEO-Professionals bewerten dies mithilfe des Flesch-Reading-Ease-Tests, siehe dazu Anm. 12.

nicht durch ausgewiesene Autor_innenschaft, sondern *durch sich selbst* einlösen, was sie *durch sich selbst* versprechen: Ein Text zum Thema Autor_innenschaft, der das Wort ‹Autor_innenschaft› kaum, nicht an den richtigen Stellen oder in für den Crawler nicht lesbarer Form (z. B. als Bild)[9] verwendet, wird für dieses Suchwort kaum hoch gerankt werden – unabhängig davon, von wem er verfasst wurde.[10]

## Assistiertes Schreiben

Wenn aber Texte, um gefunden zu werden, durch sich selbst einlösen müssen, was sie versprechen, dann müssen Texte von Grund auf anders geschrieben werden. Schreibende müssen dazu die Fähigkeit entwickeln, leicht lesbare Texte zu verfassen und an den richtigen Stellen mit geeigneten Schlüsselbegriffen zu versehen. Content-Management-Systeme stellen dafür Tools zur Verfügung, die schon im Schreibprozess selbst nach jedem Abspeichern Hinweise geben, wie ein Text SEO-technisch verbessert werden kann, basierend auf rein textstatistischen statt semantischen Auswertungen. «Das Fokus-Keyword scheint im ersten Absatz des Textes nicht vorzukommen. Stelle umgehend sicher, dass das Thema klar ist.»[11] Jene Schreibenden, die sich bislang als allein über ihren Text verfügende Instanz wähnten, müssen nun dabei lernen, sich auf die Ermahnungen dieser nicht-menschlichen Assistent_innen einzulassen, die – als lokale Crawler-Simulatoren – fortwährend das Ergebnis ihrer Probelektüren mitteilen. «Der Text erzielt 31.9 in dem Flesch Reading-Ease Test, was als schwer zum Lesen betrachtet wird. Versuche kürzere Sätze zu formulieren, und weniger komplizierte Wörter zu benutzen, um die Lesbarkeit zu erhöhen.»[12] Der Anrufung der Schreibenden als gute Kommunikator_innen liegen dabei generalisierende, statistische Urteile zugrunde, die anzunehmen nicht immer leicht fällt. «Nur 6.3 % der Sätze enthalten Bindewörter. Das reicht nicht aus. Verwende mehr davon.»[13]

## SEO in Academia?

Auch Verlage haben den möglichen Beitrag der Autor_innen zur SEO-Optimierung bereits für sich entdeckt. So bieten etwa die Wiley Author Services Anleitungen zum konsistenten Einsatz von Keywords und empfehlen obendrein, geeignete Schlagwörter mithilfe von SEO-Marketing-Tools zu identifizieren: «Remember that keywords are important for A & I services as well as SEO.»[14] A & I steht für ‹Abstracting and Indexing›, also für die Erstellung von Abstracts und Indizes als bibliografischen Hilfsmitteln. Denn selbstverständlich sind Praktiken der Indexierung in der Wissenschaft schon lange etabliert. Im Kontext digital-vernetzter Praktiken verschiebt sich deren Ausrichtung jedoch derzeit: weg von einer Dienstleistung, die am finalen Text ansetzt, hin zu einer Empfehlung, die in den Schreibprozess selbst eingegliedert werden

**9** An anderer Stelle zu untersuchen wäre, wie Suchmaschinen mit genderinklusiven Schreibweisen umgehen: Ob z. B. maskuline Formen vorgeschlagen werden, ob die Ergebnisseite Schreibweisen integriert etc.

**10** Nicht berücksichtigt wird hier die Frage der Backlinks; von Koryphäen geschriebene Texte könnten z. B. im Verlauf der Zeit reputationsfördernde Backlinks auf sich selbst akkumulieren.

**11** Rückmeldung des Tools Yoast SEO auf eine Zwischenfassung des vorliegenden Texts.

**12** So eine weitere Rückmeldung von Yoast SEO. Der Flesch-Index basiert nicht auf semantischer Analyse, sondern auf dem Verhältnis von Silbenanzahl pro Wort und durchschnittlicher Satzlänge, vgl. Peter Schoell: Die Flesch-Formel, in: *Fleschindex berechnen*, o. J., fleschindex.de/formel (11.10.2020).

**13** Rückmeldung von Yoast SEO.

**14** Wiley Authors: Search Engine Optimization (SEO) for your article, in: *Wiley Author Resources*, o. J., authorservices.wiley.com/author-resources/Journal-Authors/Prepare/writing-for-seo.html (11.10.2010).

möchte und dabei an das Eigeninteresse der Autor_innen appelliert: «You», so Wiley, «can also play a crucial role in optimizing the search results for your article – helping people to find, read, and cite your work».[15] Deutschsprachige Verlage arbeiten hier vor allem mit der nachgelagerten Produktion von Epitexten verschiedener Länge (z. B. Blurbs, Headlines, Schlagworten[16]), die sich freilich jetzt schon typischen SEO-Texten zuordnen lassen (z. B. SERP Snippet, Heading, Keywords[17]). Das akademisch schreibende Selbst soll auch ein unternehmerisches Selbst sein, das seinen Text von der (Keyword-)Recherche für den Markt der Aufmerksamkeit aufbereitet. Ob eine höhere Sichtbarkeit dank SEO auch wissenschaftliche Karrieren fördert oder bei der Bewältigung gesellschaftlicher Herausforderungen im Sinne der Third Mission dienlich sein kann, wird letztlich eine Frage der Kongruenz oder Divergenz von Wissenschaft, Wirtschaft und Gesellschaft sein.

15 Ebd.

16 Das ist z. B., neben Abstracts, die verwendete Klassifizierung von Kurztexten bei Nomos Baden.

17 SERP = Search Engine Results Page. Snippets sind Inhaltszusammenfassungen, die als Textvorschau auf der SERP angezeigt werden.

# BESPRECHUNGEN

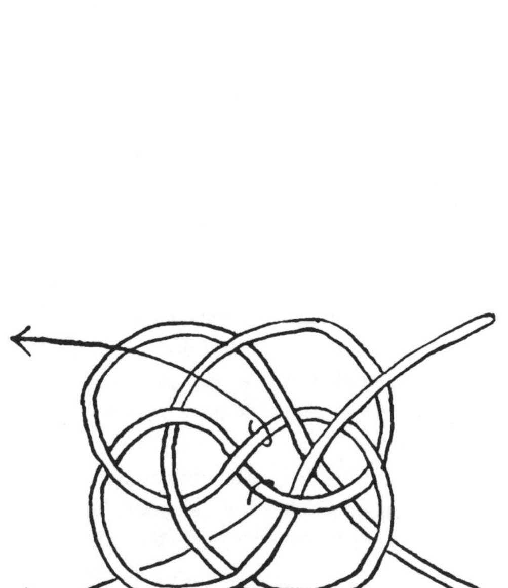

# ANTHROPOS? MENSCHHEIT? MENSCHENZEIT?

## Medienwissenschaftliche Perspektiven zwischen Skalen, Relationen und inhumanen (Erd-)Geschichten

von FELIX HÜTTEMANN

**Hannes Bajohr (Hg.):** *Der Anthropos im Anthropozän. Die Wiederkehr des Menschen im Moment seiner vermeintlich endgültigen Verabschiedung*, Berlin, Boston (De Gruyter) 2020

**Eva Horn, Hannes Bergthaller:** *Anthropozän zur Einführung*, Hamburg (Junius) 2019

**Frédéric Neyrat:** *The Unconstructable Earth. An Ecology of Separation*, New York (Fordham University Press) 2019

**Kathryn Yusoff:** *A Billion Black Anthropocenes or None*, Minneapolis (University of Minnesota Press) 2018

Eine Grenze zu definieren, ist mitunter problematisch, vor allem wenn unklar ist, was dahinterliegt, wer oder was also ausgeschlossen wird. Welche Schwierigkeiten müssen erst entstehen, wenn ein ganzes Erdzeitalter für beendet erklärt und ein neues ausgerufen wird? Dies gilt besonders, wenn sich ‹der› Mensch im betreffenden Zeitalter, dem Anthropozän, befindet und sich als Kollektivsubjekt ‹Menschheit› selbst zum Grund der Grenzziehung macht.

Die Rahmung *Anthropozän* birgt unter vorgeblich anderem oder neuem Vorzeichen nochmals die großen Fragen: Was ist Natur? Was ist der Mensch? Was ist Kultur? Was ist Technik?

Die Zäsur proklamiert nicht nur eine Begriffsbestimmung des Menschen als geologischer Faktor, sondern hat normative, epistemische und politische Konsequenzen. Hinter dem Schlagwort Anthropozän verstecken sich neben posthumanistischen Theorieausprägungen recht unterschiedliche Überbauten und fragwürdige Ideologien.

Allen hier besprochenen Texten stellt sich das Problem, dass sie sich zum Spannungsverhältnis aus ‹Anthropos› als Ursache und Ergebnis verhalten müssen. Die Menschheit als planetarische Kraft steht zum einen als konstituierendes Subjekt, das diese Erdzeit hervorgebracht hat, zur Diskussion. Zum anderen zeigt sich der Mensch im Anthropozän durch seine von ihm bedingte Umgebung als konstituiertes (Gefüge-)Objekt. So muss eine Positionsbestimmung innerhalb der ‹Anthropozän-Literatur› deutlich machen: Anthropos bedeutet Gegenstand und Beobachter_in. Eine Grundproblematik dabei ist: ‹Der› Mensch muss sich fragen, wer spricht, wenn er_sie ‹Anthropos› sagt, und welche Aus- und Einschließungen damit vorgenommen werden.[1]

Es scheint, als ob das von Foucault verabschiedete Gesicht am sandigen Meeresufer wiederkehrt. Das mag auf den ersten Blick nicht neu sein, schreitet doch der Pferdefuß der Anthropologie schon seit einiger Zeit wieder durch die Theoriediskussionen. Doch die Herausforderungen des «Anthropos im Anthropozän» – wie der Titel eines der hier besprochenen Bände lautet – liegen darin, ‹den Menschen/die Menschheit› als Skalierungsbegriff zu hinterfragen und zu diversifizieren. Etwa um die Rolle der *humanities* in diesem Diskurs zu suchen, den Anthropos im Anthropozän einer negativ-anthropologischen Begriffsbestimmung zu unterziehen oder den hegemonialen weiß-männlichen Wissenschaftstyp des Anthropozäns selbst zu kritisieren.[2] Diesen Ansatz teilen die hier vorgestellten Bücher, denen es zunächst darum geht, ‹den Menschen› als Subjekt wie Objekt des Diskurses nicht unhinterfragt gelten zu lassen. Es zeigen sich dann weitreichendere politische und wissenschaftliche Problematiken, die in den Texten unterschiedlich thematisch werden. Als erster Problemkomplex erweist sich, dass unter dem Etikett des Anthropozäns und im Fahrwasser des «Menschen als planetarische[n] Akteur[s]»[3] neben post-humanistischen Ansätzen auch Ausprägungen von ‹Neohumanismen›, ‹neuen Anthropozentriken› und ‹alten› philosophischen Anthropologien zu finden sind.

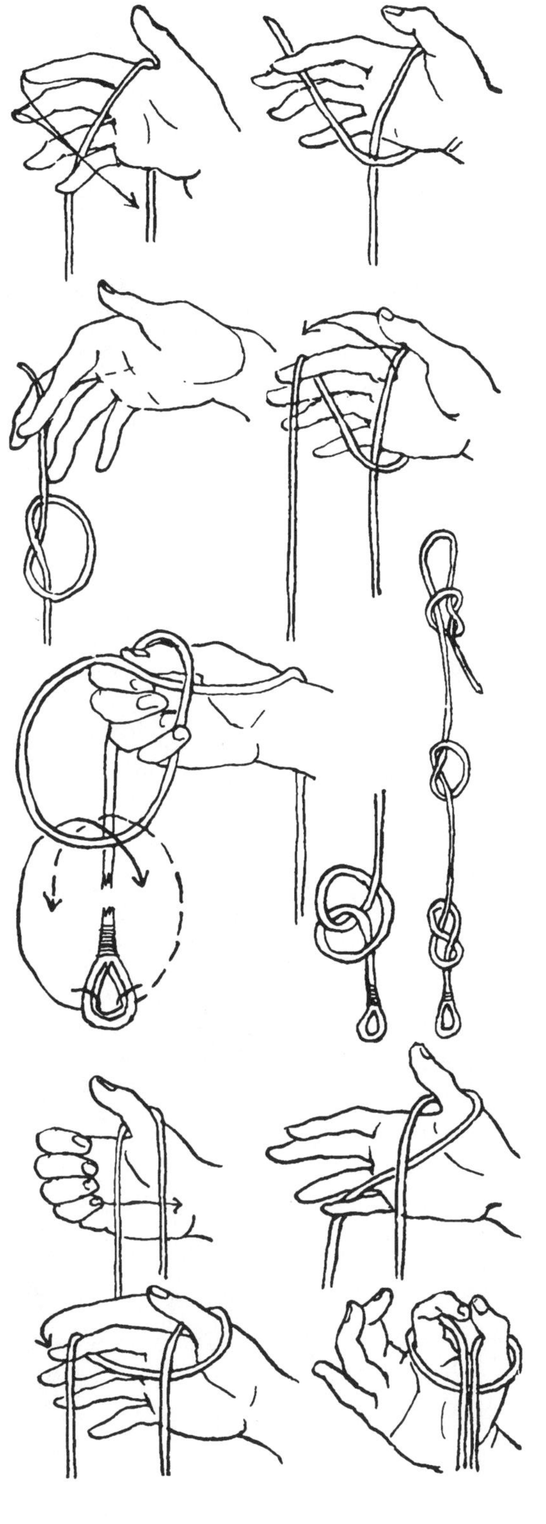

## Ecology of separation

Frédéric Neyrats *The Unconstructable Earth. An Ecology of Separation* (2019) widmet sich der neoliberalen Umgebungsveränderung durch Extraktion von ‹Rohstoffen› sowie einer vermeintlich konträren Ökologie der Allverbundenheit oder Ganzheitlichkeit. Der Text zeigt auf, dass sich hinter Schlagworten wie *Geo-* oder *Eco-constructivism*, *Terraforming* oder *Geoengineering* neoliberale Konstrukte verbergen, denen es um die Beschleunigung anthropogener Umgebungsveränderung und Wertschöpfung geht. Der hypermodernen Austreibung technogener Umgebungen durch noch intensivere technologische Umgebungen setzt Neyrat eine *Ökologie der Trennung* entgegen. Ähnlich Haraways «everything is connected to something» zeichnet sich die Position Neyrats durch eine poststrukturalistisch beeinflusste Kritik an einer Ökologie der Ganzheitlichkeit aus.[4]

Der Text stellt sich zum einen die Aufgabe, die Konstatierungen hypermoderner neoliberaler Erdveränderungen unter dem Konterfei des Anthropozäns einer Kritik zu unterziehen. Zum anderen ist Neyrat bestrebt, die vermeintlich ‹nicht-moderne› Gaia-Perspektive und politische Ökologie Latours zu hinterfragen, wobei der Naturbegriff nicht essentialisiert und keine animistische Allverbundenheit der Dinge unterstellt werden soll. Mit seiner *ecology of separation* schreibt Neyrat gegen die neoliberale Extraktionsideologie und die Idee an, im Zeitalter des Anthropozäns anthropogene Relationen zum Primat zu erheben. Die Pointe des Buches kann darauf zugespitzt werden, dass sich in der Theoriebildung des Anthropozäns der Diskurs

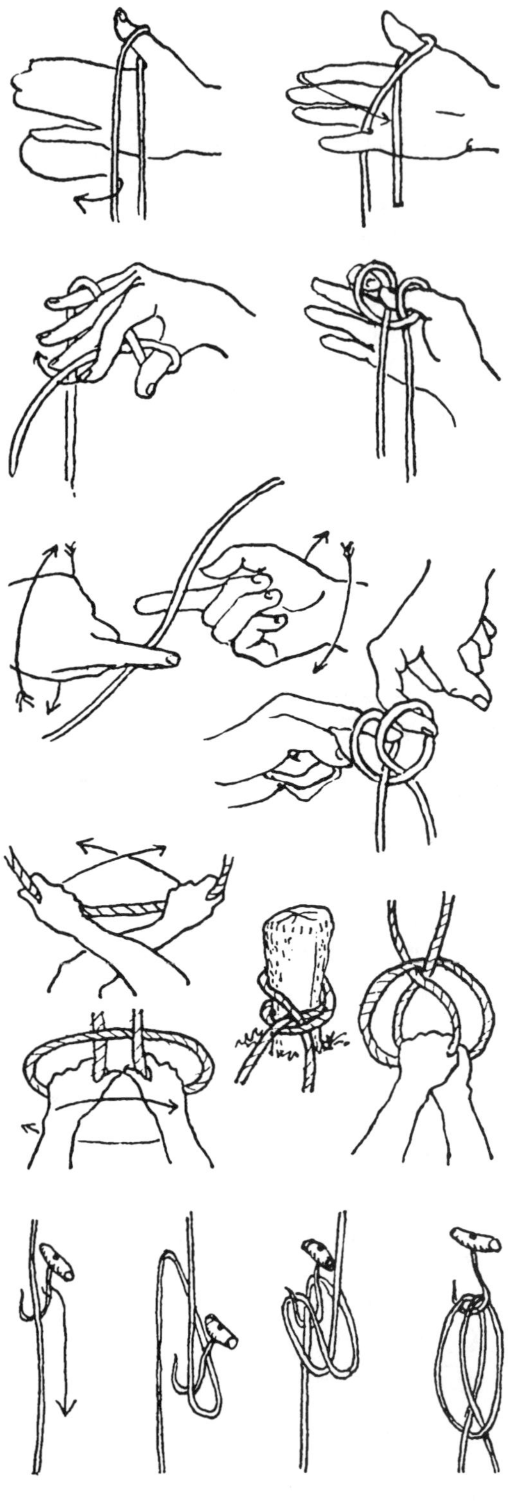

zu einem Öko-Konstruktivismus menschengemachter Umgebungsveränderung verschmälere. Denn die Behauptung der Allverbundenheit von menschlicher und nicht-menschlicher Agency unter dem Topos des Anthropos führe dazu, die Agency der *non-humans* desto stärker in den Hintergrund zu rücken, je mehr auf die Relation von humanem Aktant und *environment* abgehoben werde. Aus diesem Grund votiert Neyrat für die titelgebende *Ökologie der Trennung*, welche die Agency der *non-humans* im Anthropozän ernst zu nehmen versucht und für eine Distanznahme innerhalb sozioökonomischer Situationen plädiert, welche politische Entscheidungen erst möglich mache.

## (Negative) Anthropologie

Die ‹Menschheit› als Kollektivsubjekt auf planetarischem Niveau zu konstatieren, heißt auch, sich gleichzeitig in die zu beobachtenden Diskurse einzubeziehen und als Beobachter_in zu adressieren. Das macht die Distanznahme zur Akzentuierung non-humaner Agency wie auch jedweden politischen Handelns problematisch.

Weshalb der «Anthropos im Anthropozän» aber nicht zwangsläufig Anthropozentrismus bedeutet und dass sich eine längere Theoriegeschichte des Anthropozäns ausmachen lässt, verdeutlicht der von Hannes Bajohr herausgegebene Sammelband, der auf einer im Jahr 2019 am Leibniz-Zentrum für Literatur- und Kulturforschung (ZfL) Berlin abgehaltenen Tagung basiert. Er zeigt, dass Anthropologie produktiv sein kann, wenn mit Bezügen etwa auf Helmuth Plessner und vor allem Günther Anders von einer negativen Anthropologie, also von einer «Minimalanthropologie» der Unbestimmtheit und nicht von a priori festgesetzten Wesensmerkmalen des Anthropos ausgegangen wird.[5] Im ersten Teil versammelt der Band Beiträge, die eine philosophische Anthropologie im Anthropozän zu verorten suchen (S. 19 ff.). Dem gegenüber stehen im zweiten Teil Texte zu Begrifflichkeiten und Zusammenhängen von ‹Anthropos›, Mensch und der Spezies ‹Menschheit›, die als Problematiken der Biopolitik, der Skalierung oder auch des Planetarischen adressiert werden (S. 97 ff.). Der dritte Teil unternimmt einen ‹Brückenschlag› zwischen der ‹negativen Anthropologie› (S. 173 ff.) und der Anthropozän-Debatte und schließt mit einem Aufsatz von Dipesh Chakrabarty, der die Frage nach der Zukunft der Geisteswissenschaften im Anthropozän diskutiert.[6]

## Ästhetik des Anthropozäns

Die Rolle der Geisteswissenschaft ist auch der zentrale Punkt im Junius-Band *Anthropozän* (2019) von Eva Horn und Hannes Bergthaller. Er liefert eine begriffsgeschichtliche und diskursive Einführung in die primär aus den Naturwissenschaften, vor allem aus der Geologie, stammende Bestimmung des neuen Erdzeitalters.

Im ersten Abschnitt zu *Stratigraphien* werden, gleich dem geologischen Erfassen von (Erd-) Schichten, einerseits die Begriffe unter anderem des Anthropozäns, des Kapitalozäns und des Anglozäns erläutert. Andererseits werden mögliche Anfänge diskutiert – sei es der *Columbian Exchange*, die Industrielle Revolution oder die *Great Acceleration*. Der zweite Abschnitt zu *Metamorphosen* widmet sich der Frage, wie das Aufkommen des Anthropozän-Diskurses Konzepte und Themen der *humanities* aufgreift und verändert, wobei die Problematik der Politik und Ästhetik angesichts der ‹neuen› Menschheitsbedingung im Vordergrund steht. Im dritten Teil zu *Verwerfungen* argumentiert der Band, dass das Anthropozän einen Bruch mit etablierten Begrifflichkeiten erfordere, um den Herausforderungen für das (bio-) politische und auch ästhetische Handeln gerecht zu werden. Dies pointieren die Autor_innen mit einer aisthetischen[7] Akzentuierung: «Eine Ästhetik des Anthropozäns, so unser Vorschlag, muss sich weniger mit der Entfremdung von Mensch und Natur als mit deren fundamentaler Verfremdung auseinandersetzen, einem ‹Unheimlich-Werden› von Lebenswelt» (S.125). Der Band liefert einen Beitrag zur Historisierung des Diskurses um das Anthropozän, was ihn weit über seine Bedeutung als Einführung hinaus interessant macht.

Einer der hier angesprochenen Problemkomplexe, der ebenso in den anderen Texten eine wesentliche Rolle spielt, ist die Verschränkung von ‹Menschheit› (oder des ‹Mensch-Anthropos›) und geologischen Tiefenzeitphänomenen. Dieses Spannungsverhältnis erweist sich als ein Skalierungsproblem, verstanden als eine Frage der Maßstabssetzung, wie sie sich etwa mit Blick auf die Rohstoffgewinnung stellt. So kann eine lokale Einzelhandlung als eine solche betrachtet noch

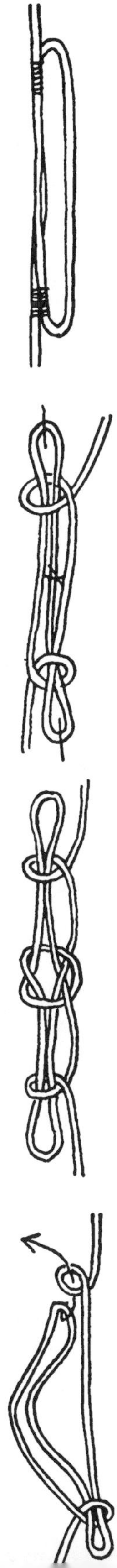

verhältnismäßig unproblematisch sein. Erhebt man diese jedoch zu einem gesamtgesellschaftlichen oder gar globalen Faktor, sieht die Sache wiederum ganz anders aus. Eine Handlung hoch- oder runterzuskalieren, bedeutet auch, Leerstellen zu verdecken, Spannungen zu überspielen oder gar Marginalisierungen vorzunehmen.

## Anthropozän als Extraktions- und Kolonisationsgeschichte

Kathryn Yusoffs *A Billion Black Anthropocences or None* (2018) unterzieht den Diskurs der geologischen Klassifizierung oder Skalierung einer kritischen Revision, um das Anthropozän anders, d.h. eben nicht hegemonial, *weiß* und universalistisch zu denken. Dazu nimmt sie eine *brown queer feminist perspective* einer *inhuman geology* ein, die sich gegen die patriarchalische Geschichte des Anthropozäns stellt. Sie weist nach, wie stark der Anthropos im Anthropozän Ergebnis einer kapitalistischen, kolonialen und rassistischen Geschichte ist, der sie die marginalisierte und unterdrückte Geschichte derjenigen Akteur_innen entgegenstellt, auf deren Rücken Extraktionen in und von Umgebungen vorgenommen wurden und werden[8] – sei es in den Goldminen des letzten oder den Coltanminen dieses Jahrhunderts: «Slavery is not a by-product of this process, rather, slavery is driven by an indifferent extractive geo-logic that is motivated by the desire for inhuman properties.» (S.16) Das Anthropozän, so Yusoffs Schluss, ist immer auch Kapitalozän, das ‹entmenschlichte› (*inhuman*) Subjektivitäten produziert.[9] Sie zeigt damit auf, wie sehr die Diskussion um das Anthropozän eine Fortsetzung kolonialer Dispositive ist.

Yusoffs Text leistet eine Form von Wissensproduktion, die die Leser_innen darauf aufmerksam macht, dass etwa *golden spikes* zu setzen immer ideologisch ist. *Golden spikes* bezeichnen die Markierungen von Anfangspunkten solcher Erdzeitalter und Umbrüche. Das ‹*golden-spike*-Setzen› ist im Grunde eine wissenschaftspolitische Praxis der Evidenz-Erzeugung, gegen die Yusoff argumentiert. *A Billion Black Anthropocenes or None* stellt damit zum einen die kolonialen

Inskriptionen in den (Wissenschafts-)Diskurs heraus. Zum anderen elaboriert die Studie Fragen von Materialität, Zirkulation, Extraktion und *world-building* jenseits hegemonialer Wissenschaft, wie exemplarisch für die Geologie aufgezeigt wird. Diese Revision ließe sich für die Auseinandersetzung der *humanities* mit dem Anthropozän fortsetzen bzw. sollte fortgesetzt und übertragen werden: «The organization and categorization of matter enact racialization.» (S. 82)

## Ein, zwei, viele Anthropozän?

So verschieden die einzelnen Stränge der Bücher sind, so eint sie die Auseinandersetzung mit dem Anthropos, der Skalierung und Extraktion sowie mit neoliberalen bzw. kapitalistischen Umgebungsveränderungen. In der Betrachtung des Diskurses an den hier exemplarisch ausgewählten Büchern wird deutlich, dass eine kritische Position der *humanities* angesichts des «Menschen als planetarische[n] Akteur[s]» ausgearbeitet werden muss. So kann die Rolle einer Medienkulturwissenschaft darin bestehen, ihre Tradition eines post- oder auch antihumanistischen Zugangs vielleicht nicht einfach nur zu reaktualisieren, sondern auch eine Auseinandersetzung mit der notwendigen Kritik an einer hegemonialen Variante der Wissensproduktion unter dem Lemma des Anthropozäns anzustoßen, welche bedeuten könnte, sich nicht so, sondern anders, nämlich heterogen, prozessual und relational zu konstituieren.

—

**1** Vgl. Dipesh Chakrabarty: The Climate of History: Four Theses, in: *Critical Inquiry*, Bd. 35, Nr. 2, 2009, 197–222.

**2** Vgl. Jennifer Gabrys u. a.: Dinge anders machen. Feministische Anthropozän-Kritik, Dekolonisierung der Geologie und «sensing» in Medien-Umwelten, in: *Zeitschrift für Medienwissenschaft*, Bd. 12, Nr. 23: Zirkulation, 2020, 138–151.

**3** Hannes Bajohr: Keine Quallen. Anthropozän und negative Anthropologie, in: ders.: *Der Anthropos im Anthropozän. Die Wiederkehr des Menschen im Moment seiner vermeintlich endgültigen Verabschiedung*, Berlin, Boston 2020, 1–16, hier 2.

**4** «Nothing is connected to everything; everything is connected to something.» Donna Haraway: *Staying with the Trouble. Making Kin in the Chthulucene*, London 2016, 31.

**5** Vgl. Günther Anders: *Die Weltfremdheit des Menschen. Schriften zur philosophischen Anthropologie*, München 2018; Helmuth Plessner: *Die Stufen des Organischen und der Mensch. Einleitung in die philosophische Anthropologie*, Berlin, New York 1975. Vgl. im besprochenen Band Bajohr: Keine Quallen; vgl. auch Christian Dries, Marie-Helen Hägele: Die Stellung des Menschen im Anthropozän: Ein Brückenschlag zwischen Posthumanismus und Philosophischer Anthropologie, in: Bajohr (Hg.): *Der Anthropos im Anthropozän*, 173–190.

**6** Vgl. Dipesh Chakrabarty: Die Zukunft der Geisteswissenschaften im Zeitalter des Menschen: Eine Notiz, in: Bajohr: *Der Anthropos im Anthropozän*, 233–237.

**7** Darunter verstehe ich, nach der Bedingung der Möglichkeit von Wahrnehmung im Hinblick humaner und non-humaner Agency zu fragen.

**8** Vgl. auch Jussi Parikka: *A Geology of Media*, Minneapolis 2015.

**9** Vgl. zur Produktion von Subjektivität im Kapitalismus Gérard Granel: *Die totale Produktion. Technik, Kapital und die Logik der Unendlichkeit*, Wien 2020.

# PLÄDOYER FÜR RADIKALE POLITISCHE ONTOLOGIEN DES PLURIVERSALEN

von CHRISTIANE KÖNIG

**Artúro Escobar:** *Designs for the Pluriverse. Radical Interdependence, Autonomy, and the Making of Worlds.* Durham, London (Duke University Press) 2018

**Artúro Escobar:** *Pluriversal Politics. The Real and the Possible.* Durham, London (Duke University Press) 2020

**Eleni Kalantidou, Tony Fry (Hg.):** *Design in the Borderlands.* London, New York (Routledge) 2014

> The pluriverse is a tool, first, for making alternatives to the one world plausible to one worlders; and second, for providing resonance to those other worlds that interrupt the one-world story.[1]

Schöne, gefällige oder auch ideale Formen im Rahmen kapitalistischer Produktionsweisen zu entwerfen, die jeweils gültigen Gestaltungsprinzipien kritisch zu hinterfragen, um sie weiterzuentwickeln, sind charakteristische Züge der westlichen Moderne im 19. und 20. Jahrhundert. Sie finden sich in der britischen Bewegung des Arts and Crafts, dem französischen Art Déco, dem Bauhaus und Werkbund in Deutschland, dem niederländischen De Stijl oder auch bei den berühmten US-amerikanischen Architekten Frank Lloyd Wright und R. Buckminster Fuller wieder.[2] In zeitgenössischen Theorien der Gestaltung wird, ausgelöst durch das Revival von Victor Papaneks *Design für die reale Welt* (1971) sowie Carlo Vezzolis und Ezio Manzinis alltagsphilosophischem *Design for Environmental Sustainability* (2008), weiterhin intensiv die sozialökologische Nachhaltigkeit diskutiert.[3] Design besitzt nach wie vor die Funktion, bestehende soziale und ökologische Zusammenhänge zu modifizieren, um sie dabei möglichst zu verbessern.

In den drei zu besprechenden Publikationen wird nun verdeutlicht, dass all die genannten Designansätze überhaupt nur unter den Voraussetzungen kolonialer und zugleich epistemologischer Okkupation entstehen konnten. In ihrer dekolonialen und queerfeministischen Perspektive lassen sie ein klares Bild dieser Designansätze entstehen, die nicht nur koloniale und heteropatriarchale Repression, Ausbeutung und Okkupation, sondern auch die heutigen sozialökologischen planetarischen Katastrophen beförderten. Soll Design zur Verbesserung ‹der Welt› beisteuern, so die sich durchziehende Argumentation, müssen erst einmal dessen westliche eurozentristische, heteropatriarchale Voraussetzungen auf epistemo-ontologischer Ebene verändert werden. Aus Design als ästhetischer Praxis wird dann ontologisches Design, mit dem weniger immer nur das vermeintlich einfach Bestehende (‹die Welt›) verändert, sondern vielmehr vieles, bis dato noch nicht Existierendes ermöglicht werden kann. Die allen drei Publikationen zugrunde liegende dekoloniale und queer-feministische politische Ontologie setzt tief am Fundament der epistemo-ontologischen Verfasstheit der von John Law als «one-world world» bezeichneten

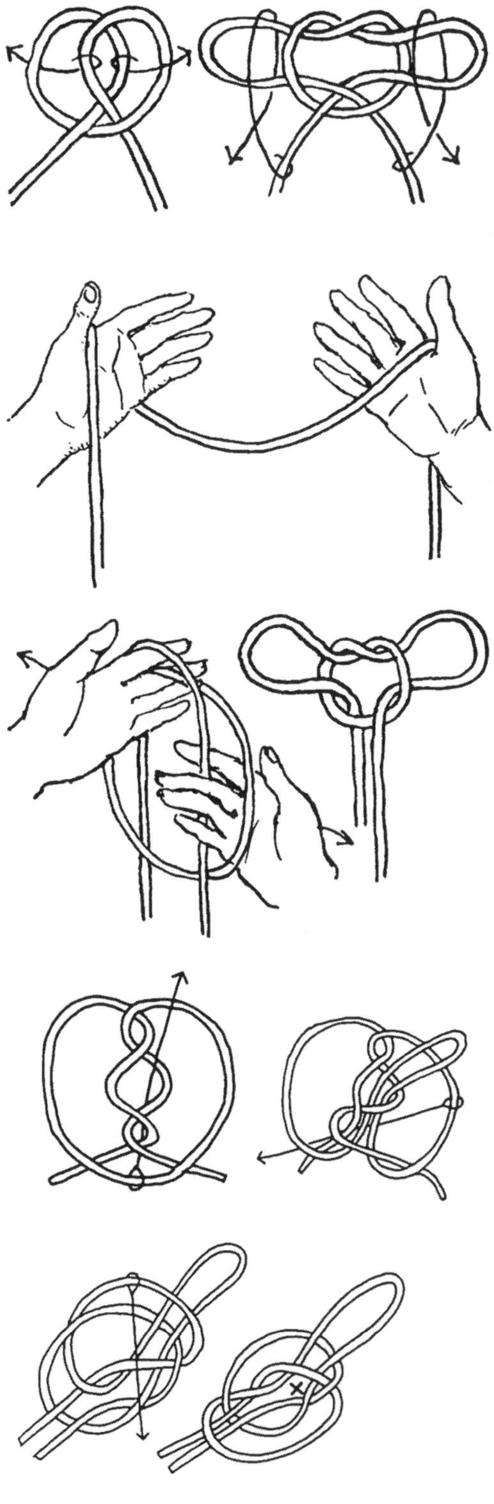

Welt an,[4] deren Wesen durch die westliche, *weiße*, eurozentrische, globalistische, kapitalistische, postliberale, individualistische, heteronormative Episteme bedingt ist. In allen drei Texten wird Design zum gedanklichen *tool*, mit dem diese Welt eine Neuausrichtung erfährt, um nicht-westliches, nicht-kapitalistisches, nicht-individualistisches, nicht-heteronormatives, nicht-dualistisches Denken zu ermöglichen, welches vielen verschiedenen Welten ontologisch stattgibt.

Im Zentrum der Argumentationen des Kulturanthropologen Artúro Escobar, der weltweit in den Geisteswissenschaften und dort insbesondere in den Post- und Decolonial Studies sowie den Gender und Queer Studies seit mehreren Jahren intensiv rezipiert wird und Mitglied der Global South Studies Group um Boaventura de Sousa Santos, Walter Mignolo und Marisol de la Cadena ist, steht der Begriff des Pluriversums. Diesen bringt er nicht als Gegenbegriff der *one-world world* in Anschlag. Vielmehr scheint das Pluriversum durch deren Umgestaltung auf epistemo-ontologischer Ebene, wodurch viele differente Welten ermöglicht werden. Im Fazit der Einleitung seiner bereits 2018 bei Duke University Press erschienenen Monografie *Designs for the Pluriverse. Radical Interdependence, Autonomy, and the Making of Worlds* formuliert Escobar die Quintessenz seines Projekts einer dekolonialen politischen Ontologie folgendermaßen:

> To conclude, I can say, in retrospect, that my overriding concern is with difference, and how difference is effaced or normalized – and, conversely, how it can be nourished. […] Today, difference is embodied for me most powerfully in the concept of the pluriverse, *a world where many worlds fit*, as the Zapatista put it with stunning clarity.[5]

Im Kapitel «What is ontological design?» erläutert Escobar sein Verständnis von Design als ontologischer Praxis, welche er begrifflich von dem australischen Designphilosophen Tony Fry übernommen hat.[6] Wenn nämlich die Welt, so Escobar, in der ‹wir› (‹*humans*›) leben, Produkt der Praxis des Designs ist und wenn deshalb ‹wir› (‹*humans*›) selbst durch diese Welt mit-gemacht sind, dann existiert immer auch die Möglichkeit für ein anderes Design von Welt.[7] Eine radikale Neuausrichtung sei deshalb nötig, weil das bestehende Design mit seinen dualistisch fixierten Binarismen, wie Subjekt – Objekt, Geist – Körper, Natur – Kultur, Mann – Frau,

Zentrum – Peripherie, zur aktuellen Sachlage («current conjuncture») geführt habe, die von patriarchalen Machtverhältnissen, neokolonialer Ausbeutung, postliberalem Turbokapitalismus und Umweltzerstörung geprägt sei.[8] Folglich verhindert dieses spezifische Design jegliche Zukunftsfähigkeit («futurality»), sodass ihnen Escobar «defuturing effects» bescheinigt.[9] Sein dekoloniales Projekt ist über das Thema der Zukünftigkeit des Planeten und sämtlicher ihn bewohnender humaner und nicht-humaner *critters*[10] mit aktuellen (unterschiedlichen) queer-feministischen relationalen Ontologien der Sorge verschränkt, wie denen Joan Trontos, María Puig de la Bellacasas oder Astrid Schraders.[11] Weil Design ‹uns› (‹*humans*›) bereits immer schon mit-designt hat, kann es keinen totalen Bruch mit dem bestehenden Design geben, kann neues Design nicht einfach aus dem Nichts erschaffen werden. Radikal an der Neuausrichtung sind vielmehr die Arten und Weisen, wie Welt und Leben gewusst werden, um zu beider Beförderung, beider Blühen («flourishing») praktisch beizutragen.[12] Diese «principles of being, knowing, and doing» wurden im Vollzug des bisherigen Designs ausgeschlossen.[13] Das neue Design wird sie ermöglichen in dem Ausmaß, wie dessen epistemo-ontologische Voraussetzungen durch sie wiederum modifiziert wurden.

Diese epistemo-ontologischen Voraussetzungen erläutert Escobar ausführlicher in seinem 2020 ebenfalls bei Duke erschienenen Essayband *Pluriversal Politics. The Real and the Possible*. Die zuerst auf Spanisch erschienenen, essayartigen Aufsätze (*ensayos*) wurden von Escobars langjährigem gedanklichen Weggefährten, Tony Fry, ins Englische übersetzt. In der Einleitung «Another Possible Is Possible» verhandelt Escobar das Verhältnis von Realem und Möglichem. Demnach wird das Mögliche zumeist dualistisch von einer ontologisch stabilen Realität differenziert, sodass ihm lediglich der Status des Fiktiven bzw. Imaginären verliehen wird. Die Bestrebung, Mögliches real werden zu lassen, kann dann in diesem epistemo-ontologischen Schema leicht als ‹unrealistisch› oder ‹romantisch› abgetan werden.[14] Indem Escobar nun verdeutlicht, dass diese vermeintlich stabile Realität Resultat einer Setzung westlicher Epistemologie ist, verändert er den ontologischen Status sowohl des Möglichen als auch des Realen und zugleich ihre Relation. Jedes Mögliche besitzt demnach den gleichen Status wie das Reale, wie umgekehrt dieses eine Reale lediglich ein Mögliches unter anderen wird. Auf dieser Grundlage wird, so Escboar, «the unthinkable thinkable, and the thinkable believable and possible».[15] Das Möglichwerden multipler nicht-westlicher Möglichkeiten kann nur durch ein anderes als dem bisherigen Design stattgegeben werden.

Wie muss nun aber jenes Design verfasst sein, das postkapitalistische, postliberale, nicht-dualistische Epistemologien, Ontologien und Kosmologien real ermöglicht und damit das Pluriversum befördert? In *Designs for a Pluriverse* zeigt Escobar, dass dieses Design in dem Maße nicht theoretisch entworfen werden kann, wie die Theorien westlicher Epistemologie entspringen. Diese entsprächen dann nur westlich basierten, von Expert_innen entworfenen Modellen, die die epistemo-ontologische Kolonisierung und Okkupation lediglich zementieren. Sie wären nicht nur für alle in gleichem Maße gültig, sondern würden vielmehr auch die *one-world world* perpetuieren. Das ‹neue› Design hingegen muss auf Prinzipien des Denkens, Seins und Handelns basieren, welche weder exklusiv in der Academia noch nur in der westlichen Welt verankert sind.

Stattdessen sind diese Prinzipien situativ bedingt, weil sie immer, aber immer anders auf die jeweils spezifischen Umstände westlicher epistemo-ontologischer Kolonisierung antworten. Die damit verbundenen differenten und vielfältigen Praktiken, eine jeweils andere Welt, eine andere Existenzweise zu denken und dadurch zu ermöglichen, nennt Escobar die Praktiken der *pluriversal politics*. Diese existieren bereits überall seit Beginn kolonialer Ausbeutung und Okkupation. Sie sind, selbst wenn sie dem Aktivismus nahestehen, nicht als organisierter politischer Widerstand im herkömmlichen Sinne zu verstehen, der sich gegen repressive Regierungen und ihre Maßnahmen richtet, um dabei staatliche Veränderungen einzufordern. *Pluriversal politics* reklamieren für sich die Hervorbringung einer Welt und den Vollzug eines guten Lebens gemäß ihrer eigenen Epistemologien, Ontologien und Kosmologien gerade wegen der epistemo-ontologischen Okkupation, welche sie verunmöglicht, und zwar als lebbare Alternative zum Staat, zur Gesellschaft an sich. Entsprechend bezeichnet Escobar das damit verbundene Design im Kapitel «Autonomous Design and the Politics of Relationality and the Communal» in *Designs for a Pluriverse* als autonomes, weil selbstbestimmtes Design. Autonomie ist aber kein Wert in sich selbst, sondern ver-antwortet die Situation der Okkupation, indem das Design auf der Hervorbringung einer Welt insistiert, die eben nicht-dualistisch, nicht-kapitalistisch, nicht-individualistisch und nicht-heteronormativ ist, sondern ein relationales Gefüge bildet.

Im Band *Pluriversal Politics* führt Escobar weiter aus, dass pluriversale Praktiken primär von minorisierten Gruppen, allen voran indigenen und darin zudem queerfeministischen Gruppen, konzipiert und praktiziert werden. Sie sind jedoch nicht als simple Rückkehr zur ‹Ursprünglichkeit› oder Tradition misszuverstehen, auch wenn sich in ihnen bereits bestehende Arten und Weisen zu wissen, zu denken und zu sein wiederholen. In ihnen vollzieht sich vielmehr, was Escobar mit «ancestrality» bezeichnet,[16] nämlich die situative Aktualisierung überlieferter Verfahren gemäß einem von den Ahnen verliehenen Mandat, mit der erneut Zukünftigkeit gesichert werden soll. Anschaulich wird die pluriversale Form des autonomen Designs am *plán de vida* oder *life plan* der La Toma,[17] den Escobar im Kapitel «From Below, on the Left, and with the Earth» vorstellt. Darin ist verzeichnet, wie die La Toma die Welt entsprechend einer relationalen Ontologie denken und so handeln, dass ein gutes Leben für alle möglich wird. Dementsprechend ist ihr Territorium, das Valle del Cauca, kein rein geografischer oder geopolitischer Ort, sondern vielmehr ein materielles Gewebe, in das alle eingeflochten sind: diejenigen, die nicht mehr leben, genauso wie diejenigen, die gegenwärtig leben oder in Zukunft leben werden. Das Territorium ist also zugleich ein Text, ein Buch der Geschichte, wie es auch ein konkretes Objekt der Sorge aller bzw. für alle ist, woran sich die immer zu aktualisierenden pluriversalen politischen Praktiken auszurichten haben.

Wie Escobar verfolgen Tony Fry und Eleni Kalantidou im von ihnen bereits 2014 bei Routledge herausgegebenen Sammelband *Design in the Borderlands* das dekoloniale Projekt einer Neuausrichtung westlicher, eurozentrischer Epistemologie und Ontologie mittels ontologischen Designs. Auch sie gehen davon aus, dass die westliche Epistemo-Ontologie grundsätzlich in eine Sackgasse geführt hat, verbunden mit Designpraktiken eines «globalised defuturing».[18] Anders als Escobar, der mit seiner Neuausrichtung von Design im Sinne eines Autonomwerdens so etwas wie einen Entwurf liefert, richten Fry und Kalantidou ihr Augenmerk aber auf verschiedene historische Konstellationen, in denen sich pluriversale politische Praktiken zur Hervorbringung nicht-dualistischer, nicht-kapitalistischer, nicht-individualistischer und nicht-heteronormativer Welten ausmachen lassen. Methodisch nutzen sie hierfür das Konzept des *border thinking*. Die epistemologische Figur der Grenze bildet darin kein eindeutiges, feststehendes Wissensobjekt, sondern eine epistemologische Praxis, «thinking along, within and about borders rather than thinking of them».[19] Mit ihr lässt sich eruieren, wie Sein, Denken und Welt insbesondere bei minorisierten Gruppen durch die Wirkung kolonialer Machtverhältnisse spezifisch situiert ist, d. h. immanent und anhaltend heterogen sowie flexibel differenziert und darin kollektiv erfahren wird.[20] Besonders instruktiv ist in diesem Kontext Helder Pereiras und Coral Gilletts Beitrag «Africa: designing as existence», in dem die Autor_innen ihr Konzept des Designs für die Existenz entwickeln. Es entspricht weitgehend den Praktiken des autonomen Designs bei Escobar, mittels Aktualisierungen vergangener Reklamationen für eine eigene, zukunftsträchtigere Welt immer wieder auf diese Welt zu insistieren, welche die anhaltende koloniale Okkupation ver-antwortet. Designt werden pluriversale Praktiken laut Pereira und Gillett nicht im warenförmig ausgerichteten Design- oder Architekturbüro von Einzelindividuen, sondern von *kinguilas* (informelle Geldwechsler_innen), vom informellen Netzwerk der Zeitungsverkäufer_innen sowie durch den Musikstil des *kuduro*. «The task of design», so ihr Fazit, «needs to involve redesigning ourselves [...]; redesigning the way we (humans) live on and use this planet and its resources in a manner that is no ‹defuturing› while creating futures that are able to respond and adapt to the changing climate.»[21]

Ersichtlich werden in allen drei vorgestellten Publikationen die beiden Prinzipien der Situiertheit und radikalen Relationalität, die das jeweilige ontologische Design pluriversaler Politik begründen. Durch sie werden auch wir dazu angehalten, vertieft darüber nachzudenken, ob wir mit unseren Arten und Weisen zu wissen, zu sein und zu handeln mehr die eine Realität der westlichen, dualistischen, kapitalistischen, individualistischen und heteropatriarchalen *one-world world* zementieren oder ob wir, wo und wann immer möglich, das Pluriversum befördern, denn «[s]uccinctly put, the struggle to reinhabit the pluriverse is everyone's».[22]

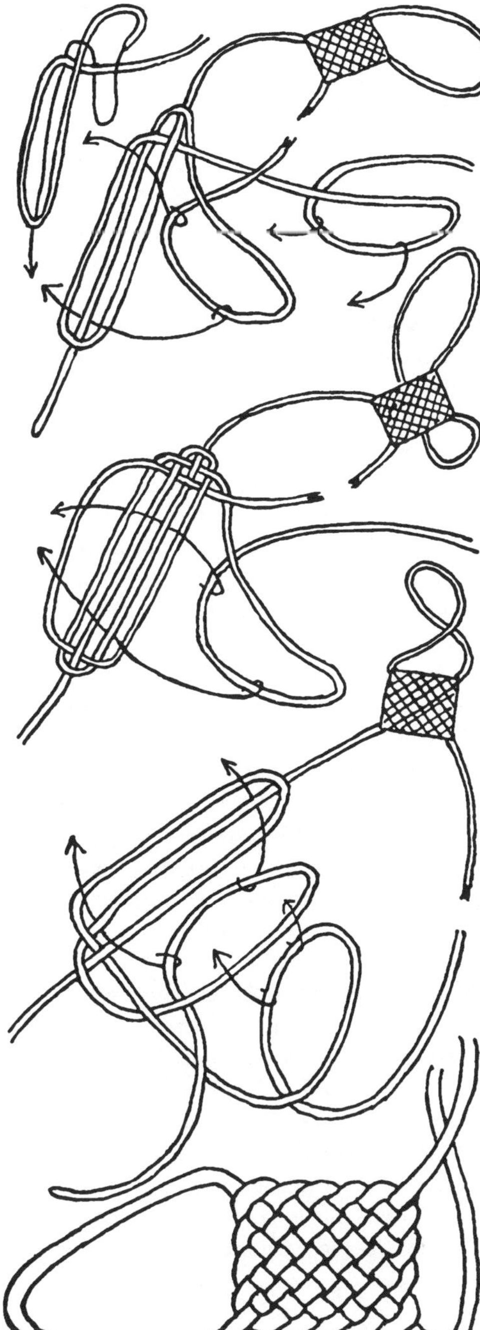

**1** Artúro Escobar: *Pluriversal Politics. The Real and the Possible*, Durham, London 2020, 75.

**2** Vgl. Franz Dröge, Michael Müller: *Die Macht der Schönheit. Avantgarde und Faschismus oder Die Geburt der Massenkultur*, Berlin 1995.

**3** Vgl. Martina Keitsch: Sustainable Design: A Brief Appraisal of its Main Concepts, in: *Sustainable Development*, Bd. 20, Nr. 3, 2012, 180–188, doi.org/10.1002/sd.1534.

**4** John Law: What's wrong with the one-world-world?, in: *Distinktion*, Bd. 16, Nr. 1, 2015, 126–139, doi.org/10.1080/1600910X.2015.1020066.

**5** Artúro Escobar: *Designs for the Pluriverse. Radical Interdependence, Autonomy, and the Making of Worlds*, Durham, London 2018, xvi.

**6** Tony Fry verwendet den Begriff bereits in *Design as Politics*, Oxford, New York 2010.

**7** Vgl. Escobar: *Designs for the Pluriverse*, 110–118.

**8** Escobar: *Pluriversal Politics*, xi.

**9** Escobar: *Designs for the Pluriverse*, 71, 16.

**10** Vgl. Donna J. Haraway: Cosmopolitical Critters. Preface for Cosmopolitan Animals, in: Kaori Nagai u. a. (Hg.): *Cosmopolitan Animals*, New York 2015, vii–xiv.

**11** Vgl. Joan Tronto: *Caring Democracy. Markets, Equality, and Justice*, New York 2013; María Puig de la Bellacasa: *Matters of Care. Speculative Ethics in More Than Human Worlds*, Minneapolis, London 2017; Astrid Schrader: Abyssal Intimacies and Temporalities of Care: How (Not) to Care About Deformed Leaf Bugs in the Aftermath of Chernobyl, in: *Social Studies of Science*, Bd. 45, Nr. 5, 2015, 665–690. doi.org/10.1177/0306312715603249.

**12** Escobar: *Designs for the Pluriverse*, 118.

**13** Escobar: *Pluriversal Politics*, xix.

**14** Vgl. ebd., 5 f.

**15** Vgl. ebd., 6.

**16** Ebd., 73.

**17** Die La Toma sind eine im Cauca Valley im Westen Kolumbiens angesiedelte indigene Gruppe.

**18** Eleni Kalantidou, Tony Fry: Design in the Borderlands. An Introduction, in: dies. (Hg.): *Design in the Boderlands*, London, New York 2014, 1–11, hier 4.

**19** Ebd., 6.

**20** Vgl. ebd., 7.

**21** Helder Pereira, Coral Gillett: Africa by Design, in: Eleni Kalantidou, Tony Fry (Hg.): *Design in the Boderlands*, London, New York 2014, 109–129, hier 125.

**22** Escobar: *Pluriversal Politics*, xvii.

# AUTOR_INNEN

**Navild Acosta** ist Künstler und Aktivist mit Lebens- und Arbeitsmittelpunkt in Berlin. Seine Community-basierte Arbeit ist davon inspiriert, transgender, queer und schwarz-dominikanisch zu sein. Acostas Texte wurden in *Vice*, *Brooklyn Magazine*, *Apogee Journal* und *Bomb Magazine* veröffentlicht. Aufführungsorte von Acostas Performances waren Matadero Madrid, Tate Modern, Tanz im August, KW Institute for Comtemporary Art, Wiener Festwochen, The David Roberts Art Foundation, The Kimmel Center, MoMA PS1, Studio Museum und New Museum.

**Inga Bendukat** arbeitet als wissenschaftliche Mitarbeiterin im Bereich Theaterwissenschaft an der Goethe-Universität Frankfurt am Main. Nach ihrem Studium war sie u. a. als freie Dramaturgin tätig und hat eigene Performancearbeiten entwickelt. Derzeit arbeitet sie an ihrer Dissertation. Sie beschäftigt sich mit Fragen zur Alterität, zu einem Theater der Entunterwerfung, Solidarität und Vergemeinschaftung sowie einer queerfeministischen Forschungsperspektive auf Theater.

**Jasmin Degeling** ist Postdoc am Institut für Medienwissenschaft der Ruhr-Universität Bochum und hat zu *Medien der Sorge, Techniken des Selbst. Praktiken des Über-sich-selbst-Schreibens bei Christoph Schlingensief und Elfriede Jelinek* promoviert. Weitere Arbeitsschwerpunkte sind Gender und Queer Studies, Biopolitik, politische Affekte sowie digitaler Faschismus. Letzte Veröffentlichungen: zus. mit Hilde Hoffmann und Simon Strick: ‹Mein Handy hat schon COVID-19!› Überlegungen zu Digitalem Faschismus unter Bedingungen der Corona-Pandemie, in: *onlinejournal kultur & geschlecht*, Nr. 26, 2021; Heilung durch Kunst? Schlingensiefs Reenactments der Neo-Avantgarden der Performancekunst (Ball, Brus, Beuys und Nitsch), in: Lore Knapp u. a. (Hg.): *Christoph Schlingensief und die Avantgarde*, Paderborn (Fink) 2019, 173–190.

**Gabriele Dietze** lehrt und forscht zu Gender, *race*, *media*, Sexualpolitik und Rechtspopulismus. Aktuell ist sie Fellow der Volkswagenstiftung mit dem Corona-Projekt «Quarantine Culture». Publikationen u. a.: *Sexualpolitik. Verflechtungen von Race und Gender*, Frankfurt / M. (Campus) 2017; *Sexueller Exzeptionalismus. Überlegenheitsnarrative in Immigrationsabwehr und Rechtspopulismus*, Bielefeld (transcript) 2019; zus. mit Julia Roth (Hg.): *Right-Wing Populism and Gender in Europe and Beyond*, Bielefeld (transcript) 2020.

**Maja Figge** vertritt derzeit die Professur für Medienkulturwissenschaft an der Heinrich-Heine-Universität Düsseldorf. Forschungsschwerpunkte sind Gender, *race* und Medien, Postkoloniale (Medien-)Theorie, Critical Whiteness Studies, Deutsches/Transnationales Kino und politische Gefühle. Publikationen: *Deutschsein (wieder-)herstellen. Weißsein und Männlichkeit im bundesdeutschen Kino der 1950er Jahre*, Bielefeld (transcript) 2015; «Oppositioneller Blick» und «Speaking Nearby»: Schwarze und postkoloniale Interventionen im Feld von Gender und Medien, in: Tanja Thomas, Ulla Wischermann (Hg.): *Feministische Theorie und kritische Medienkulturanalyse*, Bielefeld (transcript) 2020, 91–106.

**Naomie Gramlich** arbeitet am Lehrstuhl für Medienwissenschaft / Medientheorie an der Universität Potsdam und schreibt an einer Dissertation zum Thema Kupfer, Dekolonisation und Medienökologie. Mit Marie-Luise Angerer gemeinsame Herausgabe des Sammelbands *Feministisches Spekulieren. Genealogien, Narrationen, Zeitlichkeiten*, Berlin (Kadmos) 2020.

**Encarnación Gutiérrez Rodríguez** ist Professorin der Allgemeinen Soziologie und Principal Investigator am Centre for the Study of Culture (GCSC) an der Justus-Liebig-Universität Gießen. Zudem ist sie Adjunct Professor in Soziologie und Modern Language and Cultural Studies an der University of Alberta sowie Visiting Professor für Critical Studies in Higher Education Transformation an der Nelson Mandela University in Port Elizabeth (Südafrika). Zurzeit ist sie Digital Senior Fellow am Maria Sibylla Merian Centre Conviviality-Inequality in Latin America (Mecila).

**Maren Haffke** ist Medien- und Musikwissenschaftlerin und forscht derzeit zu akustischen Ökologien in Medienwissenschaft und Sound Studies. Sie ist als akademische Rätin im Bereich Sound/Digitaler Sound an der Universität Bayreuth tätig. 2019 erschien ihre Dissertation *Archäologie der Tastatur. Musikalische Medien nach Friedrich Kittler und Wolfgang Scherer*, Paderborn (Fink). Forschungsschwerpunkte sind u.a. Sound und Materialismen, die Geschichte der Medienarchäologie, Geschichte und Ästhetik digitaler Medien und Medien der Sorge.

**Eleonora Herder** ist freie Regisseurin, Dramaturgin und Kuratorin. Sie hat in Barcelona Theaterregie und in Gießen Angewandte Theaterwissenschaft studiert und ist Begründerin des interdisziplinären Labels andpartnersincrime. Von 2015 bis 2019 war sie Vorstandsmitglied des kulturpolitischen Vereins ID_Frankfurt und hat 2018 das Festival *Implantieren* als künstlerische Leiterin ausgerichtet. Seit 2018 promoviert sie bei der Philosophin Juliane Rebentisch an der Hochschule für Gestaltung in Offenbach. *andpartnersincrime.org*, *implantieren-festival.de*

**Jana Herwig** ist Senior Lecturer am Institut für Theater-, Film- und Medienwissenschaft der Universität Wien. Forschungsschwerpunkte: digital vernetzte algorithmische Medien, haptische Medien. Publikationen u.a.: Haut, Hand, Schnitt. Zu den affektiven Gefügen des Tastsinns und der Medien, in: *Maske und Kothurn*, Bd. 65, Nr. 1–2, 2019, 197–212; zus. mit Alexandra Seibel (Hg): Texture Matters. Der Tastsinn in den Medien, in: *Maske und Kothurn*, Bd. 62, Nr. 1–2, 2016.

**Felix Hüttemann** ist wissenschaftlicher Mitarbeiter im Projekt «Einrichtung des Computers» am Lehrstuhl Fernsehen und Digitale Medien an der Universität Paderborn. Seine Forschungsschwerpunkte sind u.a. Philosophische Anthropologie und Existenzphilosophie, Technik- und Medienphilosophie, Medienökologie und Technologien des Umgebens. Aktuelle Veröffentlichung: *Der Dandy im Smart Home. Ästhetiken, Technologien und Umgebungen des Dandyismus*, Bielefeld (transcript) 2021.

**Katrin M. Kämpf** ist künstlerisch-wissenschaftliche Mitarbeiterin im Schwerpunkt Queer Studies in Künsten und Wissenschaft an der Kunsthochschule für Medien Köln. Forschungsschwerpunkte: feministische Science&Technology Studies, Sexualitätsgeschichte, Queer Theory. Aktuelle Publikationen: zus. mit Jutta Weber: Technosecurity Cultures: Introduction, in: *Science as Culture*, Special Issue: Technosecurity, Bd. 29, Nr. 1, 2020, 1–10; Pedophilia Screening in Technosecurity Culture. The Construction of Dangerous Sub-populations in the Name of Security, in: ebd., 127–152.

**Christiane König** ist Film-, Medien- und Kulturwissenschaftlerin mit den Schwerpunkten Feminismen, Gender, Postcolonial Studies sowie dekoloniale und queer-feministische Ökologien. Sie arbeitet als Lecturer am Institut für Medienkultur und Theater der Universität zu Köln. 2020 ist ihre Habilitation erschienen: *Performative Figuren queerer Männlichkeit. Eine Geschichte von Film und Kino in Deutschland bis 1945*, Stuttgart (Metzler).

**Katrin Köppert** ist Juniorprofessorin für Kunstgeschichte und populäre Kulturen an der Hochschule für Grafik und Buchkunst Leipzig. Arbeitsschwerpunkte: Queer Media Theory, Queer Art&Popular Culture, Fotografietheorie, post- und dekoloniale Theorien des Anthropozäns. Veröffentlichungen u.a.: *Queer Pain. Schmerz als Solidarisierung, Fotografie als Affizierung*, Berlin (Neofelis) 2021; Queer Media Studies – Queering Medienwissenschaft, in: Johanna Dorer u.a. (Hg.): *Handbuch Medien und Geschlecht. Perspektiven und Befunde der feministischen Kommunikations- und Medienforschung*, Wiesbaden (Springer VS) 2019, 1–16.

**Phries Künstler** ist wissenschaftliche_r Mitarbeiter_in am Arbeitsbereich Systematische Erziehungswissenschaft an der Martin-Luther-Universität Halle-Wittenberg. Arbeitsschwerpunkte sind Subjektivierungstheorie, Prekarität, Armut und Klasse sowie poststrukturalistische Gesellschaftskritik. Sie_er promoviert zum Thema «Prekäre Subjektivierung – zum Verhältnis von Anrufung, Anerkennung und Verwehrung im Kontext ‹prekärer Mutterschaft›».

**Vera Mader** ist wissenschaftliche Mitarbeiterin am Graduiertenkolleg «Das Dokumentarische. Exzess und Entzug» an der Ruhr-Universität-Bochum. Sie arbeitet an einem Projekt zu Medienpraktiken der Sorge.

**Jana Mangold** arbeitet als wissenschaftliche Koordinatorin der Forschungsgruppe «Kulturtechniken des Sammelns» an der Universität Erfurt. Sie forscht zu Materialität und Formaten der Popkultur, Geschichte und Theorie der Rhetorik sowie Ethnologie. Zuletzt erschienen: Mit Duchamp Plattenhüllen öffnen, in: *PhiN: Beihefte*, Nr. 23, 2020, 58–88.

**Elena Meilicke** ist wissenschaftliche Mitarbeiterin/Postdoc im Bereich Medientheorie an der Universität der Künste Berlin. Arbeitsschwerpunkte sind Medienpathologien, Medien und Gender, zeitgenössische Film- und Serienästhetik sowie Geschichte, Theorie und Praxis der Filmkritik. Letzte Veröffentlichungen: *Paranoia und technisches Bild. Fallstudien zu einer Medienpathologie*, Berlin (de Gruyter) 2021; Netnografische Recherchen, in: *Merkur*, Nr. 862, März 2021, 45–52.

**Felix Raczkowski** ist wissenschaftlicher Mitarbeiter der Fachgruppe Medienwissenschaft an der Universität Bayreuth. Er hat an der Ruhr-Universität Bochum zur Digitalisierung des Spiels promoviert. Arbeitsschwerpunkte: Game Studies, digitale Medien, Fakes, Medien der Bürokratie. Letzte Veröffentlichungen: *Digitalisierung des Spiels. Games, Gamification, Serious Games*, Berlin (Kadmos) 2019; The Rule of Productivity and the Fear of Transgression. Speculative Uncertainty in Digital Games, in: Jeanne Cortiel u. a. (Hg.): *Practices of Speculation: Modeling, Embodiment, Figuration*, Bielefeld (transcript) 2020, 77–95.

**Leander Scholz** ist Philosoph und Schriftsteller. Er lebt in Berlin. Zuletzt erschienen von ihm *Zusammenleben. Über Kinder und Politik*, Berlin (Hanser) 2018 und *Die Menge der Menschen. Eine Figur der politischen Ökologie*, Berlin (Kadmos) 2019.

**Tim Schuster** ist Dramaturg der Performancegruppe andpartnersincrime, Teil der Performancegruppe red park und außerdem Geschäftsführer des Vereins Offenes Haus der Kulturen, der sich für die Weiternutzung des Studierendenhauses auf dem alten Campus der Frankfurter Universität als selbstorganisiertes Kulturzentrum einsetzt. Promotion in Theater-, Film- und Medienwissenschaft mit der Arbeit *Räume, Denken. Zum Theater René Polleschs und Laurent Chétouanes*, Berlin (Neofelis) 2013.

**Stefan Schweigler** ist wissenschaftlicher Mitarbeiter am Institut für Theater-, Film- und Medienwissenschaft der Universität Wien und Redakteur bei *Radio Stimme* der österreichischen NGO Initiative Minderheiten. Sein Dissertationsprojekt trägt den Arbeitstitel «Shame and Pain. Dispositive des Zuhauses im Kontext queerer Affekte». Arbeitsschwerpunkte sind Medien- und Affekttheorien, Intersektionalität, Theorien von Ohnmacht und Negativität.

**Fannie Sosa** ist Wissenschaftler_in, Künstler_in, Aktivist_in und Autor_in von *A White Institutions Guide for Welcoming Artists of Color and Their Audiences*; *Pleasurable MOONStruation*; *The Origins of Patriarchy* sowie *Bio-Hack Is Black*. Sosas Performances wurden von Tate Modern, Matadero Madrid und den Wiener Festwochen produziert. Für Performance Space New York, Mousonturm Frankfurt und Tate Modern hat Sosa Weiterbildungstrainings und Beratungen gegeben.

**Lisa Stuckey** ist Kunst- und Medienkulturwissenschaftlerin. 2020 schloss sie ihre Dissertation *LAW ON TRIAL: Kunst und Rechtsprechung bei Forensic Architecture und in Exemplarischen Zeitgenössischen Werkentwürfen* mit dem Wissenschaftspreis der Akademie der bildenden Künste Wien ab. 2021/22 ist sie Post-DocTrack-Stipendiatin der Österreichischen Akademie der Wissenschaften. Publikationen u. a. im *all-over Magazin*, im *Journal for Artistic Research* und in der *Camera Austria International*. lisastuckey.net

**Vanessa E. Thompson** ist akademische Mitarbeiterin an der Europa-Universität Viadrina Frankfurt/Oder. Forschungsschwerpunkte sind Vergleichende Kultur- und Sozialanthropologie, kritische Rassismus- und Migrationsforschung, Black Studies, intersektionale Geschlechterforschung. Letzte Publikation: Policing in Europe: Disability Justice and Abolitionist Intersectional Care, in: *Race & Class*, Bd. 62, Nr. 3, 2021, 61–76. kuwi.europa-uni.de/de/lehrstuhl/vs/anthro/team/wissenschma/thompson/index.html

**Cecilia Valenti** ist Postdoc am Institut für Film-, Theater-, Medien- und Kulturwissenschaft der Johannes Gutenberg-Universität Mainz und Mitglied des Kollektivs The Canine Condition. 2019 erschien ihre Dissertation *Das Amorphe im Medialen. Zur politischen Fernsehästhetik im italienischen Sendeformat «Blob»*, Bielefeld (transcript). Forschungsschwerpunkte sind feministische Theorie, militanter Dokumentarfilm, Drittes Kino, Filmarchive und -kuratieren.

# BILDNACHWEISE

**S. 9** Mit freundlicher Genehmigung von Emily Pope

**S. 18** Mit freundlicher Genehmigung von Carolyn Lazard

**S. 28/29** Mit freundlicher Genehmigung von Peccadillo Pictures, *peccapics.com/product/thewayhelooks/* (6.12.2020)

**S. 32** Mit freundlicher Genehmigung von Pamila Payne, CCBYNCND 4.0, *pamilapayne.com/photography* (6.12.2020)

**S. 52–55** Rechteinhaber: AAMOD (Archivio Audiovisivo del Movimento Operaio e Democratico)

**S. 67, 71, 76** Mit freundlicher Genehmigung von Otobong Nkanga

**S. 72** Performance von Otobong Nkanga: *Solid Maneuvers*, 2015. Foto von Jeremy Lawson (Orig. in Farbe). Mit freundlicher Genehmigung von Otobong Nkanga

**S. 78 links** Installationsansicht von Binta Diaw: *Chorus of Soil*, 2019. Foto von Raisa Galofre, *Soil Is An Inscribed Body. On Sovereignty and Agropoetics*, SAVVY Contemporary Berlin (Orig. in Farbe). Mit freundlicher Genehmigung von Binta Diaw **rechts** Installationsansichten von Binta Diaw: *Chorus of Soil*, 2020. Foto von Antonio Maniscalco, *In Search of Our Ancestors' Gardens*, Galleria Giampaolo Abbondio Milan (Orig. in Farbe). Mit freundlicher Genehmigung von Binta Diaw

**S. 86** Binta Diaw: *Paysage Corporel III*, 2018. Foto von Antonio Maniscalco, *In Search of Our Ancestors' Gardens*, Galleria Giampaolo Abbondio Milan (Orig. in Farbe). Mit freundlicher Genehmigung von Binta Diaw

**S. 89–96** Mit freundlicher Genehmigung von Navild Acosta und Fannie Sosa. Layout der Bildstrecke: Elisa Linseisen

**S. 98, 103, 107/108, 111** Fotos von Marc Behrens (Orig. in Farbe)

**S. 116** Mit freundlicher Genehmigung von Zuzanna Czebatul und Dank an Exile Gallery (Wien)

**S. 122** Mit freundlicher Genehmigung von Philip Hinge und Dank an Exile Gallery (Wien)

**S. 129** Mit freundlicher Genehmigung von Anne Meerpohl und Dank an Exile Gallery (Wien)

**S. 134** Mit freundlicher Genehmigung von Kinke Kooi und Dank an Exile Gallery (Wien)

**S. 138** Mit freundlicher Genehmigung von Fette Sans und Dank an Exile Gallery (Wien)

**S. 148** Mit freundlicher Genehmigung von Norbert Witzgall und Dank an Exile Gallery (Wien)

**S. 153, 155–158, 160/161, 163** Aus: Clifford W. Ashley: *The Ashley Book of Knots. Every practical knot – what it looks like, who uses it, where it comes from, and how to tie it*, New York 1944. Gemeinfrei, einsehbar unter *archive.org/details/TheAshleyBookOfKnots/mode/1up* (1.3.2021)

Falls trotz intensiver Nachforschungen Rechteinhaber_innen nicht berücksichtigt worden sind, bittet die Redaktion um eine Nachricht.

# IMPRESSUM

**Herausgeberin** Gesellschaft für Medienwissenschaft e.V. c/o Prof. Dr. Christiane Heibach, Universität Regensburg, Fakultät für Sprach-, Literatur- und Kulturwissenschaften, Institut für Information und Medien, Sprache und Kultur, Universitätsstr. 31, 93053 Regensburg, info@gfmedienwissenschaft.de, *www.gfmedienwissenschaft.de*

**Redaktion** Maja Figge (Düsseldorf), Maren Haffke (Bayreuth), Till A. Heilmann (Bonn), Elisa Linseisen (Paderborn), Jana Mangold (Erfurt), Florian Sprenger (Bochum), Stephan Trinkaus (Bielefeld), Thomas Waitz (Wien), Brigitte Weingart (Berlin, V.i.S.d.P.), Serjoscha Wiemer (Paderborn)

Redaktionsanschrift: Zeitschrift für Medienwissenschaft c/o Prof. Dr. Brigitte Weingart, Universität der Künste Berlin, Postfach 120544, 10595 Berlin, info@zfmedienwissenschaft.de, *www.zfmedienwissenschaft.de*

**Schwerpunktredaktion Heft 24**
Jasmin Degeling, Maren Haffke

**Redaktionsassistenz**
Naomie Gramlich, Mirjam Kappes, Elena Meilicke

**Lektorat**
Ulf Heidel



**Grafische Konzeption**
Lena Appenzeller, Stephan Fiedler

**Layout, Bildbearbeitung und Satz**
Lena Appenzeller

**Druck und buchbinderische Weiterverarbeitung**
Friedrich Pustet GmbH & Co. KG, Regensburg

Mit freundlicher Unterstützung der Universität der Künste Berlin

Die **Zeitschrift für Medienwissenschaft** erscheint zweimal im Jahr.

Die digitale Version ist ab Frühjahr 2021 als Open-Access-Version verfügbar.

Weitere Infos (u. a. auch zum Abonnement) finden Sie unter: *www.transcript-verlag.de/zeitschriften/zfm-zeitschrift-fuer-medienwissenschaft/*

Mitglieder der Gesellschaft für Medienwissenschaft erhalten die *Zeitschrift für Medienwissenschaft* kostenlos.

**Verlag** transcript Verlag, Hermannstraße 26, 33 602 Bielefeld, *www.transcript-verlag.de*

Bestellung: vertrieb@transcript-verlag.de
Telefon: +49 (521) 39 37 97 0



Bibliografische Information der Deutschen Nationalbibliothek: Die Deutsche Nationalbibliothek verzeichnet diese Publikation in der Deutschen Nationalbibliografie; detaillierte bibliografische Daten sind im Internet über *http://dnb.d-nb.de* abrufbar.



Gedruckt auf alterungsbeständigem Papier



**ISSN** 1869-1722
**eISSN** 2296-4126

**Print-ISBN** 978-3-8376-5399-1
**PDF-ISBN** 978-3-8394-5399-5
**EPUB-ISBN** 978-3-7328-5399-1